国家自然科学基金项目“农村劳动力转移就业的环境认知与时-空路径研究”（41101167）资助出版
安徽师范大学学术著作出版基金资助出版

安徽省
农村劳动力转移就业的空间行为过程研究

ANHUISHENG NONGCUN LAODONGLI ZHUANYI JIUYE DE KONGJIAN XINGWEI GUOCHENG YANJIU

赵春雨 ◎ 著

安徽师范大学出版社

责任编辑:彭　敏
装帧设计:丁奕奕
责任印制:郭行洲

图书在版编目(CIP)数据

安徽省农村劳动力转移就业的空间行为过程研究／赵春雨著.—芜湖:安徽师范大学出版社,2015.5
ISBN 978-7-5676-1680-6

Ⅰ.①安…　Ⅱ.①赵…　Ⅲ.①农村劳动力—劳动力转移—研究—安徽省　Ⅳ.①F323.6

中国版本图书馆 CIP 数据核字(2014)第 270651 号

安徽省农村劳动力转移就业的空间行为过程研究
赵春雨　著

出版发行:安徽师范大学出版社
　　　　芜湖市九华南路 189 号安徽师范大学花津校区　邮政编码:241002
网　　址:http://www.ahnupress.com/
发 行 部:0553-3883578　5910327　5910310(传真)　E-mail:asdcbsfxb@126.com
印　　刷:虎彩印艺股份有限公司
版　　次:2015 年 5 月第 1 版
印　　次:2015 年 5 月第 1 次印刷
规　　格:787×960　1/16
印　　张:17.25
字　　数:274 千
书　　号:ISBN 978-7-5676-1680-6
定　　价:35.00 元

目　录

表　录

图　录

1 绪 论

农村劳动力转移就业是解决中国“三农”问题的根本途径。通过应用行为地理学和时间地理学的理论和方法，力图厘清国内农村劳动力转移就业的空间过程特征，拓展国内农村劳动力转移地理研究领域。本章从基本理论、转移内涵、转移动因、转移特征、空间决策机制等方面综述了国内外研究进展，提出了基本研究思路。

1.1 选题背景

“三农”问题的核心是农民问题，而今天的农民问题则是就业问题。受农村人地矛盾趋紧的影响，离土离乡外出就业越来越成为中国当今农民实现充分就业和增收的主要渠道[1]。从世界范围和经济发展的纵深角度看，农村劳动力向非农产业和城市转移是一国社会经济发展的必经阶段，是工业化和城市化发展的重要推动力[2]。因此，农村劳动力转移就业是解决中国“三农”问题的根本途径[3]。

中国劳动力的乡城流动和转移就业始于20世纪80年代初，随着农村家庭联产承包责任制的实行，农业的生产效率大大提高，劳动力开始出现剩余，或者说从原来的隐性失业转变为显性剩余，必须寻找农业以外的其他出路。但在以重工业为主的工业增长模式、城乡分割的户籍制度和计划配置劳动力的体制下，农村富余劳动力普遍采取“离土不离乡”的就地转移方式[4]。1984年国家开始允许农村人口进城务工经商，此时城市经济体制的改革推动了第二和第三产业的迅速发展，劳动力需求大大增加，从而出现了第一次大规模的乡城转移就业。根据1987年人口抽样调查，有1 300万人从农村转移到城市[5]。

20世纪90年代，许多地区开始出现“民工潮”，进而带来很多社会经济问题。因此，国家采取了一系列措施加强对农村劳动力盲目流动的管理，劳动力转移迅速增长的态势受到一定抑制。1992 年邓小平同志的"南巡讲话"之后，东南沿海地区得到快速发展，劳动力需求大大上升，"民工潮"现象已势不可挡。2000 年开始，国家对于农村劳动力的政策导向从"引导流动"逐步转向"取消流动限制"和"公平流动"，取消了对农民就业的各种不合理限制，促进了农村劳动力的转移。

然而在 2004 年左右，在很多地区相继出现民工短缺问题的同时，内地很多省份的农村还在积极组织富余劳动力输出，推动劳务经济的发展，出现了"民工荒"与"就业难"并存的现象。很多人认为，这主要是结构性矛盾所引起的[6]。2008 年的经济危机，进一步使"民工荒""返乡潮"现象凸显出来，从而引发了"刘易斯拐点是否到来"的大讨论[6]。

1954 年，刘易斯（Arthur Lewis）发表了《劳动力无限供给条件下的经济发展》一文，从劳动力市场的二元性角度，讨论经济发展的转变过程。他的理论后来经拉尼斯与费景汉（Ranis and Fei）拓展，形成了含有转折区间的二元经济模型。该模型将经济发展过程分为三个阶段和两个关键性的转折点：第一转折点是劳动力供给从无限剩余转向有限剩余的阶段，第二转折点则是有限剩余的劳动力被完全吸收殆尽的时刻。目前，讨论集中在中国是否越过了刘易斯第一转折点，形成了三种观点[7]：

第一种观点认为中国已全面进入"刘易斯转折点"阶段。学者们分别从人口结构和劳动力总量供给[8]、地区工资增长率[9]、国际产业资本向中国加速转移[10]角度，得出"中国已经进入了刘易斯转折点"的结论。蔡昉[11]通过研究金融危机时期农民工就业的调整过程和结果，进一步指出：剩余劳动力的减少意味着传统意义上的人口红利将逐渐消失，迫切需要发动经济增长的新引擎，即以农民工市民化为内涵的深度城市化。

第二种观点持相反意见，认为"民工荒"是特殊背景下的结构性失衡现象，中国农村劳动力供大于求的总体态势不会轻易发生逆转。尽管许多人认为农村富余劳动力的数量在逐渐减少[6]，特别是新增的青壮年劳动力将出现较大的供需缺口[12]，但许多学者倾向于将其归结为供需不对称的问题，即由于各地区的产业结构和发展水平不同，一些企业的用工标准不断提高，而农民工的整体结构却变化不大，因此在年龄、性别、文化程度和技能水平等方面出现了供需错位[13]。还有学者从务工渠道的角度分析了劳动力市场的信息不充分、农民工就业途径的单一及其背后的制度缺陷所造成的劳动力短缺问题[4]。他们认为,“民工荒”只是暂时的劳动力短缺现象,是户籍政策、工资增长和收入差距等其他因素共同作用的结果,并非意味着“刘易斯转折点”在我国出现。

第三种观点则认为我国经济处于“中国特色的刘易斯转折点区间”内,中国农村剩余劳动从无限供给向有限供给转变,即已越过“刘易斯第一转折点”,但尚未到达“刘易斯第二转折点”[6]。李永杰和杨本建[14]认为,中国劳动力市场的特点是总量剩余和有效供给不足并存,这种“中国特色的刘易斯转折点”的形成,在于劳动力市场一体化滞后于人口类型的转变。劳动力流动推迟了经济发达地区的人口转变,从而延长了这些地区的人口红利期,同时加速了经济不发达地区人口转变,缩短了这些地区的人口红利期,从而使得我国一些地方到达了“刘易斯转折点”,而另一些地区尚未达到。

刘易斯拐点其实是在完全竞争假设下高度简化的一个理想点,其理论说明性远高于实用性。对刘易斯拐点的讨论,可以得出:中国劳动力无限供给的状况已经发生了转变[4],结构性短缺成为当前劳动力转移的重要现象,农民工市民化的倾向加强,城市化速度已远远不能满足农民工的转移要求。因此,当前农村劳动力转移就业的影响因素必然发生变化,劳动力个体诉求已从单纯经济的诉求转向社会经济共有的诉求,有必要从劳动力个体角度考察其转移就业倾向、转移就业过程及其影响因素,从而为明确中国城市化的发展方向、发展路径,以及农村劳动力的城市融入路径提供有力依据。

1.2 选题意义

经验表明:由于不同的工业化和城镇化发展道路,不同国家农村劳动力转移表现出截然不同的特征。我国在实现工业化的道路中,由于城乡户籍制度的不完全放开和农民土地的集体所有,使农村劳动力转移呈现出与其他国家完全不同的特征,表现为大批农村劳动力在城市就业,其家庭、户口却还滞留农村,许多人称之为“候鸟式”劳动力就业行为或摆动式人口迁移。这就是中国在20世纪80年代末、90年代初开始出现的“民工潮”现象。虽然学者们普遍认为这种流动就业推动了中国的城市化进程、促进了经济社会发展、释放了农村剩余劳动力[15-17]，但大量农村劳动力外出就业也给家庭、农村、城市带来了诸如“留守”问题、社会隔离等不利影响[18,19]。随着社会经济形势及农村劳动力本身对“外出打工”期望值的逐渐变化，2004年底东部沿海城市开始出现“民工荒”，这种情况至今都比较尖锐，成为中国城乡发展的一个重要制约因素。而徐波[20]和彭代彦等[21]的研究表明，本地非农就业相比于本地农业就业和外地非农就业有较高的满意度，中国农村劳动力转移亟需由候鸟式模式向迁徙式模式转变。因此可以认为，实现农村劳动力就业与居住的同步转移是农村劳动力转移的最终目标。但目前的研究还局限于流动就业、打工的原因、机制和效应的讨论上，对农村劳动力从流动就业到定居就业的路径过程和社会经济制约因素的认识还不够。因此，对农村劳动力微观主体就业转移的环境认知与行为路径研究，有助于对这一过程的深入理解。

劳动力转移问题研究涉及迁出地、迁入地、流动过程的中介因素以及迁移者本身这四种因素，涉及迁移的条件、过程、影响三个方面。中国地理环境复杂、人文基础多样、区域发展水平不一，这些因素决定了农村劳动力转移在时间过程、空间过程、空间影响上的多样性[22]。因此，农村劳动力转移成为经济学、社会学、政治学和地理学共同关注的话题。目前国内地理学界关于农村劳动力转移研究主要集中于：刻画人口、劳动力流动的空间特征[23-26]；外来人口对城市空间和城市经济的影响，尤其关注东部特大城市[27,28]。而对转移的条件、决策形成及时—空仍然缺乏微观层面的深入研究，对转移的主观地理认知及转移时空过程的类型、行为路径、制约因子等的认识还比较模糊。因此，加强农村劳动力转移就业的环境认知与行为过程研究，将有利于拓宽目前国内农村劳动力转移地理学的研究领域。

人类空间行为是地理学和社会学的共同研究领域。人文地理学中关于人类活动的研究，往往停留在国家、区域等宏观尺度，机制分析不够深入；社会学对人的行为有翔实的调查及富于逻辑性的说明，但由于缺乏宏观和空间视角，其研究结果也很难应用到城市与区域管理中[29]。行为地理是研究人类在地理环境中的行为过程、行为空间、区位选择及其发展规律的科学。它强调将微观个体行为与整体社会相结合[29]，对微观行为进行宏观归纳，进而解释人地关系[30]。时间地理学是20世纪60年代后期由瑞典地理学家哈格斯特朗（T. Hagerstrand）及其领导的隆德学派（Lund School）提出并发展起来的表现并思考在时空过程中人类行为与客观环境之间关系的一种方法论[31]。他把人口统计学的生命线（life line）概念加上空间轴后得到的生命路径（life path）概念应用于人口移动的传记性研究中，成为行为地理研究的一种重要方法。行为地理学是微观研究与宏观研究的中介。随着与心理学、GIS、时间地理学等的密切结合，行为地理学对人类空间行为的研究越来越关注人类行为与环境的互动关系，对现实社会的解释力度越来越强。

农村劳动力转移在当前中国不但是一个重要的社会经济现象，也是一个典型的空间行为，其转移过程伴随着明显的环境认知与空间选择，其行为的时空路径具有较强的规律性和多样性。因此，用行为地理学和时间地理学的视角和方法，探讨农村劳动力转移过程的环境认知和行为路径，不但扩展了行为地理学研究的领域，同时也使农村劳动力转移研究从宏观的地域特征和空间路径研究走向微观层面。通过探讨农村劳动力这一微观行为主体的空间运行规律，进而进行宏观的团体和社会研究，能够为城市与区域人口管理提供较为清晰的思路。

1.3 相关研究的国内外进展

自从1885年莱温斯坦（E. G. Ravenstein）发表了关于迁移的论文后，人们开始对人口迁移与劳动力流动的动因、规律和影响进行探讨。20世纪以来，出现了很多关于人口迁移、劳动力流动的理论与实证研究，从不同层面、不同角度，阐述了人口迁移、劳动力流动的现象及其内在机制。

1.3.1 农村劳动力转移基本理论研究

本研究参考高岩辉等[22]、程名望[32]、姚华松和许学强[33]等对劳动力流动理论的总结，将农村劳动力转移研究归纳为四个研究视角（表1－

1),在梳理这些理论的过程中,逐步构建本书的研究框架。

表 1-1　农村劳动力转移研究的基本视角

基本视角	代表理论	基本观点
结构主义视角	刘易斯二元结构理论、费景汉和拉尼斯模型、乔根森模型、推拉理论、世界体系理论、劳动力市场分割理论	以社会经济结构为分析的出发点,强调经济发展不均衡的结果给转移方的影响
个体-家庭决策视角	托达罗模型、哈里斯模型、斯塔克的新劳动力转移经济理论(投资组合理论、契约安排理论)	以经济行为个体(家庭)为分析的基本单位,强调个体(家庭)利益最大化对转移决策及转移行为发展的作用
行为主义视角	沃波特的地方效用理论、克拉克模型	寻找人本主义模型代替经济和空间理性区位理论,将界定的环境而不是实体作为人类决策和行为发生的环境
社会学视角	社会资本理论、累积因果关系、Structuration 理论等	考虑社会网络、信息、文化传统、意识形态、风俗习惯等非经济因素对劳动力转移的影响

注:根据文献[32]整理而得。

1.3.1.1　结构主义视角

结构主义强调宏观政治和经济关系体系对移民的组织和转换作用,以及对劳动力工作地点和条件的影响[34]。刘易斯是二元经济理论的开创者,他将国民经济分为以农业为主的传统部门和以工业为主的现代部门,农业部门的边际生产率低于工业部门,这种差异导致两部门劳动者出现收入差距,农村劳动力流入城市,直到农村剩余劳动力被城市吸尽,二元结构消失[22]。刘易斯的模型将经济增长过程与劳动力转移过程结合在一起,对分析发展中国家劳动力转移问题和经济增长产生了重大影响[32]。拉尼斯和费景汉在接受无限劳动力供给假设的基础上,纠正了刘易斯忽视农业在促进工业增长中作用的缺点,进一步细化了工业发展和农业发展之间的关系,重视农业发展和技术进步,但同样忽略了城市失业[22]。1961 年美国经济学家乔根森(D. W. Jorgenson)提出,农村剩余劳动力转移的前提条件是农业剩余,只有当农业剩余大于零时,才有可能形成农村剩余劳动力转移[35]。显然,乔根森模型从人口内生和消费结构的角度解释了劳动力转移的动因,进一步推进了运用结构主义方法对劳动力转移问题的研究[32]。李(Lee)则于1966年提出较为完善的"推-拉"理论,认为影响迁移的因素有四种:迁出地因素、迁入地因素、中间障碍因素、个人因素,指出迁出地和迁入地各自都有推和拉两种因素,人口迁移的发生就在于迁出地推力总和大于拉力总和,而迁入地拉力总和大于推力总和。

从宏观角度探讨移民原因的还有世界体系理论和劳动力市场分割理论。世界体系理论认为人口国际迁移是市场经济全球化的产物,梅西(Massey)指出随着生产要素的跨国转移和各国产业结构的调整与升级,跨境迁移不可避免地产生[33]。劳动力市场分割理论从发达国家市场结构入手探讨国际移民的迁移动机,将国际人口迁移的起源视为存在于发达工业社会经济结构中的需求拉动,即认为发达国家或地区对低级劳动力市场的需求是国际迁移产生的原因[33]。

总之,结构主义的研究方法和模型,强调社会结构的失衡与制度的强制性和约束性对劳动力转移所造成的影响,有利于从社会结构的角度认识劳动力转移的宏观经济动因和外在影响因素[32]。中国人口众多、城乡二元结构明显,处于世界产业结构转移浪潮中,结构性差异更多地表现在地域、部门之间的经济差异。因此,对不同地域在不同社会经济背景下农村劳动力转移的路径特征的探究,显然可以利用结构主义理论进行分析。本研究并没有直接将这些宏观结构因素作为农村劳动力转移动因进行定量分析,而是将其作为农村劳动力转移的地域背景因素,探讨不同地域条件下农村劳动力转移的路径差异。

1.3.1.2 个体-家庭视角

结构主义的研究方法和模型没有考察作为当事人的劳动者的决策过程,微观基础研究比较薄弱。因此一些学者致力于发展基于个人理性决策的微观劳动力转移模型。这种方法以经济行为个体为分析的基本单位,强调个体利益最大化对转移决策及随之而发生的转移行为的决定性作用,一般通称为新古典主义方法[32]。托达罗模型认为个人是经过了迁移的成本-效益权衡后才做出是否迁移的决策,城乡迁移是由于城乡之间预期收入差距的存在，而预期收入与在城市找到工作的概率有关[22]。人力资本理论将劳动力迁移看成一种长期投资，迁移决策是对长期收益的理性反应，移民倾向于选择向收益快的区域迁移，该理论整合了诸多迁移成本和收益（如与其他劳动力相比，通常年轻、有技能、受过良好教育的劳动力更有可能迁移到其他区域），可很好地解释劳动力迁移的选择性[22]。

以斯塔克和泰勒（Stark and Taylor）为代表的一些经济学家将分析的基本单位或出发点由转移者个人改为家庭，分析家庭福利最大化假定下的转移行为，被称为新劳动力转移经济理论[32]。新劳动力转移经济学用投资组合理论和契约安排理论来解释劳动力转移行为与家庭决策的关系。投资组合理论是指由于农业收入波动较大，农村家庭要对内部的劳动力资源进行统筹规划和配置，派出部分成员外出从事非农产业以消除或减缓家庭收入的不稳定性[22]。契约安排理论是指家庭成员之间暗含着一种合约：家庭成员首先对转移者提供资金帮助，进行投资，如对其教育的投资，转移者工作赚钱之后则向家庭提供其部分工资收入，从而实现家庭利益最大化[22]。

新古典主义研究方法注重个体经济利益最大化的分析，认为在利益最大化引导下的要素在地区（国家）之间的流动会提高要素配置的合理性，进而对经济效率的提高产生促进作用[32]。因此，农村劳动力个体（家庭）利益是农村劳动力转移就业进而迁移的根本动力，正是从这个意义上，新古典主义研究方法是被认为具有极大积极意义的。王春雷和郭其友就从劳动者个体效用最大化出发，在改进贝克尔提出的时间配置模型的基础上，构建了一个分析农村劳动力转移行为的微观框架[36]。

1.3.1.3 行为主义视角

新古典主义研究方法假设一个完善的市场体系，劳动力的空间迁移没有成本，也没有其他障碍，劳动力迁移纯粹是一个经济现象，劳动力具有充分的信息等，这些假设都是不实际的。实际上的劳动力区际迁移要比新古典模型复杂得多，劳动力区际迁移是一个空间过程，其研究需要引入更多的非经济变量与研究内容，如迁移者个体特征、迁移的空间过程、对于信息的获取、个体的认知特性等[32]。对此做出进一步补充研究的是行为主义研究方法。

行为学派把劳动力迁移看成一个复杂的决策过程，强调个体在决策过程中的重要作用，通过研究移民的微观迁移来理解宏观的区域迁移模式[22]。其中一个重要学派是移民心理学(Migration Psychology)，该学派关注个体空间移动行为的研究，关注态度、价值、感知和移民目的，关注个人、环境、移动的关系，关注从决策过程角度研究移民目标和移民行为的关系[37]。沃尔帕特(Julian Wolpert)提出行为研究的三个重要概念：地方效用、场论、生命周期理论[38]。人口的流动反映了个人对地方效用的主观评价，移民被看做与不同地方效用的不同认识有关。场论是指信息在移民决策过程中的重要作用，个人有选择地接收、处理信息并使信息内在化。生命周期理论认为“主观行为空间”与生命周期有关，与性别、社会经济地位有关。芬德雷和李(Findly and Li)在他们的研究中提出，移民对于地方认同所产生的转变和反应，是一个重要的过程，人口迁移研究者应该要去呈现出人类个体感觉与经验的多样性[38]。

行为主义研究重视宏观的区际迁移动因，通过将区域差异、收入差异等宏观因素纳入到劳动力转移行为过程中来，探讨这些宏观因素对劳动力微观转移的影响，从而将宏观研究与微观研究结合起来。它结合了结构主义和新古典主义研究方法的优势。该研究方法通常是以实证检验的方法将“地方效用”等进行量化评价，研究劳动者的性别、年龄、区域差异、婚姻等个性特征对劳动力转移的影响。但“地方效用”是一种主观判断，难以定量。由于信息获得的区域性与个体差异，迁移者对来源地与目的地“地方效用”的判断往往不一致。在现实生活中，迁移者不一定是“理性经济人”而追求“效用的最大化”。这些缺陷都限制了行为主义研究方法进一步的应用。本研究提出农村劳动力转移就业环境认知、空间决策、时空路径等概念，并将其中的一些心理因素和空间行为特征定量化，力图推动行为地理学在农村劳动力转移过程研究中的应用。

1.3.1.4 社会学视角

芬德雷、格雷厄姆、瓦特和杰克逊(Findlay、Graham, White and Jackson)等社会学者认为移民是一个复杂和矛盾的主题，移民历程深深根植于社会结构和政治结构中，而不是人口统计学和经济过程的“自然产物”[39]。女权主义者特别关注性别影响，格雷厄姆（Graham）将文化、政治因素融入经济因素，瓦特和杰克逊（White and Jackson）呼吁从理论和实证上关注移民的差异性和多样性研究[39]。

梅西（Massey）将“社会资本”概念引入移民研究领域。“社会资本”指代那些个人通过对“体制化关系网络”的占有而获取的实际的或潜在的资源的集合体，也称“社会网络”。社会资本可以降低劳动力迁移中的成本与风险，将具有更多技能和受过良好教育的迁移者带到特定职业，同时它对那些生活在边缘、缺少正规机构服务的人群十分重要，能赋予没有受过教育或缺乏技能的人以社会资本从而增加其迁移可能性。社会资本在很大程度上决定着迁移者在城市中的收入和经济地位[22]。梅西（Massey）将缪尔德尔（Myrdal）的累积因果理论拓展到移民研究中，将迁移看成一个动态的自我增强的过程、有不断重复的趋势。对于迁移个体而言，每一次迁移行为都是不断调整迁移动机和迁移预期，促使另一次迁移行为产生的过程。女权主义研究认为家庭内部的性别和代际差异的等级有助于解释女性和男性的流动性，这种研究不但考察了这种家庭内部不平等的实际结果，也考察了形成这种不平等的机制[34]。

总之，基于社会学视角的研究主要考虑社会网络、信息、文化传统、意识形态、风俗习惯等非经济因素对劳动力转移的影响，认为劳动力转移不但受到整体经济结构、个体收益的影响，还是一个重要的社会现象。很显然，社会学研究视角是对结构主义、个体 - 家庭、行为主义视角的有益补充，将会有助于更深刻地解释劳动力转移的动力机制。本研究在社会调研基础上，通过民族志、打工历程分析等方法，在解释农村劳动力转移动力与过程的同时，揭示社会因素对劳动力转移的影响。

1.3.2 中国农村劳动力转移内涵研究

最早提出“剩余劳动力”概念的是刘易斯，他认为不发达部门是产生过剩劳动力的根源，不发达部门向先进部门提供廉价、丰富的劳动力是经济发展的关键[40]，并在 1954 年首先提出“边际劳动生产率为零或负数的劳动力为剩余劳动力”的概念。目前，关于农村剩余劳动力的内涵主要有以下四种观点[41]（表 1 - 2）。

表 1－2　农村剩余劳动力内涵及其评价

序号	内涵	评价
定义 1	农业劳动力的供给量和社会需要量的差额，社会需要是生存需要，就是保证国家粮食生产的需要	市场经济条件下，农民的出发点不是社会需要，而是家庭收入最大化
定义 2	边际劳动产品（或边际劳动生产率）小于或等于零的农业劳动力	把“零值劳动”看做是存在于发展中国家农业中隐蔽性失业的一种类型
定义 3	边际收益小于或等于零的农业劳动力	即使农民务农的边际收益为正数，在存在其他选择的情况下，农民肯定会在务农和从事其他产业之间进行选择
定义 4	边际收益低于非农业劳动力的农业劳动力	具有动态的特点，能够适应农业和非农业互动发展的情况，能够反映农民的意愿，能够适应市场经济的特点

注：根据文献[41]整理而得。

我国许多学者和刘易斯的观点一致（定义 2），认为我国大量农民处于失业或半失业状态，将他们从农村转移出去，并不会减少农业的现有产量，即其边际生产率为零甚至为负[32]。因此，农业劳动力剩余是农业劳动力总量超过全部农用土地对劳动力可容纳量的部分，本质上是过大的劳动积累量与有限耕地的矛盾[42]。而另一些学者则认为，20 世纪 90 年代以来，剩余劳动力转移更多的在于区域经济发展水平差异而引致的人口趋利行为的表现[43]，判断农村劳动力是否剩余的关键，在于农民务农收益与从事其他工作的收益比较[41]。这里暗含的一个重要前提是农民拥有选择其他产业的自由和空间。随着中国市场经济体制的逐步完善，更多学者倾向于该定义[44]。

针对“农村剩余劳动力”的概念，一些学者[45]提出质疑，认为这是一种具有歧视性的提法，“农村剩余劳动力”的说法之所以存在，前提条件是“农村的人口就应该搞农业，或者就应该留在农村”这样的观点，但如今这样的体制背景已不复存在，农村居民具有选择职业的绝对权利。因此，本书使用“农村劳动力”的概念，并认为农村劳动力转移是劳动力资源重新配置的过程，其基本内涵是就业转移，即由农业向第二、第三产业转移。在我国当前城乡和区域社会经济差距较大的情况下，这种就业转移往往伴随着居住转移，进而产生人口迁移行为。但由于中国农村劳动力转移的特殊背景环境，农村劳动力的就业转移与人口迁移大多不是同步进行的，出现大量农村劳动力打工流动现象。因此，在我国当前社会经济条件下，农村劳动力转移、农户打工、人口流动、人口迁移等几个过程往往是交织在一起的。在学术界，虽然这些概念有根本的差异，但各自的研究内容和方法却并没有做严格的区分[33,46,47]。本研究以农村劳动力转移就业为研究对象，目的是将问题的焦点集中于最基本的就业转移过程研究中，通过就业转移的时空过程分析，探讨中国农村劳动力由候鸟式转移模式向迁移式模式转化的制约因素与特征，进而也可以避免陷入流动、迁移、打工等的概念纷争中，造成调研和数据分析的困惑。

1.3.3 农村劳动力转移动因研究

1.3.3.1 国外农村劳动力转移动因研究

1885 年，美国学者莱温斯坦（E. G. Ravestein）发表《移民的规律》（*The Laws of Migration*）一文，开创了对移民及其规律进行“一般性研究”的先河[48]。此后，对劳动力转移动因的研究，不同学科形成了不同的理论流派。这些研究分别是从生产部门、劳动者个人等角度来解释城乡劳动力转移的[49]。一些学者[50-52]从部门间生产率差异出发来解释转移动因：刘易斯模型强调工业高生产率对劳动力转移的贡献，考察相对价格差异形成的生产要素的地域分布差异对劳动力转移的影响；费景汉、拉尼斯则强调农业生产率的提高对劳动力转移的重要作用；伯圭（Bogue）等人提出的“推－拉”理论则研究移民迁出地与迁入地之间由于自然环境和社会经济发展的空间差异形成的推拉力的外部机制及移民个体差异的内部机制。另一些学者[49]从劳动力个体出发探讨转移的动因：美国经济学家托达罗（Michael P. Todaro）运用新古典主义方法，研究劳动力个体在利益驱使和成本约束作用下如何做出迁移选择的；乔根森（Dale W. Jogenson）提出了消费需求拉动的劳动力转移观点，农村劳动力转移的根本动因在于消费需求的变动，转移的基础是农业剩余而非边际生产率为零或虽大于零但小于实际收入水平的劳动力的存在；伊斯特林（Richard A. Easterlin）提出相对经济地位变化假说下的城乡劳动力流动模型，认为农村劳动力迁移与否不仅取决于他们在城乡之间预期收入的差距，还取决于他们在家乡感受到的相对经济地位的变化，以及迁移后按照当地的生活标准所感受到的相对经济地位的变化。

显然，国外的农村劳动力转移动因研究，一方面十分关注经济动因，频繁采用和借鉴“合理选择”“效用最大化”“预期净收益”“生产要素流动性”“工资差”等经济学概念。另一方面则重视对社会因素、个体特殊因素、偶然性因素的分析[53]。

1.3.3.2 国内农村劳动力转移动因研究

国内对农村劳动力转移动因的研究，多数是从转移就业的影响因素角度来考虑的。影响农村劳动力转移的因素，涉及经济、社会、制度等众多方面，可以将这些因素分为经济因素和非经济因素两类。

（1）经济因素

多数学者认为经济原因是影响农村劳动力就业的根本因素。如城乡收入差距[54]、预期收入和地区间的市场化程度[55]等是直接影响劳动力流动的重要因素。对此，可以从区域经济因素、个人收益因素、转移成本因素等方面进行考察。

区域经济因素是影响劳动力流动的宏观结构性因素，包括城市化水平、农村工业化水平、产业集群成长、经济增长要素、投资状况、地区间人均收入差距等。朱农[56]认为，中国的劳动力转移是在传统农业、农村非农行业、城市正规行业和城市非正规行业这四个部门下进行的，是四元经济下的人口迁移。大部分学者都认为区域间（部门间）的经济差异是影响农村劳动力转移的根本动因[32]。赵成柏[57]以江苏省为例运用计量经济学方法，认为城市化水平和农村工业化水平是农村剩余劳动力转移的重要影响因素。徐维祥和唐根年[58]、谌新民和武立文[59]认为产业集群产生的规模效应带动了中心镇的发展，促进了人口空间集聚，从而推动了农村劳动力转移。朱传耿等[60]从城市角度分析中国流动人口的“拉力”要素时发现：流动人口规模与经济增长要素、投资要素相关性显著，与社会发展要素、消费要素相关性不显著。王格玮[61]利用中国第五次全国人口普查数据，对农村劳动力迁移决策的影响因素进行了分析，发现地区间人均收入差距对劳动力迁移有显著的影响。严善平[62]认为，以人均国内生产总值衡量的地区间经济差距对地区间人口流动水平有明显的影响。

个人收益因素是指农村劳动力个体在转移过程中实际获得的收益，包括务工收入、工资水平、真实工资率、城市收入预期、城市就业机会、技能性收益等。如果说区域经济因素是宏观经济差距及经济发展对农村劳动力产生的“引力”，那么个人收益因素则是农村劳动力个体实际感受和获得的经济收益。丁守海[63]通过计算农民工数量、农民工工资、第二第三产业产值之和之间的关系，认为农民工工资是影响农村劳动力转移的主要因素，并认为当前农民工工资水平应至少提高1/3。朱农[64]利用问卷调查数据，认为收入差距在迁移决策中起着显著作用，在消除了样本选择性偏差的影响后，女性的城乡收入差距要高于男性。王国辉[65]认为中国乡城迁移行为是农户家庭在一定的约束条件下，通过调整家庭劳动在城乡间的配置，追求家庭预期净收益最大化的行为，农户在城市获得工作的概率、在城市的工资、农产品价格等城乡收入差距因素都是影响农村劳动力转移的重要因素。吴兴陆和亓名杰[66]通过调查发现，城市较高的收入预期是吸引农民工流入城市的直接动因。

转移成本因素是指农村劳动力在转移过程中需要付出的经济利益，如城市消费水平、城市就业风险、迁移成本、务工成本等。陈欣欣和黄祖辉[67]通过对经济发达地区就地转移劳动力向城市迁移意愿的调查，提出现行农地制度、城市较高的就业风险和消费水平是阻碍就地转移劳动力向城市迁移的主要因素。严善平[62]指出，以空间距离为代理变量的流动成本对地区间的人口迁移率有非常强的负影响，其影响程度甚至要大大高于地区间收入差距的作用。王国霞[68]考察了中国农村人口省际省内迁移机制，认为决定农村劳动力跨省转移的主要因素是就业机会和迁移成本。高双和高景璐[69]探讨了我国农村劳动力外出务工的动力，认为虽然农村劳动力外出务工的收入要远远高于在农村务农的收入，但由于我国就业管理制度不完善、农民工社会保障缺失、户籍制度的阻碍，以及农村劳动力自身素质的限制等原因，造成了农村劳动力外出务工的成本过大，尤其是农村劳动力在务工过程中需要支付的直接成本较大，极大地削减了外出务工的净收益。

以上分析表明：经济因素是农村劳动力转移的根本因素，农村劳动力是在现实的区域经济发展背景下，在其直接感受到的收益和成本比较之中，根据收益最大化原则，作出是否转移及迁移的决定的。

(2)非经济因素

影响农村劳动力转移的非经济因素有很多，可以分为个人-家庭因素、制度政策因素、社会文化因素三类。

个人-家庭因素主要是以人力资本为核心的包括农村劳动力接受教育程度、职业技能训练、性别、年龄、婚姻状态在内的影响农村劳动力转移的因素。高更和等[70]通过对河南省南阳市三个不同类型样本村的实证研究，发现打工者不同的个人特征、家庭特征和社区特征对其打工地的选择具有重要影响。许多学者认为，人力资本是当前阻碍农村劳动力转移的根本因素[32,57,71]。张务伟等[71]利用山东省1 161位农村劳动力样本数据，研究得出：对农村劳动力就业状况影响最大的是人力资本因素，其次是个人因素，最后是家庭因素；个人因素和家庭因素通过直接和间接(即通过人力资本中间变量)两条路径影响农村劳动力就业状况，并且个人因素与家庭因素之间存在相互作用；因此，提高农村劳动力的人力资本水平是改善农村劳动力就业状况的关键。殷晓清[72]指出：由于先赋的和自致的原因，大量农村劳动力只能选择低声望、低技术的职业，形成低地位的农民工就业模式，这阻碍了我国劳动力转移采取迁移方式。王弘钰和崔宏静[73]探讨了农村女性劳动力非农就业的影响因素，认为农村女性自身所拥有的非农技能影响作用最大，而家庭成员意见、家庭劳动力的人数和非农就业意愿也有较大的影响。刘家强等[74]利用多项选择 Logit (MNL)模型，通过2009年问卷调查数据对农民工就业地选择的影响因素进行了实证分析，认为农民工就业地选择过程中具有明显的年龄选择特征和技能遴选效应。

当前影响农村劳动力转移的制度因素主要包括土地政策因素和户籍制度因素，以及农民工进城务工过程中的社会保障、子女受教育权利等政策制度因素。西伯格(Seeborg)等[75]认为农村和城市的政策改革对农村劳动力外出就业起到重要的影响。赵耀辉[76]认为户籍制度从20世纪50

年代开始实施以来,一直是影响城乡人口流动的主要制度障碍。陈欣欣和黄祖辉[67]认为在影响就地转移劳动力向城市迁移的不利因素中,放弃土地承包权是最大的一个不利因素,这主要是出于农地预期收益的考虑和务工收入不稳定而引起对“退路”的考虑。从城市角度看,城市良好的文教医疗条件、较高的收入和城镇居民比较健全的社保制度是现阶段吸引就地转移劳动力进城的主要因素[67]。王国辉[65]认为全面的社会保障制度对农民进城定居意愿有明显的影响,而单项的社会保障对农民进城定居意愿影响不大。显然,现在乡城迁移所涉及的制度问题,已不仅仅是单纯的城乡户口问题,而是由于随着农业户口丧失带来的土地权益等的缺失,同时,农民工在城市社会保障严重不足,这些都促使更多农村劳动力转移采取的是兼业或流动形式。

在农村劳动力就业转移进而到定居转移的过程中,社会文化因素越来越成为重要的影响因素。李(Li)[77]发现农民工在从农村到城市的流动过程中,主要依赖了其传统的亲缘和地缘的社会关系网络。严善平[62]指出,由血缘和地缘关系建立起来的流动链为迁移人口提供了就业和生活方面的信息,大大降低了流动费用,克服了距离对流动的不利影响。高虹和陆铭[78]考察了社会信任对中国农村劳动力流动的影响,认为在中国农村,本地的社会信任对劳动力流动产生了负向影响。吴兴陆和亓名杰[66]依据对浙江省农民工的调查结果,认为虽然城市较高的收入预期是吸引农民工流入城市的直接动因,但农民工的迁移决策,特别是持久性迁移决策更多地受社会的、文化的、心理的和个人特征因素的影响。唐茂华[79]指出,当代劳动力“两栖”转移的长远意义在于为其子女的代际转移提供非人力财富、人力资本和社会资本等多维的原始动力。孙鹃娟[80]指出社会资本缺失是农民工市民化进程受阻,进而引发许多社会问题的主要原因。显然,目前对社会因素的考察,较多的集中在“社会网络”对农村劳动力转移的影响,而对农村劳动力定居过程中社会文化的适应、乡土情结的变化等的研究还有待进一步加强。

以经济原因为基础的农村劳动力转移动因研究仍是目前研究的主流,对社会文化、农村劳动力个体体验的研究还有待深入。本研究试图从农村劳动力个体体验角度,探讨各种经济、社会因素对农村劳动力转移就业决策的影响。

1.3.4 农村劳动力转移特征研究

中国地理环境的复杂性决定了中国农村劳动力转移在空间特性、经济特性、社会行为特性上表现出与国外农村劳动力转移不同的特征。

1.3.4.1 农村劳动力转移空间特征与模式研究

农村劳动力转移是农村劳动力从转出地出发，到达转入地工作，并可能在转出地和转入地之间不断流动的过程。在这一过程中，迁出地、迁入地和流动过程都具有很强的空间特性，因此，农村劳动力转移的空间特征与地域原则一直是学者们关注的重点。

20 世纪五六十年代的计量革命将国外人口流动研究的出发点转移到空间特征和数量模型上[22]。齐普夫(G. K. Zipf)[81]将引力概念用于人口迁移研究，提出"迁移重力模型"。该模型表明：人口迁移量与两地人口的乘积成正比，与两地的距离成反比。斯托弗(S. A. Stouffer)[82]进一步提出了中间机会(interening opportunities)的概念，认为迁移量随距离的减少而减少的根源在于中间机会数的增加。埃利斯等(M. Ellis et al.)[83]考察了来自墨西哥、萨尔瓦多、中国、越南的移民在洛杉矶因工作原因而集聚的现象。

国内学者对农村劳动力转移空间特征的关注主要从宏观区域、行政区域、物理距离三个尺度展开。首先，宏观区域尺度重点着眼于从整体上把握中国人口、劳动力迁移的基本流向与流量[23-25]。丁金宏等[25]通过对 2000 年人口普查省际迁移数据的分析，认为东、中、西部人口迁移的不平衡性不断加剧，"中部塌陷"不仅是经济意义上的，而且也是社会意义上的。刘望保等[84]进一步研究发现，近 10 年来省际人口迁移以从四川、湖南、江西、河南和安徽等重要辐散区向东南沿海的长三角、珠三角和京津冀地区等沿海发达地区迁移为主，且有增强的趋势。胡金林[85]则认为农村劳动力在选择从低收入的农业部门向高收入的城市工商业部门和沿海经济发达地区转移的主路径之外，还有选择向就近的小城镇转移和向相对不发达的东北偏远地区以及新疆、云南等西部不发达省份转移的其他路径。显然，流动人口的空间分布格局与区域的经济总量、产业结构、城市化水平等存在着显著的正相关性[86]，中国东、中、西部区域经济差距成为市场经济条件下农村劳动力空间流动的基本背景。因此，有学者[87]进一步尝试采用农村劳动力转移区位商对东、中、西部地区农村剩余劳动力的转移进行了比较研究。其次是行政区域尺度，主要探讨农村劳动力在不同等级行政区之间流动的空间特性。彭连清和詹向阳[88]认为改革开放以来，我国农村劳动力转移的范围表现为省内就近转移和跨省异地转移并存，并更多倾向于跨省转移。张建杰[89]也认为倾向于“省外”多于“省内”，但“省外”集中于发达地区，“省内”则集中于“县外市”。尹中立和桑晓靖[90]认为，农民非农择业的地域选择依次是本村或附近村庄、集镇、县城、大中城市。高更和和李小建[91]认为农户打工地主要集中于省城、深圳经济特区、乡镇和地级市。段成荣和杨舸[92]研究表明流动人口越来越集中流向少数省份，前 5 个流动人口最多的省吸纳了全国一半的流动人口，同时流动人口也越来越集中流向少数城市，表现出突出的极化现象。显然，在行政区域尺度，争论的焦点在于就地、就近转移还是异地、跨省转移，是向小城镇转移还是向大中城市转移。最后是物理距离尺度，关注距离对农村劳动力就业决策的影响。高更和等[26,91]发现打工距离整体分散、局部集中，打工人数随距离的变化呈“U”型分布，农户对打工地城镇规模类型的选择与打工距离密切相关，打工者在打工目的地的分布上具有群聚特征。张建杰[89]认为，随着转移半径的增加，劳动力的性别、婚姻、年龄、文化程度、社会关系网络、劳均耕地、所处区位及其分工参与度等对劳动力转移就业的影响程度总体减弱。蔡昉[93]提出由于距离在迁移中所起的作用，所以省内迁移应该是更为重要的现象。显然，大家都认为距离是影响农村劳动力迁移的重要成本因素，这种成本既包括经济成本，也包括心理和社会成本。

根据农村劳动力转移的这些空间特征，许经勇[94]将农业劳动力转移的地域形式归纳为两类：在农村内部消化的就地转移和到城市求职的异地转移。寇荣等[95]则将其分为三种类型，即县内就业、省内县外就业和省外就业。彭连清和詹向阳[88]将其分为省内就近转移和跨省异地转移。而鲁奇等[96]认为：随着改革开放不断深入和社会经济的快速发展，我国人口流动已发生了以离土不离乡模式为主到以离土又离乡模式为主的重要转变。葛深渭[97]、杜鹏和张文娟[98]则提出“梯次移民”概念,葛深渭认为人口迁移应该从落后地区逐步的、分层次、分阶段的向高一级的地区移动,杜鹏和张文娟[98]指出人们在流动的过程中倾向于选择经济收入高、生活环境好、发展机会多的地区作为流入地。李明欢和庞翠明[99]也提出农村人口在山区农村到平原农村、平原农村到都市城镇之间出现了“层级流动”。显然,农村劳动力转移的空间模式,主要有就地转移和异地转移[100],以及渐进式转移(梯次流动)和跨越式转移(直接从中西部农村到东部大中城市)转移等类型。

1.3.4.2 农村劳动力转移经济特征与模式

通过对国内外农村劳动力转移进程的比较(表1-3),可知工业化道路的选择、农业发展的模式以及对教育的投入对于农业劳动力的顺利转移都是至关重要的[101]。首先,在经济发展的起飞阶段,发达国家以及新兴工业化国家或地区主要靠工业的高速发展来解决农村剩余劳动力的转移,而在经济发展的后期阶段,主要靠第三产业吸纳农村剩余劳动力[102]。日本、韩国、中国台湾等是通过发展劳动密集型工业,以促进农村劳动力的转移,取得了良好的效果。日本还通过同步发展第二产业和第三产业,较好地解决了农村剩余劳动力问题。而拉美等地首先发展资本密集型产业,则造成大批来到城市的劳动力不能很快就业。其次,关于农村劳动力转移过程中的农业发展问题,英国、韩国是在农业发展缓慢基础上进行转移的,后来英国通过农工综合体的快速发展,才有效遏制了农业的衰退,并推动了剩余劳动力转移。美国在工业化的同时实现了农业现代化,农村劳动力转移与工业化、农业现代化基本是同步的。日本、中国台湾在转移过程中,农业充分发展,农业兼业现象普遍,土地集中不明显。拉美一些国家则存在土地大规模集中,出现大量失地农村劳动力,增加农村劳动力转移负担。第三,各国在农村劳动力转移过程中都非常重视劳动力教育问题,但由于教育模式及文化传统的不同,效果相差很大。东亚等地劳动力普遍崇尚“勤俭”的传统,能够吃苦耐劳,教育投入、劳动密集型工业和农业现代化有利于劳动力的转移,拉美等地劳动力崇尚消费,资本密集型工业和土地的大规模集中以及低效的社会化教育不利于农村劳动力转移。因此,正确的经济发展战略、劳动力素质的优化、城市化和非农化水平、适宜的土地政策[102]都是农村劳动力转移的有效保证。国家与地区应该根据其自身的经济发展特征、劳动力素质与文化特征，选择合适的转移路径。

表1－3　国内外农村劳动力转移经济特征比较

国家或地区	农村劳动力转移特征
英国	圈地运动式的强制性转移；同时依赖国内市场与出口市场；初期以牺牲农业为代价，后期重视农工综合体
美国	大规模工业化条件下自发地转向非农产业；工业化的同时实现了农业现代化；"交通革命"使自由迁移更加方便
日本	在政府有效干预下，注重劳动密集型工业，第三产业与第二产业同步发展，没有伴随土地集中，农业兼业经营普遍
韩国	集中型转移，初期以劳动密集型工业为重点，在农业发展不足条件下实现转移，过度城市化现象明显
中国台湾	分散化转移方式，初期以劳动密集型工业为重点，在农业充分发展的基础上实现转移
巴西	城乡人口流动性高、流动规模大，城市化速率高，转移中土地高度集中，就业结构与产值结构相脱节

注：根据参考文献[102]整理而得。

国内在农业劳动力向第二、第三产业转移的问题上，已经形成共识[103]。很多学者指出，在中国人地矛盾比较尖锐和农村社会保障还很不健全的约束下，农村劳动力转移带有明显的"兼业"性质[104、105]，这是一种中国农户家庭内分工的长期组织均衡形态[106]。另外，很多学者认为，"非正规就业"是农村劳动力转移的重要形式[107]，农业劳动者主要就业于低层次市场[108]，这种就业模式阻碍了农村劳动力转移采取"迁移"方式[72]。

但是，学者们在农村劳动力转移的具体途径方面却存在很大分歧，主要表现为三种不同观点：第一种观点认为，应就地转移、就地消化；第二种观点认为，应通过优先发展小城镇予以吸纳；第三种观点认为，应向城市转移,尤其是向大中城市转移[103]。第一种观点认为,我国农业富余劳动力大部分是转移到城市,扩大了城乡居民收入差别,必须走出“重城轻乡”的农业富余劳动力转移的误区,把转移的重点放在农村二、三产业,放在乡镇企业,放在城乡结合部及县域[102]。赵立新和赵慧[109]认为我国农业剩余劳动力转移面临供给量过大、城市就业压力增大、乡镇企业吸收能力减弱等情况,因此引导农业剩余劳动力实现就近就地的浅层次转移就变得非常必要和实际,应注意发展高质量农业,大力发展农村工业和第三产业。关于第二种观点,赵韩强[110]认为发展小城镇吸纳农村剩余劳动力具有成本小、效用大的优势,有利于促进农村第二第三产业发展,因此,发展小城镇是解决农村剩余劳动力转移的根本途径。卢荣善[111]认为解决中国“三农”问题的根本出路在于将工业化重心下移到县域。董鉴泓[112]认为小城镇可以吸纳大量农村富余人员,避免盲目流入大城市。高红贵[113]认为小城镇建设是转移农村剩余劳动力,创造更多就业机会的客观要求。第三种观点认为大中城市基础设施相对完善,投资环境比较好,带动区域经济发展的功能强,居民的收入水平也较高,第三产业发展较快,就业机会相对较多。当前,乡镇企业发展空间大为缩小,农业内部消化剩余劳动力缺乏条件,农村劳动力大规模就地转移已不现实;小城镇由于缺乏产业支撑,吸纳农村劳动力的能力非常有限;大中城市由于受政策制约未能充分发挥出应有的带动经济增长、吸纳农村剩余劳动力的作用。因此,大中城市应该成为吸纳农村劳动力的最主要途径[103]。

1.3.4.3 农村劳动力转移社会行为特征与模式

中国农村劳动力转移的社会行为特征可以从对“候鸟式”人口转移、“迁徙式”人口转移、非永久性人口迁移的讨论中展开。在中国当前城乡户籍制度不完全放开、农民土地集体所有、城乡和区域差距较大的情况下,农村劳动力转移就业表现为大批农村劳动力在城市就业,其家庭、户口却还滞留农村的“候鸟式”劳动力就业行为或摆动式人口迁移,有人称之为“弹性城市化”[114],从而使我国的农村劳动力转移带有很强的流动性就业特征[104]。这种转移方式,虽然增加了家庭收入,但没有提高留守家庭成员的生活满意度[21],因此,彭代彦和赖谦进[21]、吕雪静等[115]提出应由候鸟式农村剩余劳动力转移模式向迁徙式农村剩余劳动力转移模式转变,促进留守家庭成员的同步转移。何志扬和熊莉萍[116]提出由于计划经济体制遗留下的特殊制度约束,改革开放以来的中国乡城劳动力转移并不是直接从农民到市民的,而是由“先从农民到农民工”“再从农民工到市民”这样两个阶段来实现的。显然,这种模式一定程度上有效地平衡了市场条件下的城市化限制与农村低收入之间的矛盾,降低了农民工成为新型城市贫困主要群体的风险[114]。但这种就业和居住转移都不彻底的模式,也带来了诸如“留守现象”“社会歧视”等问题,进一步加剧了城乡二元结构的不合理性。

朱宇[117]认为,循环流动等非永久性人口迁移并不是中国的特例,其在发展中国家的人口迁移及其研究中占据重要地位,从迁移流动者的角度看,循环流动是家庭内部资源配置的一个环节,是发展中国家在资本和信贷市场不发达、劳动力市场不稳定、缺乏足够的社会保险机制等条件下,迁移者家庭为充分利用家庭资源,最大限度地增加家庭的就业和收入并降低风险所采取的一种策略。周勇[118]也从农村人口向非农城镇转化的视角,指出非农产业和人口的调整是生态福利和经济收益两方面均衡的结果,印证了中国非农转化渐进式改革的正确性。显然,循环流动等非永久性迁移的存在条件和发生发展规律与社会经济发展的一定阶段和一定的生产方式相联系。斯盖尔敦(Skeldon)提出了明确的人口移动随着社会发展而演变的模式,即从早期地方性的短距离迁移,向大规模从乡村向城市(主要是大城市)的暂时迁移,再向永久性迁移转变,直至最终通勤在人口移动中占主导地位。根据这一模式,中国当前的农村劳动力转移,正是介于第二阶段与第三阶段之间,如何从第二阶段顺利转向第三阶段,正是学者们讨论的热点。何志扬和熊莉萍[116]指出,“从农民到农民工”基本不存在制度性障碍,农民可以较为自由地进入城市寻找就业机会,实现职业的非农化,但是在现行制度约束下,农民工想实现向城市市民的身份转变却依旧困难重重,制度约束是制约我国劳动力向城市正规部门转移的最大障碍。张翼[119]通过对2010年全国性调查数据的统计分析发现:绝大多数农民工不愿意转变为非农户口,如果要求其交回承包地,则只有10%左右愿意转为非农户口。由此本书认为,推进城镇化的优选之路是“常住化城镇化”而非“户籍化城镇化”,要在不强迫改变农民土地权属的前提下将农民工转变为城市新市民,深层城镇化的政策配置重点,应是"基本公共服务与福利配置的均等化",而不是强化户籍的制度区隔功能。李开宇等[120]提出农民工深度城镇化已成为我国城市化发展、经济增长转型、社会稳定和可持续发展的重大课题,应从农民工个体对城镇化的预期与区域发展认知等微观层面出发,研究农民工迁移动机、决策行为特征,研究相应的城市响应政策,从而促进农民工深度城镇化。还有学者指出,农村人口迁移的有序合理在很大程度上取决于转移空间的规划与建设,大城市地区农村人口转移的主要空间应是建设卫星城[121]。

由此可见,由"候鸟式"人口转移向"迁徙式"人口转移的紧迫性和重要性已被大部分学者认可。但是,如何实现这一转变,更多的学者倾向于制度改革,而相应的城市公共产品与服务政策、资源可获性的城市社区规划等方面的创新,则可以促进农民工公平、公正、有序、有尊严的城镇化[120]。

1.3.5 农村劳动力转移空间决策机制研究

根据前面的分析,中国的农村劳动力转移在空间、经济、社会行为等方面存在一些典型特征,而农村劳动力转移是各种经济、非经济因素共同作用的结果。那么,这些因素与这些特征之间的内在关系如何?

农村劳动力转移就业是一个空间行为过程,其中空间选择是其行为核心。理解这一空间选择过程,对理解和预测农村劳动力转移的空间、经济、社会行为等的特征及模式[122],以及解决由于流动就业而带来的诸如"留守"[18]、社会隔离[19]等问题都具有重要意义。目前,农村劳动力转移空间决策的研究不但包括其就业目的地的选择,还附着就业决策、居留决策等内容。将就业决策、居留决策等内容统一纳入到空间决策研究中,对进一步解释劳动力转移的特征与其影响因素之间的关系具有积极意义。

首先,从当前农村劳动力地域决策来看,基本趋势是越来越集中流向东部和南部沿海地区、越来越集中流向少数省份、越来越集中流向少数城市[92,123],这是受中国当前区域经济发展的基本结构因素影响。区域间经济差距、城市化水平、产业发展状况等经济结构因素是影响农村劳动力地域决策的根本因素。地域决策的另一特征是省内就近转移和跨省异地转移并存,并更多倾向于跨省转移[88],这是受外省城市较高的预期收入影响。可以说,当前中国农村劳动力地域决策的基本特征,是受宏观区域经济结构影响的,是经济因素作用的结果。其次,从农村劳动力就业决策来看,非正规就业是农民工的基本就业模式。大部分农村劳动力集中于加工制造业、建筑业和生活服务业等低技术的劳动密集型行业[88]。这种就业选择是在面对自身人力资本状况、家庭背景等约束下的选择[107]。张务伟等[71]认为对农村劳动力就业状况影响最大的是人力资本因素,其次是个人因素,最后是家庭因素。也就是说,人力资本限制是造成农村劳动力非农转移过程中具有非正规就业特征的主导因素。再次,从农村劳动力的居留决策来看,虽然多数学者认为中国当前亟须从"候鸟式"人口转移向"迁徙式"人口转移转化,"农民工市民化""深度城镇化"等都是讨论的热点。但是,受到户籍制度、土地制度、社会保障等因素的影响,在中国当前二元经济矛盾还很突出的情况下,这一过程困难重重。因此,有学者指出,要"常住化城镇化"而非"户籍化城镇化"。显然,这一过程突出的限制在于农民工基本社会保障的缺失和土地使用权对农民工起到预期增值收益和基本保障之间的矛盾。虽然,也有学者提出社会、文化、心理等因素是影响农村劳动力永久性迁移的重要因素,但从当前来看,制约农村劳动力向定居性转移的主导因素是包括土地制度在内的社会保障制度的不完善。由此可见,由经济因素主导的地域决策、由人力资本约束主导的就业决策、由社会保障约束主导的居留决策共同组成中国当前农村劳动力转移的空间决策机制。

西方学者关于移民地空间选择,则有两种主流观点[122]:一是以经济原因为基础的理性选择行为,是与各种效用行为相对应的[124,125],认为个人对每个可能的目的地效用进行评价,然后选择效用最大的目的地,代表性的模型有概率模型、Logit 模型、嵌套的 Logit 模型等[122];二是以心理学为基础的,关注于认知心理学理论方法的运用[126],认为信息的理解过程对个体空间选择十分重要[122],移民心理学将地方感知和动机组成相结合,提供了一个将移民目的和行为相集成的研究背景[37]。在这两种观点下,露西娅(Lucia)通过模拟实验,认为经济过程和对不同目的地的感知在选择行为中都起重要作用[127]。帕斯夸里(Pasquale)则倡导将经济过程和对目的地感知同时考虑的竞争目的地空间决策模型[122]。

显然,农村劳动力转移就业的空间选择行为过程,不但受经济效用因素影响,还受到个体主观认知的影响。目前国内农村劳动力就业空间转移的研究中,关于个体认知对转移决策的作用研究还鲜有涉及。从相关学科来看,国内外关于空间认知、地理认知等研究已有一定的理论积累[128-130],旅游地理学等也有许多实证研究成果[131]。本书以此为借鉴,从农村劳动力的微观主体视角,通过转移就业动机、环境认知与决策方式的路径分析,探讨农村劳动力转移就业的空间决策过程及其内部关系,揭示其空间决策机制。

1.4 本章小结

西方学者对农村劳动力转移的原因、机理、空间决策研究,20 世纪 90 年代以前,关注于定量模型的应用,近期则侧重于转移劳动力在城市和产业内部的组织、融合性与空间特性[83,132]研究,侧重转移行为过程本身的研究。中国目前的研究基本还停留在西方研究的早期阶段。

国内对地理环境的认知与表达研究还处于起步阶段,特别缺乏对独特社会经济现象地理环境认知的实证研究[129,130,133]。目前对环境认知的研究多见于对旅游目的地的研究过程中[131],对农村劳动力转移的环境认知研究非常少见[20]。

国外利用时间地理学进行人口移动的时—空过程研究已有较多的成果[134-137],但国内时间地理学方法主要限于在城市居民的日常行为研究上[138-140],用其研究农村劳动力就业转移行为的时间和空间过程还并不多见。而国内对农村劳动力转移的空间特征研究还停留在宏观层次,注重转移行为结果的研究,对个体的转移行为过程空间特征进行分析,进而探讨微观个体行为的制约机制的研究成果不多。

目前,国内外关于农村劳动力转移的研究已取得了丰硕的成果,在对这些文献进行梳理总结的过程中,逐步构建了本研究的基本思路(表 1-4)。首先,根据对四个视角研究特色的归纳,拟以微观行为作为研究视角,将农村劳动力个体作为基本单位,提出农村劳动力转移就业动机、环境认知、空间决策、时空路径等概念，探讨不同社会经济条件下农村劳动力转移就业空间行为过程。其次，以“农村劳动力转移就业”作为研究主体，将“农民工市民化”“深度城镇化”作为研究背景，探讨这一时期农村劳动力转移就业的环境认知与时空路径，一方面避免陷入“转移”“迁移”“流动”“移民”等概念纷争中，突出农村劳动力转移的经济特性，另一方面突出社会经济转型时期农村劳动力的转移特性，从而为探寻城乡一体化发展的基本路径提供较强的依据。最后，本研究利用行为地理学的基本理论，提出农村劳动力转移就业动机、环境认知、空间决策、时空路径等基本概念框架，构建测量体系及其关系体系，从而能够深入探讨农村劳动力转移就业的决策与行为过程。

表 1－4　研究评述及对本研究的启发

研究问题		现有研究评述	对本研究的启发
基本理论	结构主义视角	转移就业是农村劳动力对不同地域社会经济环境的现实反应	探讨不同地域农村劳动力转移就业的地域差异，探讨其反应机制
	个体－家庭视角	个体－家庭是农村劳动力转移就业的决策单位，是“最优”或“满意”基础上的决策	以个体作为研究资料获取单位，从微观角度，探讨转移就业过程的微观特征及农村劳动力的根本需求
	行为主义视角	劳动力迁移是一个复杂的决策过程，强调个体在决策过程中的重要性	提出农村劳动力转移就业环境认知、空间决策、时空路径等概念及测度方法
	社会学视角	移民历程深深根植于社会结构和政治结构中，而不是人口统计学和经济过程的“自然产物”	在解释农村劳动力转移就业过程时，同时考虑社会因素的影响，在实地调研中，采用“民族志”等质性方法
概念		“剩余劳动力”具有歧视意味	使用“农村劳动力”概念
		农村劳动力转移、农户打工、人口流动、人口迁移等既密切联系，又有区别	使用“转移就业”，避免概念纷争，重视农村劳动力经济属性的变化
转移阶段		劳动力无限供给状况发生改变，结构性短缺现象突出，“农民工市民化”倾向加强	“深度城镇化”背景下处于转移就业状态的农村劳动力对城镇发展的基本需求与反应

续表

研究问题	现有研究评述	对本研究的启发
转移动因	以经济原因为基础的农村劳动力转移动因研究仍是主流，对社会文化、农村劳动力个体体验的研究还有待深入	运用环境认知概念，从农村劳动力个体体验角度，探讨各种经济、社会因素对农村劳动力转移就业决策的影响
转移特征	向东部地区、向城市转移是中国目前农村劳动力转移的基本趋势，如何实现“农民工市民化”成为当前转移的重点	通过对农村劳动力转移就业环境认知、打工历程的测度，探讨农村劳动力对转入地的认知特征及农村劳动力个体转移的时空特征
转移机制	经济因素主导的地域决策、由人力资本约束主导的就业决策、由社会保障约束主导的居留决策共同组成	通过转移就业空间决策概念，将就业信息、目标、方式、途径、地点等的决策组成一个整体

2 理论基础与基本概念

从农村劳动力转移就业空间行为过程出发，以行为地理学的地理认知、行为空间与空间行为、时间地理学为理论基础，提出农村劳动力转移就业的动机、环境认知、空间决策与时空路径等概念，建立农村劳动力转移就业空间行为过程的研究框架。

2.1 理论基础

行为地理学是本研究的理论基础。行为地理学是在考虑自然地理环境与社会地理环境条件下，从人的主体性角度理解行为及其所处空间的关系的地理学方法[141,142]。行为地理学强调将微观个体行为与整体社会相结合[141]，对微观行为进行宏观归纳，进而解释人地关系。

行为地理研究最早始于20世纪初，美国的行为科学把心理学和社会学的感应和行为概念引入地理学，使地理学所研究的人地关系触及人和环境的相互关系[143]。现代行为地理学真正出现于20世纪60年代。这一时期，传统的区位论和中心地理论由于过于绝对的公理化特征而暴露出与真实世界不符的缺点，因此人的主体性又一次被普遍强调，并被标榜成人与环境关系中的主要方面[144]。1969年，美国学者奥尔逊（Golsson）和哈维（D. Harvey）相继发表文章，论述了行为地理学的概念、理论和应用问题。20世纪70年代，行为地理学在北美和欧洲得到迅速发展，道温斯（R. M. Downs）甚至提出"行为革命"的口号。行为地理学对人的行为机制研究也派生出"环境理解法"和"行为地理法"两个分支。环境理解法（environment perception approach）主要是研究人如何认识与衡量环境，以及在受到环境刺激之后对环境的反应和采取某种相应的措施[145]。行为地理法又可分为空间行为法（spatial behaviour）和行为空间法（behavioural space）两种。空间行为法是从普遍性的观点出发来研究人的行为对地理现象的空间分布及其变化规律的影响,它希望作出或研究出一些能够在不同环境不同空间都适用的理论模式,如克里斯泰勒的"城市居民购物模式"[145]。行为空间法则是从特殊性的观点出发的,是对某个特定空间里的人的行为特征进行调查分析,然后按照这些行为特征的规律性作出一些模式,作为解释之用[145]。这些模式只能在一些相类似的空间环境里才能适用,不具备普遍的意义,如瑞典哈格斯坦德的空间扩散理论。

这时的环境理解法和行为地理法都把人在空间里的选择假定为独立的,霍杰斯特兰德(Högerstrand)则认为个人在空间里的行为并不是毫无限制的,而是受到一系列个人本身和社会环境条件的约束。正是由于存在这些约束,阿莱·普雷特(Allem Pred)才提出了时间地理(time geography)这个概念。时间地理是研究个人在空间和时间上的行为过程(behaviour path),即个人在空间环境里受到一系列条件的约束之后,表现出来的行为(活动)随着时间的变化过程。

20 世纪 90 年代至今,在地理学社会科学化的影响下,行为地理学研究越来越关注现实中的社会问题,与社会政策、福利地理等的联系越来越紧密,通过广泛的多学科融合,力图更全面地解答人—环境的互动关系,从最初的回答"行为在哪里发生?"的区位论套路,发展到关注人文现象与环境互动关系,最终回归到日常生活空间和社会中[146]。其主要研究内容包括地理认知、行为空间与空间行为、时间地理等。

2.1.1 地理认知

人们生活在地理环境中,对其周围环境有一个感应、观感和观赏等认识过程的反应。这种反应,不仅包括感觉认识,还包括对反应的理解和评价。人们对地理环境发生感应后,要作出判断,也即作出选择,然后决定处事和行为[147,148]。根据空间认知方式的差异,鲁学军将空间认知模式分为空间特征感知、空间对象认知、空间格局认知三个层次[129]。而王晓明等[149]则将认知过程划分为地理知觉、地理表象、地理概念化、地理知识的心理表征和地理空间推理。因而,地理认知就是由对地理环境的感觉、知觉进而到地理物象的形成,接着进行物象评价,形成评价性认知(图 2-1)。

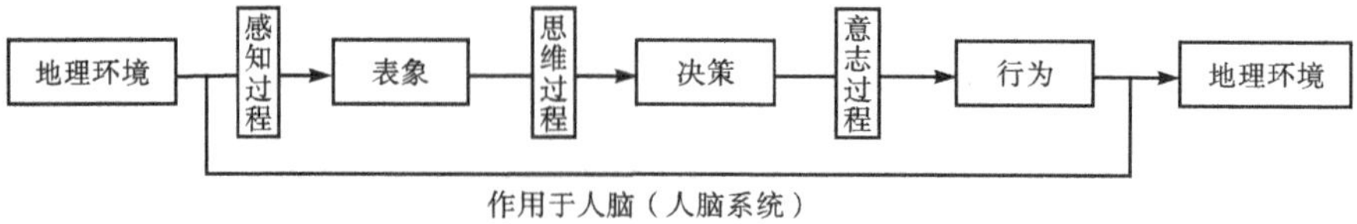

图2－1 地理认知过程图解

对于认知的本质，国外学者多数认为认知过程是深受个人经验、情感、心理、理解力影响的主观过程，人在环境中的行为通过大脑中的主观体验而形成，如能深入大脑“黑箱”来探明人脑中主观的意象世界，便可以理解哪些因素指导了实际行为的发生，从而解释经济学模型所无法解释的“残差”部分[144]。代表性研究包括早期的认知地图研究以及空间学习理论。近来的一些研究立足于个人活动与环境之间的关联，把认知的研究发展到人如何接受外界信息进而如何利用信息以实现空间中行为的立意上。

鲁学军和承继成提出“地理认知理论”[130]，认为空间行为决策过程同时受到地理意象思维和地理概念思维的影响，前者是有关区域空间结构的思维，后者则是关于地理过程属性的思维，前者形成空间信息，后者形成属性信息。地理空间信息认知的研究主要是基于“意境地图”的研究，即人们对一个地区的印象往往是通过顺序排列一系列目标来构成的，这种排列称之为“空间图式”（意境地图）[150]。对“意境地图”研究的内容包括城市意象、地名认知、距离认知、方位认知、城市公共空间认知、旅游行为意向图以及认知扭曲等。通过对认知地图、草绘地图的分析，学者们[151－155]探讨了城市意象的基本要素与空间形态。顾朝林和宋国臣[151]通过照片辨认和认知地图调查，认为影响北京城市意象空间的主要要素是道路、地标和节点。申思等[152]通过北京手绘草图调查，验证了这一结论，分析了手绘草图的形态。还有学者[156]专门分析了地图的空间关系认知，认为符号、注记以及空间拓扑关系构成了地图空间关系认知的基本元素。另外，学者们对距离、地名、方位的认知使意境地图的研究更加深入。如陈基纯等[157]认为距离衰减是校园大学生群体距离认知的一般特征，提出了三圈层空间结构模式，而外界刺激、人与目的地之间的关系影响距离认知。薛露露等[158]从数量认知距离与实际认知距离两种角度分析了认知距离特征及扭曲。霍婷婷和王茂军[159]、王茂军等[160]通过对地名认知率的分析，探讨了北京城市认知空间结构。邱玉华[161]根据南北方人方位表达的不同，得出空间术语在一定程度能够导致空间认知的差异。进而，有学者将城市意象的概念、借用到旅游、产业集群等研究领域。杨瑾和马辉峰[162]分析了旅游行为意象图的构成要素（道路、标志物和节点较为普遍）和认知内容。杨敏[163]发现国际游客旅游空间认知主要集中在旅游空间功能认知、旅游空间格局认知两个方面。李琳和韩宝龙[164]从多维邻近视角出发探讨了地理邻近、认知邻近对高技术产业集群创新的影响机制。整体来看，目前国内对“意境地图”的研究集中于城市意象研究，尤其是对少数大城市的研究，集中于意象地图的空间要素及影响原因研究，而缺乏对不同规模、类型城市意象地图的比较研究，缺乏意境地图研究向相关领域的拓展。

对地理环境认知的研究，另一方面是从属性信息认知展开的，这方面的研究相对较弱，集中于商业环境评价性认知、旅游目的地认知等领域。一些学者对城市特定空间进行了认知研究：翁桂兰等[165]通过天津都市区居民对天津经济技术开发区的环境认知分析，探讨了其迁居意向及地域选择性特征；李昌霞等[166]从购物地可达性因素、购物地特性、商品特性的调查，分析了城市老年人购物的评价性认知特征；李瑞[167]采用网络调查法，得出公众对宁波商业经济感知度和城市旅游吸引力的特征；蔡晓梅和朱竑[168]构建了外籍管理者对城市地方景观感知和跨文化认同的形成演变机制。另一些学者集中探讨了旅游目的地认知：汪芳等[169]认为旅游地地方感的认知由地方认同和地方依赖两方面构成；白凯等[170]认为旅游者在旅游目的地的体验评价是旅游者对旅游目的地的一种认知评估，这种认知评估直接影响旅游者的行为意图；邹宏霞等[171]探讨了旅游者感知的旅游目的地行前形象与旅游信息涉入来源、信息涉入程度和个人互联网体验能力的相关关系；田逢军[172]分析了南昌市主城区居民评价性游憩空间认知的总体特征与组合性特征及其影响因素。还有学者进行了特定景观认知的探讨，张捷等[173]认为书法景观主要知觉维度可归为6类，并揭示了热点景点书法景观的知觉维度特征。显然，目前对地理环境属性信息认知的研究集中于对城市空间和旅游目的地的认知研究，其他领域还较少涉及，对属性信息认知的测度指标研究也比较零散。

2.1.2 行为空间与空间行为

人们经过环境知觉、地理物象和物象评价过程后将做出决策行为，从而表现出外在的行为活动，涉及的空间称为行为空间。在不同的环境信息作用下人类各种活动的行为空间具有差异性，并且表现出不同的空间行为规律性，这就是空间行为。佳克尔（Juckle）等就曾认为，行为空间"是全空间环境之间的相互作用及其反映，通过直接的经验与间接的交流人类所了解的空间"[174]，空间行为则是"与利用场所有关的人类知觉、选择、行为"，实质就是影响空间形成的各种人类活动。如果说人类活动地理投影形成行为空间，那么特定空间人类行为规律则称空间行为[174]。两者相辅相成，共同构成行为地理的研究核心。

20世纪六七十年代，个体在大范围城市环境背景下的行为空间（action space）研究开始兴起，议题的要点是在客观环境下人们对特定地方的感知效用以及他们如何划定自己所熟悉或者是进行交互作用的地方和空间的范围。霍顿和雷诺（Horton and Reynolds）较好地归纳出行为空间的概念模型，认为个人因素在其对外在客观空间结构的感知过程中起到了重要的作用，而其居住位置成为最重要的节点[140]。高里基（G. Golledge）在空间脉络决策过程研究的基础上，又在态度和动机、人口的移动、革新的传播、政治的行为（特别是投票）、选择行为、学习行为等领域进行了行为科学理论的抽象研究[175]。进而为了说明人类活动空间形成规律，提出了"锚点理论"（anchor point theory），把空间行为与时间变化相结合，把空间关系与时间发展过程相结合，是行为科学研究方法的一大进步。

伴随西方行为地理学的发展、衰退、复兴历程，目前的研究正在从"空间行为"（spatial behavior）、例外行为转向"空间中的行为"（behavior in space）、日常行为，从显示行为空间转向理想行为空间，从现实行为转向虚拟行为，从解释行为转向模拟行为、规划行为，力求对人的生活世界进行理解，最终达到对于人类自身的理解[146]。

北京大学行为地理学小组将时间地理学、活动分析法、行为地理学等相结合，开创了基于个人行为的城市空间研究范式。通过在深圳、北京、上海等城市的一系列研究，对中国城市居民日常行为的时空间特征进行了系统地分析，探讨了居民时空行为模式的内在机制与空间相互作用。

行为的时空间特征及其决策和制约机制是行为空间与空间行为研究的核心内容。柴彦威和沈洁[140]提出以活动分析法为基础的人类行为研究框架，以活动日志调查、SP方法和RP方法、统计数据和GIS空间数据等多元数据源为分析基础，在时空间背景下展开城市居民日常移动—活动行为的研究，包括通勤、购物、休闲等主要日常活动及出行，探讨和模拟居民移动—活动模式。根据中国目前的研究现状，关于空间特性，主要包括行为的方向特性、移动特性、距离特性、路径特性等，关于时间特性，主要有出行的频度特征、时段特征、持续时长等，根据这些特征，进而对不同群体、不同区域、不同行为的时空模式进行总结，得出特定的行为时空模式[176-179]。

在时空特征分析基础上，从选择和制约的视角揭示模式形成的机制：通过个人偏好解释活动安排、目的地选择、停留模式等决策过程，制约方面则强调模式形成过程中空间、时间和参与者本身社会经济特征等方面的因素，同时强调分析空间行为过程中选择与制约的相互关系和作用。以 Chapin 的活动理论为基础的一类研究中，活动模式是作为一种人们满足其需要的手段，活动产生的过程（动机—选择—结果）带有非常明显的主观偏好，而环境是作为一种为活动提供机会的因素[140]。显然，该观点强调决策的主观性和能动性。近年来，陈述偏好方法为行为决策机制研究提供了很好的手段，它通过事先设定好可用于描述需要选择的选项若干属性，通过设定不同的属性值形成选项集合，根据被调查者对该集合中各个选项的评价或者选择来估计和研究其偏好，从而能够基于研究所关注的假设来预测不存在条件下的服务需求[140]。另一类研究则突出强调环境制约对于日常活动以及行为空间的影响。沙普科特和斯特德曼（Shapcott and Steadman）对城市日常生活节奏的研究中强调深层的社会制度与文化结构对于日常活动的作用。哈格斯特朗（T. Hagerstrand）清楚地识别出影响日常活动的三类制约，即能力制约、组合制约和权威制约，进而通过制约的分析，探讨社会经济条件对行为空间的影响机制。

2.1.3 时间地理学

时间地理学是 20 世纪 60 年代后期提出并发展起来的。在欧美国家,时间地理学的最初应用主要是在区域规划领域中的实证研究,时间尺度为一日,注重个人活动的时空棱柱。其中,最有名的被称为 PESASP (Program Evaluating the Set of Alternative Sample Paths)的交通规划案的计算机模拟模型。到 70 年代后期,时间地理学在许多方面得到应用,普雷德(Pred)把时间地理学的可能应用领域分成四类,即区域与景观评价研究、创新的空间扩散研究、人口移动及城市发展研究和政治地理学研究[31]。进入 80 年代以后,研究者从各自的立场出发进行了创造性的展开。其中,普雷德(Pred)致力于个人日常生活和社会条件之间关系的研究,认为社会在制约人们日常时间、空间利用的同时,又由人们的日常生活来构成,指出时间地理学不能把人的行为过于描绘成社会条件制约下的被动反应。到 90 年代中后期,关注虚拟空间行为的新时间地理学、行为过程中情感因素的考虑以及对行为主体假设的修正等,使时间地理学关于时间、空间中人类行为研究方法的有效性得到增强[138]。此时时间地理学在城市交通规划、居民空间行为、个体行为导航等方面的实际应用显示出有效性。

1994 年以来,以柴彦威博士为首的北京大学时间地理学研究小组尝试将时间地理学方法应用于中国大城市内部空间结构及居民的活动空间研究之中,初步建立起以居民活动行为为基础的中国城市空间结构研究方法论。该方法论在居民生活时间利用与日常活动时空间结构研究、不同属性居民出行规律研究、通勤时空间特征及通勤流发生空间类型研究、购物行为的空间圈层结构研究和居民休闲时间利用结构与休闲活动圈层研究等方面都卓有成效。

时间地理学力图通过针对个人行为的线索式研究,总结出不同人群与不同行为系统的匹配,进而准确把握不同类型人群的生活需求,为城市规划与区域发展提供可靠的依据。它的特点是研究物质环境中限制人的行为的制约条件,以此来说明人的空间行为。其中,路径和制约是时间地理学的基本概念。

所谓路径,就是人在时空轴上一系列活动的轨迹[31]。通过将空间压缩为二维平面,然后用纵轴代表时间来构造一个三维空间(图 2 -2)。在此三维空间中用一条连续不断的折线表示出个体的活动情况,这就是路径，它可以反映出个人在时空间移动中所遇到的环境结构。这种路径根据分析需要，通过改变时空间坐标，在空间尺度（国家、地区、城市等）、时间尺度（一生、年、季度、周、日等）、对象尺度（个人、家庭、组织等）上可以自由设定。特别是根据时间尺度可以分为日路径、周路径及生命路径等。时间地理学正是利用路径这种工具将人文现象连续不断地表现在时空间坐标上，对所有的人类活动进行动态的研究，并且结合其他一些分析方法和手段，将传统的单个行为分析（如购物行为分析、交通出行分析、通勤分析等）在时空轴上结合起来，使行为研究进入了一个全新的阶段[180]。

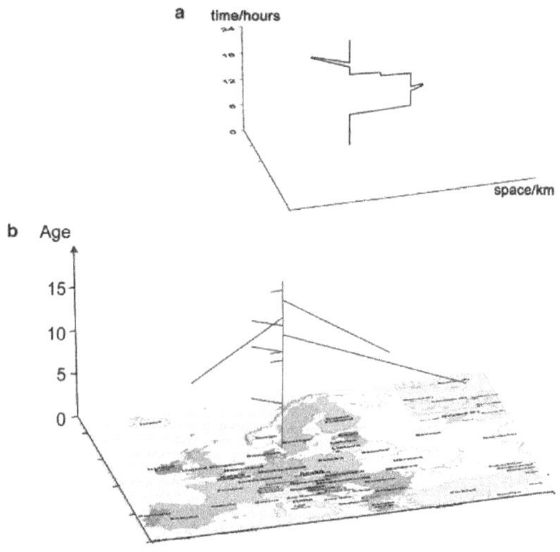

图 2－2　时空路径示意图

注：来自参考文献[137]。

从自身研究问题的意识出发，时间地理学认为个人或集体的空间移动都要受到许多因素的制约。有些是生理上或自然形成的制约，有些则是由于个人决策、公共政策及集体行为准则造成的制约。这些制约被归为三类：能力制约、组合制约和权威制约。所谓能力制约是指人的身体本能及可能利用的技术能力等人类活动本身的制约，它决定着人的移动及活动的框架。这主要由睡眠、用餐等一些生理性制约和限制移动的物理性制约组成。因此，人的日常活动路径以自家为主要停留点在一日 24 小时内可以往返的可达范围内展开。组合制约是指个人或集体为了从事某种活动，必须同其他的人或物的路径同时存在于同一场所。因此，许多人的路径集中在一个停留点上形成活动束，比如在商店时，店员和顾客形成一个活动束等。权威制约指法律、习惯、社会规范等把人或物从特定时间或特定空间中排除的制约，如一些活动的时间、地点在很大程度上是根据领导人的意愿所安排的。

2.2 基本概念

农村劳动力转移就业一方面伴随着就业地点和就业环境的选择，另一方面伴随转出地和转入地之间的空间移动，是一种典型的空间行为。它是农村劳动力利用其所在社会经济地理空间，以转移就业为目的，形成的一系列与转移就业有关的知觉、选择与行为，是农村劳动力在特定空间的转移就业行为规律。本书立足于农村劳动力转移就业的空间行为，将社会学关于农村劳动力转移的动因、影响因素研究与地理学关于地理认知、决策与行为的研究结合起来，构建农村劳动力转移就业空间行为过程的研究框架，通过一系列定量与定性的方法，探寻农村劳动力转移就业的基本空间行为规律及其形成机制。

对于空间行为规律的研究，地理学形成了“三段”研究：“前段”是有关“人是如何获得环境信息”问题的研究，也就是“地理认知”研究；“中段”是关于如何构造地图的研究，即“地理知觉—地图”阶段；“后段”是对存在于地理空间的概念、行为的研究，是地理空间行为决策研究的主要内容[130]。佳克尔(Juckle)提出了五环节的空间行为模式：对象环境、知觉、认知、地理的优选、空间活动[174]。本研究根据赫夫(Huff)划分的决策过程(愿望、价值、感应、意象、行为五个环节)[181]，认为农村劳动力转移就业是在特定动机(愿望性、价值系统)基础上，通过环境认知(感应)的过滤过程，产生的转移就业行动意象(决策)，进而产生具体的转移空间路径(行为)。从而将农村劳动力转移就业划分为动机、环境认知、空间决策、时空路径四个阶段，构成一个完整的空间行为过程。

2.2.1 农村劳动力转移就业动机

农村劳动力转移就业动机是指农村劳动力在一定心理需要和外界刺激下产生的转移就业的愿望性。新古典经济学派的微观模型，将人口迁移认为是个人(家庭)利益最大化的理性选择[182]；政治经济学派认为附属阶层迁移更多是作为对生产体系变化的反映[183]；家庭户、女权主义视角从家庭整体利益和家庭内部不平等方面探讨迁移动机[34]；生存发展困境学说认为迁移是对环境变化的反应[184]；移民心理学认为个人价值目标在迁移行为和目的地决策之中有明显的体现[185]。

显然，动机作为满足各种需要的特殊心理状态和意愿，具有多样性。德容等(De Jong et al.)[185,186]认为迁移动机包括：经济、社会流动(社会地位)、居住满意度、家庭和朋友影响、生活方式倾向。根据"生存发展困境说"提出的"迁移是从生存理性向经济理性逐步过渡的"和价值期望模型中"通过测量对不同目的地的期望，进而测度地方效用"的观点，参照国内外农村劳动力转移原因和动因的问卷内容，设计了包括"生存动机""发展动机""精神动机"三类，共11个题项的动机测量量表。对于每个题项的测量都使用5点李克特量表，其中"1"代表非常不赞同，"2"代表不赞同，"3"代表说不清，"4"代表赞同，"5"代表非常赞同。从而可以将研究所涉及的态度、偏好等问题进行一定程度的量化。

2.2.2 农村劳动力转移就业环境认知

环境认知是对不同抉择机会的区位和相对可获得性的感应[184]。本研究认为农村劳动力转移就业的环境认知，就是指农村劳动力面临多样化的就业地和就业环境，对其进行的环境外观感觉(环境感知)以及整体认识和综合解释过程。从环境心理学的角度看，这是一个认知层次问题：首先是基于对环境实体属性特征的感知(环境特征感知，包括原始特征感知和功能特征感知)；进而是基于环境实体的部分—整体关系知识(或经验)来实现对于某个环境实体的对象化认识(环境对象认知)；最后实现有关空间组织、结构与关系的逻辑判断、归纳与演绎推理分析，以形成有关环境格局的认识(环境格局认知)[129]。因此，农村劳动力转移就业环境认知包括环境特征感知、环境对象认知、环境格局认知三个层次(图2-3)。

2.2.2.1 农村劳动力转移就业环境特征感知

空间特征感知就是指农村劳动力对就业地环境实体属性特征的感知[129]。环境特征感知可分为两种类型：环境感知原始特征和环境感知功能特征。环境感知原始特征是指农村劳动力直接感受到的关于就业地和就业环境的特征，如对城市经济发展水平的感知特征、对

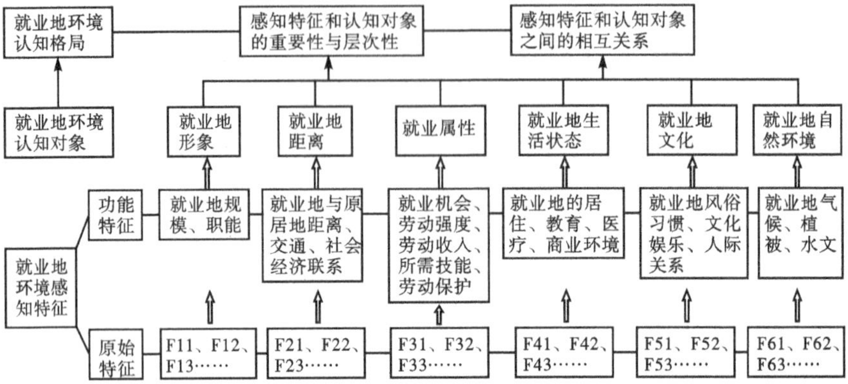

图 2-3　农村劳动力转移就业环境认知层次

城市就业机会的感知特征。感知功能特征是环境原始特征的功能性认识，如根据环境感知原始特征归纳为就业地职能、就业地与家乡社会联系、就业强度等功能特征。农村劳动力对转移就业地的环境感知功能特征主要包括以下六方面内容：

第一，对就业地规模、职能、行政级别等的感知[187,188]。就业地规模、职能、行政级别既影响到农村劳动力对就业地整体形象的认知，也影响到农村劳动力对就业地就业机会、就业性质的预期，从而影响其就业决策以及后期的转移行为，是农村劳动力首先感知到的实体属性。一般来说，就业地规模大、级别高，意味着经济发达、就业机会多，往往成为以流动转移为目标的农村劳动力的理想选择；规模小、级别低、经济发展水平低的就业地，定居门槛低、生活满意度高，可能成为以定居转移为目标的农村劳动力的选择。

第二，对就业地距离、社会联系的感知。距离因素是影响农村劳动力打工决策的重要因素[70,89,91]，就业地与家乡距离越近，农村劳动力对就业地的环境感知越清晰，决策越明确[20]。就业地距离的认知不但与实际距离有关，也与交通方式、社会联系有关。一方面，交通越来越发达的情况下，农村劳动力的环境感知距离越大，越有利于其扩大就业空间；另一方面，如果就业地与家乡在历史上有一定的社会联系，通过人际关系网络将会直接影响到就业感知，从而使环境认知更清晰。

第三，对就业地就业机会、劳动强度、劳动收入、所需技能的感知[32,62]。这是农村劳动力转移就业环境认知的核心内容,直接影响就业决策。目前,农村劳动力对就业地劳动收入、就业机会的认知是比较主动、比较深入的,但对劳动强度、所需技能、劳动保险等还缺乏必要的认知[20],这将直接影响到农村劳动力在城市就业的质量。

第四,对就业地的居住、教育、医疗、商业环境等的感知。已有研究认为定居性迁移决策更多受制于社会、文化、心理和个人特征因素[189];城市良好的文教医疗条件、较高的收入和比较健全的社保制度是现阶段吸引就地转移劳动力进城的主要因素[67]。因此,对就业地生存现状的感知直接影响到其转移就业目标,关系到从流动转移到定居转移的决策变化。

第五,对就业地风俗习惯、文化娱乐、人际关系等文化特征的感知。农村劳动力在转移就业过程中,将与就业地居民产生或多或少的接触,特别是对那些打算定居就业地的农村劳动力来说,将会产生一个文化交流与融入的问题。国内关于这方面的研究还比较少见,国外主要产生了同化论和多元论两种观点[33]。显然,对就业地风俗习惯等的感知,不是影响当前农村劳动力转移就业的关键因素,但随着定居转移趋势的增强,这方面的因素将会愈来愈显示出对转移决策的重要性。

第六,对就业地气候、植被、水文、生态环境等自然环境的感知。自然环境直接影响到移民的生活状况,可能会影响转移就业发生的几率。这种影响在跨国转移就业中,比较突出。据去非洲、西亚打工的返乡农村劳动力的描述:“天气太热,没有蔬菜可吃,不准备去了”,“担心那里有蚊虫传染病,不敢去”(来源于作者调研)。中国地域辽阔,自然环境差异显著,如果家乡与就业地环境差异过大,也可能会影响到农村劳动力的就业转移。

据此,设计了就业地形象、就业地距离、就业属性、就业地生活状态、就业地社会和自然环境(由于当前自然环境和社会文化环境对农村劳动力转移就业的影响还不是很大,因此将两者合并)五个量度量表,包括60个量度题项(附录)。

2.2.2.2 农村劳动力转移就业环境对象认知

转移就业环境对象认知,就是在以上对转移就业环境实体属性特征感知的基础上,将各组成部分之间的特征相集成,从而实现的对象化认识[129]。根据文献总结,将以上各种转移就业环境特征归属为六大类。其中,就业地规模、就业地职能、就业地行政级别是关于就业地整体形象的认识,是农村劳动力对就业地最直接、最快速的感知特征,定义为就业地形象;就业地与原居地的距离、交通方式、社会联系是关于就业地与原居地空间距离、到达成本、社会文化联系强度的认识,定义为就业地距离;就业地劳动收入、劳动强度、劳动保护、所需技能是关于就业属性相关特征的认识,定义为就业属性;在就业地的居住、教育、医疗、商业环境是关于在就业地的生活状况的属性特征,定义为就业地生活状态;就业地风俗习惯、文化娱乐、人际关系是关于就业地社会文化的属性特征,定义为就业地文化;就业地气候、植被、水文、生态环境等是关于就业地自然环境的属性特征,定义为就业地自然环境。因此,农村劳动力转移就业环境对象认知包括就业地形象、就业地距离、就业属性、就业地生活状态、就业地文化、就业地自然环境六个方面。

2.2.2.3 农村劳动力转移就业环境格局认知

人们在对环境要素属性特征的简化、关联与综合基础上,以有关空间实体的部分—整体关系知识(或经验)为指导,对空间实体进行对象化符号表达。由此,人们将能够基于实体的对象化符号进一步实现有关空间组织、结构与关系的逻辑判断、归纳与演绎推理分析,以形成有关环境格局的认识[129]。通过对农村劳动力转移就业环境认知的对象化认识,进一步形成的有关环境格局的认识:一是对感知特征要素和认知对象的重要性和层次性的认识。由于影响农村劳动力转移就业环境认知的特征要素很多,其就业决策也是一个综合性的过程,因此,对这些感知特征要素以及感知对象对转移就业决策重要程度的分析是认识转移就业环境认知格局的首要问题。二是对这些感知特征和环境对象之间相互关系的认知,如对就业地的形象认知如何影响对就业属性、就业地生存状态、就业地文化的认知?对就业地距离的认知如何影响对就业地形象、就业地自然环境的认知?它们之间是否有些规律性的关系?

2.2.3 农村劳动力转移就业空间决策

农村劳动力转移就业从地理学角度看是一个空间行为过程,是农村劳动力从转出地出发，到达转入地工作，并可能在转出地和转入地之间不断流动的过程。其中，空间选择是其行为核心，是农村劳动力感知其克服距离摩擦影响能力达到转移就业的行动意象。认知心理学认为信息的理解过程对个体空间选择十分重要[122]，移民心理学将地方感知和动机组成相结合，提供了一个将移民目的和行为相集成的研究背景[37]。因此，农村劳动力空间决策就是农村劳动力通过感知就业信息，寻找就业途径，形成就业目标，在一定决策方式下选择就业地的过程，可划分为就业信息决策、就业途径决策、就业目标决策、就业方式决策、就业地决策五个方面。

2.2.3.1 就业信息决策

农村劳动力就业信息的来源，直接影响到打工行为，信息来源不同，农村劳动力会形成不同的就业路径。从目前来看，主要有三类：一是通过老乡、亲戚、朋友的介绍；二是通过电视、网络、报纸等媒体；三是自身就业经历。据此，设计了关于就业信息来源的三个题项。另一方面，距离、职业类型、文化程度等因素影响到农村劳动力对信息的接受程度，因此，设计了“就业地离家越近，对就业地信息了解越清晰”等三个题项，说明农村劳动力接受就业信息的方式。

2.2.3.2 就业途径决策

农村劳动力转移就业途径就是农村劳动力工作的来源与方式，这会直接影响到打工行为，使其产生不同的就业路径。根据现有文献和实地调研，将“亲戚朋友”途径区分为“城里打工的老家亲戚、朋友、邻居”“城里亲戚、朋友、熟人”“原来工作的同事、老板”三种类型，其他途径有“中介公司”“新闻媒介”“企业招工”“政府”“自己”五种途径。

2.2.3.3 就业目标决策

农村劳动力转移就业目标是农村劳动力转移就业后对未来前途的具体打算，这种目标，一方面是经济属性的，主要包括对收入、工作技能、工作性质的设定，另一方面是社会属性的，如对定居城市的设定。近年来，国内学者对农民工定居转移、留城意愿、返乡意愿等的研究，说明就业目标是转移就业决策的重要组成部分[190,191]。对就业目标的研究，有利于把握近期农村劳动力转移就业的基本方向，有利于分析转移就业实现的基本障碍,有利于分析转移就业时空路径形成的机制。据此,设计了“干一天算一天,老了回家务农”“找机会寻找稳定的工作或自己当老板”“有一定技术和资金积累后,回乡创业”等6个测量题项,它们在就业属性和定居趋向上都有一定的程度差异。

2.2.3.4　就业方式决策

农村劳动力在转移决策过程中,由于受到大量信息处理能力的限制,当选择目的地数量很大时,不同的信息处理战略则被使用[122]。因此,不同的信息处理方式,产生了不同的决策方式。现有文献与经验表明,移民决策方式有盲目型、跟从型、现实型、理智型等多种类型。据此,设计了“和老乡亲戚一起出来,没有考虑太多”“通过多次外出就业经历,形成较为固定的就业模式”等9个描述农村劳动力决策行为特征的选项,对其决策方式进行度量。

2.2.3.5　就业地决策

农村劳动力转移就业地决策就是农村劳动力最终就业地的选择,是一地区农村劳动力对外界就业地和就业环境信息反应的结果。农村劳动力最终转移就业地的空间特征,反映了就业地和转出地社会经济环境特性及农村劳动力的反应特性。

距离是就业地和转出地之间最基本的空间关系。距离越近,农村劳动力对就业信息的认识越清晰,社会联系越多,转移就业的可能性越大。但是,距离因素必须和经济发展水平联系在一起,才对农村劳动力转移就业产生作用,而在中国,区域经济发展水平与行政区往往有密切关系。本研究以转出地为基点,将距离和行政区划相结合,划分为本市、省内市外、邻省(包括上海)、省外(除邻省)四个区域(考虑到上海虽和安徽省不是邻省,但距离比较接近,社会经济联系也比较密切,因此,将上海视为邻省),探讨每个样本村在各区域转移就业的人数,就可以探讨距离对就业地决策的影响。

农村劳动力外出就业的经济目标非常明确,因此,他们首先追逐的是经济发达区域,但随着农村劳动力收入的提高,其对社会地位、生活水平提高的要求逐步增加,这在离家近的地方能够较容易得到满足。因此,对于农村劳动力来说,外出就业的空间选择,就是经济发达与距离接近两个因素之间权衡的结果。而经济发达区域是一个不断变化的概念。考察发达经济区域（长三角、珠三角、京津唐等）和近距离城市（合肥、黄山等）经济发展水平的演化特征是农村劳动力外出就业空间选择的基本依据。根据这样的区域划分，探讨每一样本村劳动力转移就业地在这些区域集聚的程度，可以找出该样本村对经济发达区域的趋向情况。

对于一个样本村来说，农村劳动力转移就业的空间不可能无限扩展，总会在某些区域形成集聚的态势。探讨农村劳动力在不同城市、经济区域集聚的程度，可以找出农村劳动力转移就业空间扩展的基本特征，并可以进一步探讨社会联系对这种集聚形成的作用。在这里，通过统计位居前五位打工城市的人数比例，打工地数与转移就业人数的比例等，就可以探讨这种集聚的程度。

2.2.4 农村劳动力转移就业时空路径

农村劳动力伴随转移就业过程形成的一系列活动轨迹，称之为转移就业时空路径。由于农村劳动力转移就业问题涉及的时间尺度较长（往往是几年甚至几十年），这里采用生命路径的方式，称之为农村劳动力打工历程。其主要内容包括：①个人从事非农就业以来的就业时间与空间特征，时间这里采取年作为计量单位，测度农村劳动力在具体年份的主要打工历程，空间以地级市（或直辖市）为单位，将具体打工地区都用其所在地级城市命名；②转移就业特征，主要包括工作类型、收入、每年回家次数等；③影响就业路径形成的原因，包括获得该工作的途径以及放弃该工作的原因。据此设计开放式问卷（附录）。根据实地调研获取劳动力转移就业历程的时空数据，建立时空数据模型。在时空间预算基础上，从空间上可以分析路径的方向特性、移动特性、距离特性，从时间上可以分析其频度特征、时段特征、持续时长等，进而可以总结出农村劳动力转移就业路径的时空演化特征，探讨其形成的社会经济背景。

2.2.4.1 农村劳动力转移就业时空路径类型

每个农村劳动力都有一个打工路径，通过对其时空特征的分析，可以归纳农村劳动力转移就业的个体时空模式。一方面，农村劳动力外出就业的流动性有很大的差异，有些劳动力一直固定在一个地区打工，有些则不停转换打工地，因此，农村劳动力转移就业地的稳定性是判定其时空路径特征的重要指标；另一方面，农村劳动力外出打工，是以家乡为起点，与不同方向、距离的目的地之间做往返空间运动，打工地与家乡的空间关系及其变化反映了农村劳动力打工地的拓展情况，因此，这也是判定农村劳动力时空路径特征的重要指标。

通过以上两个指标的设定，将农村劳动力的打工路径划分为不同的类型。对同一类型打工路径时空特征、占所在样本村样本数的比重及其形成原因的分析，可以总结出该模式的形成机制。

2.2.4.2 农村劳动力转移就业时空路径特征

（1）空间进入特征

农村劳动力转移就业空间进入特征是指农村劳动力初次打工的时空间特征。从农村劳动力外出打工的途径来看，他们往往随亲戚朋友一起外出，因此对该村打工地产生一种依赖心理。同时，一个农村劳动力习惯于在某地打工，他也会对该地产生一种依赖。这就说明，无论是个体还是一个样本村，农村劳动力外出打工的空间进入特征非常重要，它往往直接影响该村打工路径与空间模式的形成。

农村劳动力转移就业空间进入特征包括初始打工的时间特征、空间特征、行业特征、打工途径和放弃原因等。农村劳动力初始打工时间反映了农村劳动力对外出打工这种就业方式的认可时间，一样本村平均初始打工时间则反映该村农村劳动力对“打工”这种就业方式全面接受的阶段，农村劳动力的平均初始打工年龄反映农村劳动力进入城市就业市场的人力资源特征。初始打工地与最终打工地的差异反映了外界就业环境的变化情况，也反映了农村劳动力对外界就业地认知、认可情况的变化。农村劳动力初次打工的行业特征及其变化则反映了打工目的地社会经济状况和就业需求的变化。农村劳动力初次打工途径与最终打工途径的变化反映了农村劳动力的打工历程对其就业途径的影响。农村劳动力初次打工放弃原因则反映了农村劳动力选择流动就业的基本原因。

（2）节律特征

农村劳动力转移就业节律特征包括就业地与原居地之间的流动节律和不同就业地之间的流动节律两个方面。

农村劳动力在就业地和原居地之间的流动节律反映两地之间的空间关系以及农村劳动力的工作性质、家庭阶段等特征，是判定农村劳动力“候鸟式转移”向“定居性转移”趋势是否强烈的重要指标。就业地和原居地距离太远，农村劳动力倾向采取“候鸟式转移”模式，从而造成农村劳动力经济属性转移而社会属性仍滞留农村；就业地和原居地距离很近，以至于农村劳动力可以住在家里到打工地打工，这基本属于“离土不离乡”式转移，一般来说，这里的农村将会在不久的将来转变为城市；如果就业地与原居地不是太远，但又不是太近，往往农村劳动力先实现经济属性转移，进而就是社会属性的转移，这部分农村劳动力城市化的趋势最为强烈。探讨这种流动节律特征，可以发现不同地区农村劳动力社会属性演化的特征，从而判断其城市化的需求与趋势。

农村劳动力在不同就业地之间的流动节律是农村劳动力对就业地社会经济环境发展演变的理性反应过程，同时也反映劳动力个体认知特性的变化。一个地区农村劳动力流动节律发生了共同的变化特征，反映其主要就业目的地社会经济环境发生了较大变化。一种类型劳动力的流动节律发生了变化，往往反映该类劳动力社会属性的变化。

(3)空间特征

农村劳动力转移就业空间特征，是农村劳动力转移就业基本特性在空间上的反映。除了其在方向、距离、移动等方面呈现出的空间特征外，还可能存在一些共有的规律性特征：①空间指向性，农村劳动力并不是向所有地方都同样的转移，而是根据其所处社会经济位置，根据其自身打工需求，选择具体指向的目的地，因此表现出打工空间的集聚性；②粘性特征，农村劳动力受社会经济、人力资源等的限制，往往对一些打工地形成一定的空间依赖，表现出打工空间具有一定的粘性特征。家乡对农村劳动力来说，不但是社会属性依托的地区，同时也充当了就业信息发布与传播的平台；社会经济地理位置对一地农村劳动力打工空间模式的形成与演化至关重要。

2.3 本章小结

根据以上基本概念，利用戈尔德提出的环境认知程序[181]，本研究认为农村劳动力是在社会经济和个体属性差异下，对外界就业环境进行认知，做出转移就业决策，产生转移就业行为。据此构建了农村劳动力转移就业的空间行为过程（图2－4）。

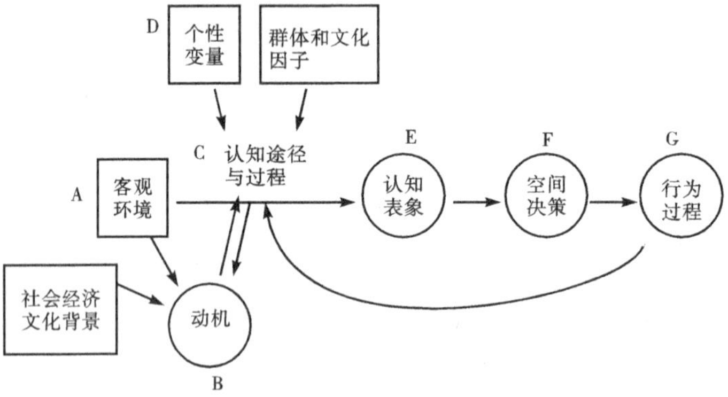

图2－4　农村劳动力转移就业空间行为过程图解

A表示客观就业环境信息状况，主要包括就业地信息与就业市场信息两个方面。就业地信息是关于城市规模、职能、经济发展状况、与家乡的距离、生活设施、气候风俗等信息；就业市场信息包括就业地就业机会、劳动收入、就业部门、劳动强度、工作稳定性、保险状况等信息。

B是农村劳动力转移就业动机，是在特定社会经济文化背景下产生的，它将直接影响个体对就业环境信息认知的选择性和主动性。

C是认知途径与过程，是指环境信息获取的方式，目前来看主要包括两种方式，一是间接感知，主要通过媒体、老乡、同学、熟人等的介绍而产生的对就业环境的感知，二是直接感知，是指经过就业行为后对已知就业地、就业岗位的信息感知。

D是指个人（群体）的认识属性，也就是个体的个性、机能、感情以及群体的文化因子等影响农村劳动力处理信息的心理过程。

E是认知表象，指客观环境通过个人（群体）的信息过滤，产生的对就业决策有用的就业环境信息。

F指经过就业环境认知后的就业决策，包括就业地决策、就业方式决策、就业途径决策、就业目标决策等多个方面。

G指经过环境认知、就业决策后产生的就业行为过程，从而形成一定的时空路径，在这一过程中也将产生对就业环境的再次认知，会影响到下一次就业行为。

本研究采用行为地理学和时间地理学的视角和方法，探讨农村劳动力转移就业空间行为规律及其形成机制。以安徽省为案例地，选择四个社会经济背景不同的样本村，通过环境认知和空间决策问卷调查、打工历程调查等获得属性数据和空间数据，借助 SPSS、AMOS、ArcGIS 等分析工具，研究安徽省农村劳动力转移就业动机、环境认知、空间决策、时空路径的基本特征与规律，探讨它们之间的相互关系，分析个体（群体）属性差异和地域差异对转移就业空间行为的影响，进而探讨农村劳动力转移就业空间行为的地域类型与形成机制。

其研究步骤与内容（图 2－5）。

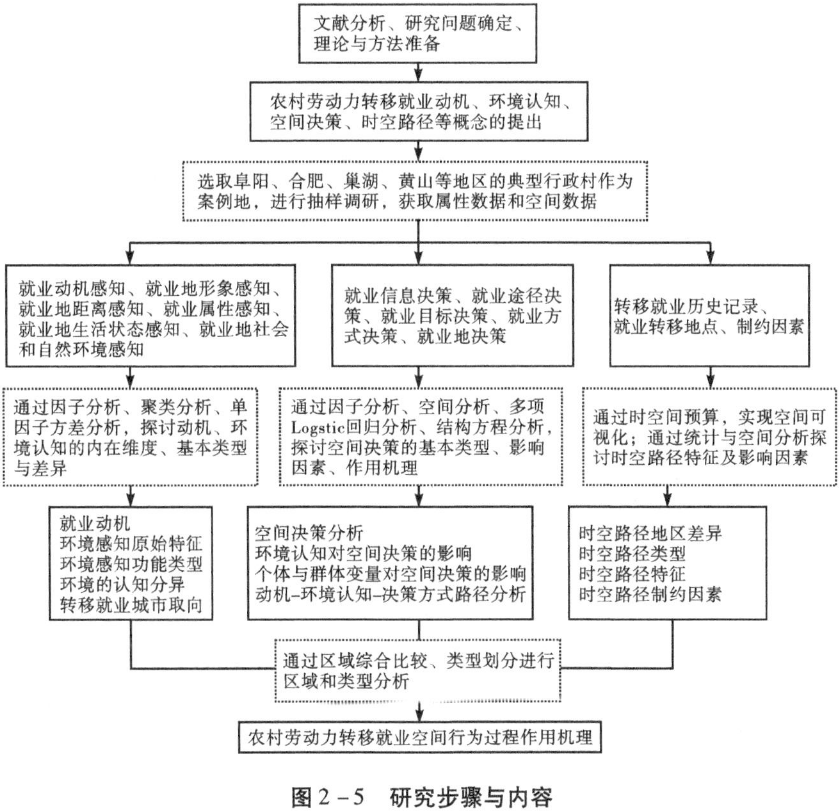

图 2－5 研究步骤与内容

3 数据调研与分析方法

本研究选择安徽省作为案例地，主要基于以下三点考虑：第一，安徽省农村劳动力众多，人地矛盾尖锐。2010 年安徽省总人口 6 827 万人，位列全国第八，农业人口比例高达 77.29%。安徽省内人口分布极不平衡：淮北平原人口密度最大，耕地面积广阔、经济不发达；沿江平原人口密度较大，经济较为发达、城市集中；皖南地区人口密度小，人均耕地面积小，经济发展速度快。以安徽省为案例地，能获取多种类型农村劳动力转移的样本。第二，安徽省紧靠长三角发达地区，省内经济欠发达，农村劳动力跨省转移就业量庞大。2009 年安徽省流向外省人口占流出人口比例为 77.90%，其中流向浙江、江苏、上海的比例高达 75.92%。与国内发达地区距离近而就业环境差异显著，环境认知对就业决策的影响大。第三，安徽省近些年经济发展较快，随着皖江城市带承接产业转移示范区的建设，经济集聚现象突出，开始显现出人口集聚在合肥等城市，劳动力就近转移和省外转移并存现象比较明显。因此，合肥等市可作为研究中国人口从“候鸟式转移”到“迁居转移”的典型区域。

3.1 样本地选择

本研究拟通过问卷和访谈的方式，选择样本地，获取安徽省内不同社会经济背景下农村劳动力转移就业动机、环境认知、空间决策以及时空路径的基础数据，进而分析它们在不同地域的特征及其相互关系。关于农村劳动力转移就业的空间模式，目前学术界有“省内就近转移和跨省异地转移”“向本村或附近村庄、集镇、县城、大中城市转移”等多种提法。本研究根据人口、经济发展、经济地理位置的差异性，选择转移就业模式有较大差异的阜阳、合肥、巢湖①、黄山四个市的典型行政村作为样本地(表3-1、3-2、3-3),进行实地调查,获取属性数据和空间数据。

表3-1 样本村经济地理位置与农村劳动力转移特征

样本村	样本村所在市域	样本村经济地理位置	样本村所在市域农村劳动力及其转移特征
太和双钟村	阜阳市	远离省内省外重要中心城市,市域经济落后	农村劳动力数量庞大,以省外转移为主,省外流向以浙江、江苏、上海为主
肥西周楼村	合肥市	市域经济发达,为省内中心城市,离省外中心城市较远	农村劳动力数量较多,省内向心型转移趋向明显,省外流向以江苏、上海、浙江为主
含山汤徐村	巢湖市	靠近省内省外重要中心城市,市域经济落后	农村劳动力数量庞大,以省外转移为主,省外流向以江苏、上海、北京为主
徽州仙和村	黄山市	远离省内中心城市,与省外经济发达地区地缘联系密切	农村劳动力数量较少,省外转移、省内转移并存,省外流向以浙江、江苏、上海为主

表3-2 2010年样本村所在市域人口与经济发展概况

	阜阳市	合肥市	巢湖市	黄山市	全省
总人口(万人)	1 011.84	494.95	460.51	148.05	6 826.63
非农业人口比重(%)	12.66	43.61	16.41	24.58	22.71
国内生产总值(亿元)	721.51	2 701.61	629.73	309.45	12 359.33
第一产业比重(%)	27.30	4.90	18.60	12.70	13.99
第二产业比重(%)	39.20	53.90	49.50	43.80	52.08
第三产业比重(%)	33.50	41.20	31.90	43.50	33.93
人均国内生产总值(元/人)	9 528	48 312	16 281	22 791	20 888

注:由于四舍五入关系,各项数字相加可能不等于100%;类似情况此后不再注明。

资料来源:2011年安徽统计年鉴。

① 巢湖市:安徽省原地级市,2011年8月撤销,所辖范围分别划归合肥市、芜湖市、马鞍山市。由于本研究的总体设计在此前已完成,因此本研究仍采用原行政区划,统计数据使用2010年数据。

表3-3 2009年样本村所在市域流向省外半年以上的人口比重

单位:%

	江苏	浙江	上海	广东	北京	福建	流向其他省市
全省	27.93	27.29	20.70	6.53	3.85	2.31	11.39
阜阳市	15.45	32.63	15.10	10.74	4.19	3.62	18.27
合肥市	38.11	16.56	18.58	7.64	6.16	1.80	11.15
巢湖市	29.10	10.90	29.00	5.97	12.71	1.05	11.27
黄山市	14.37	65.03	9.42	4.33	1.57	1.19	4.09

资料来源:2011年安徽统计年鉴。

3.1.1 样本一——阜阳市太和县双钟村

阜阳市是安徽省西北部重要的门户城市。省外与河南省周口市、驻马店市、信阳市相邻,省内与亳州市、淮南市、六安市相邻。以阜阳为中心,100千米范围内至今尚未发育出一个大的中心城市。阜阳市位于黄淮海平原南端、淮北平原西部,地势平坦,四季分明,是国家重要的农副产品基地。2010年全市人口1 011.84万人,是安徽省人口最多的城市,其中农业人口883.74万人,占总人口的比重高达87.34%。2010年,阜阳市国内生产总值为721.51亿元,位居全省第五,人均国内生产总值9 528元,则为全省最低。阜阳是一个典型的农业大市,第一产业产值比重高达27.3%,位居全省第二。阜阳对外交通发达,是豫、鲁、苏、皖及我国南北交通的重要咽喉,华东二通道的起点,已形成"米"字型铁路枢纽,"井"字型高速公路网,它们与淮河水系、阜阳机场一起共同构成阜阳四通八达的立体交通网。

可见,阜阳是一个经济水平欠佳、人力资源丰富的农业大市,因此也成为安徽省乃至全国重要的劳务输出大市。由于其对外交通发达,周边缺乏经济中心城市,农村劳动力外出务工多倾向于省外发达城市。

太和县双钟村位于阜阳市西北,距离市区80千米左右,是一个以种植业为主要经济活动类型的典型农村地区。2010年,全村总人口为5 254人,耕地面积8 100亩。外出务工已成为农民收入的主要来源,农村劳动力主要选择长三角、珠三角发达城市作为打工目的地。选择该村为样本村，是为了分析远离省内外中心城市的偏远农村，在人口压力大、经济落后的情况下外出打工的空间行为过程及其演化机制。

3.1.2 样本二——合肥市肥西县周楼村

合肥市位于安徽省中部，与淮南、滁州、马鞍山、六安、安庆等市相邻。合肥是安徽省省会，是全省政治、经济、文化、信息、金融和交通中心。合肥市地处江淮腹地丘陵地区，亚热带湿润性季风气候，四季分明，降雨适中，是安徽省重要的农产品生产基地。2010 年末总人口 494.95 万人，其中非农业人口比重为 43.61%，仅次于铜陵、芜湖、马鞍山、淮南几个城市。常住人口为 570.8 万人，是全省除马鞍山市外第二个常住人口超过户籍人口的城市，且其超过的人口数远比马鞍山市高。合肥市 2010 年国内生产总值 2 701.61 亿元，居全省第一，人均生产总值达到 48 312 元，居全省第四。三次产业比重中，第二产业比重高达 53.90%，第三产业则为 41.20%，第一产业已降至 4.90%。可见，合肥市正处于工业化快速发展，第三产业加速发展的阶段。随着多条国道、高速公路、高铁的建成，合肥市到省内、省外的放射状交通网络逐步完善，已成为全国重要的公路、铁路(高铁)枢纽城市。

快速发展的城市经济、通达便捷的交通，逐步使合肥市成为安徽省内重要的劳务输入地。据统计，合肥市目前有农民工近 110 万人，其中建筑行业 40 多万，各类工业、企业单位有 30 多万，餐饮等服务类行业加上不少流动农民工也有近 30 万人[192]。据 2011 年 7 月在合肥调研的结果，目前合肥市的农民工人口来源主要有市内、省内(除合肥市)、省外三个空间尺度，比例各占三分之一。

肥西县周楼村位于合肥市西南，距离市区 60 千米，是一个以种植业为主要经济活动类型的典型农村地区。行政村总人口1 522人，耕地面积 2 610 亩，山场 300 亩，水面 1 200 亩。外出务工是农民收入的主要来源，农村劳动力主要选择合肥市和长三角发达城市作为打工地。选择该村为样本地，是为了分析在周边(100 千米范围)有大城市介入的情况下，农村劳动力外出打工的空间行为过程及其形成机制。

3.1.3 样本三——巢湖市含山县汤徐村

巢湖市位于合肥市东南，濒临长江，环抱五大淡水湖之一的巢湖。地级巢湖市于1999年7月9日正式设立，至2011年7月13日止。巢湖市是“合芜宁”金三角中心，距合肥和芜湖各60千米，是皖江开发开放及示范区建设的中心地带。巢湖市四季分明、雨量充沛，地形以沿江平原为主，是安徽江北的“鱼米之乡”。2010年末，巢湖市人口460.51万人，其中农业人口384.94万人，比重高达83.59%。2010年，巢湖市国内生产总值为629.73亿元，人均国内生产总值16 281元，只有合肥市的三分之一。从三次产业结构来看，第一产业比重明显较高（与全省比），说明巢湖市仍是一个农业大市，工业虽然有一定程度的发展，但总量水平仍很不足。交通上，淮南、合九铁路及合宁、沪蓉、合芜高速公路穿境而过。长江流经巢湖市182千米，芜湖长江大桥和铜陵长江大桥是巢湖市连接江南的跨江通道。

巢湖市位于南京、合肥、芜湖三大城市之间，生存空间有限。市域经济不发达，农业比重大，农业人口众多，改革开放以来成为安徽省重要的劳务输出大市。农村劳动力主要流向外省经济发达城市，以江苏、上海、北京为主。

含山县汤徐村位于巢湖市东部，距离市区40千米。行政村总人口1 939人，耕地面积3 480亩，山场8 200亩，水面800多亩，是一个种植业为主要经济活动类型的典型农村地区。外出务工是农民收入的主要来源，农村劳动力主要务工地为北京。在周边有较大中心城市情况下，这里却形成远距离省外就业的劳动力转移模式，选择该村为样本地，可以较好地探讨该类型农村劳动力外出打工的空间行为过程及其形成机制。

3.1.4 样本四——黄山市徽州区仙和村

黄山市位于安徽省最南端，东南分别与浙江省杭州市、衢州市相邻，西南与江西省上饶市、景德镇市交界，省内与池州市、宣城市相邻。黄山是世界著名的现代国际旅游城市、长三角旅游中心城市之一、皖浙赣省际中心城市、华东区域性次交通枢纽城市。“八分半山一分水，半分农田和庄园”是黄山市的真实写照，境内高山、山谷、盆地、平原交错，耕地面积较小。2010 年末，全市人口 148.05 万人，其中非农人口比例为 24.58%。2010 年全市实现国内生产总值 309.45 亿元，人均国内生产总值 22 791 元，略高于全省平均值。从三次产业结构看，第一产业比重较低，第三产业比重较高，主要原因是黄山市耕地面积小，种植业产量有限，作为国际旅游城市，旅游业较为发达。

黄山市是典型的旅游城市，近几年工业经济呈现加速发展的态势。黄山市耕地少，农业不发达，农业人口少。这里是历史上徽商的发源地，与浙江省有较强的社会联系，农村劳动力到浙江就业的趋势较强。

仙和村位于黄山市徽州区西部，距离黄山市 15 千米，现有人口 1 280 人，耕地 1 600 多亩，旱地 1 200 多亩，山场 1 800 多亩，是一个以种植业为主要经济活动方式的传统农村地区，外出务工是农民重要的收入来源，外出务工的地点主要有黄山市和浙江省。选择该村为样本村，试图探讨市域经济不是太发达，与省外社会联系较为密切的城市郊区农村劳动力外出打工的空间行为过程及其形成机制。

3.2 数据调研

3.2.1 抽样方法的确定

对已经选定的样本村，希望通过抽样调研，获得样本村外出务工人员的基本属性特征以及他们对外界就业环境的认知情况，并获取其空间决策与就业历程的基础数据。若采取分层抽样，根据农村劳动力性别、年龄进行分层，就无法获取劳动力外出务工的性别、年龄等属性差异，因此采取配额抽样的方法。所谓配额抽样，是研究者尽可能地依据那些有可能影响研究变量的各种因素来对总体分类，并找出具有各种不同特征的成员在总体中所占的比例，然后依据这种划分以及各类成员的比例，采用偶遇抽样或判断抽样的方法去选择调查对象，使样本中的成员在上述各种因素、各种特征方面的构成和在样本中的比例尽量接近总体情形[193]。根据本研究目标，在选定行政村内，根据事先了解的外出务工基本情况，在每个自然村发放一定数量问卷，将那些代表主要务工趋势（年龄、性别、职业、务工地等的差异性）的务工人员作为调查对象。

3.2.2 样本规模的确定

如果根据一般统计规则，一个观察变量至少需要10个样本，最少不少于5个样本。本研究所设计的问卷，每个项目不超过15个选项，从所有观察变量中降维得来的观察变量，也不超过20个。因此，200个样本就基本能够满足研究的需要。如果根据样本总体数量和精确度，在信度为95%，精确度为5%的条件下，大概需要280个左右的样本量。

根据研究设计拟进行分析的方法，如结构方程分析中，若是有15个观察变量或测量指标，则研究样本数应有75个，较佳的研究样本数应有150个以上。

由于本研究最终进行结构方程分析的观察变量有20个左右，因此，综合这些条件与要求，本研究认为，对于村落农村劳动力的环境认知、空间决策等的问卷调研来说，应满足250个左右的样本量，既能满足因子分析、结构方程分析的需求，同时也能够保证足够的调研时间、精力。但在外出就业历程调研中，因为没有涉及这些定量方法和选项的问题，主要是通过ArcGIS的空间分析进行三维可视化以及一些简单的空间统计，对数据规模的要求则没有这么高，数据量可以少一些。

3.2.3 调研过程和抽样情况

2012年1月15日至21日，利用外出打工的农民工回乡过春节的时期，本研究团队分成四个小组，分别在阜阳市太和县双钟村、合肥市肥西县周楼村、巢湖市含山县汤徐村、黄山市徽州区仙和村发放问卷和实施访谈，共发放问卷1 200份，收回有效问卷1 093份，问卷有效率为91.1%，每个村平均样本在250份左右，基本能满足数据分析的要求。

劳动力是指具有劳动能力的人口。在实际统计中，经常用劳动年龄作为劳动力认定的指标。中国一般规定男子16—60岁、女子16—55岁的人口为劳动适龄人口。在本研究中，为方便起见，将16—60岁的农村人口都视为劳动年龄人口。

对比四个行政村劳动力和抽样劳动力的性别和年龄特征(表3-4),可以发现:①抽样劳动力更多是男性,从四个行政村劳动力资源的统计看,男性与女性的人数差不多,两者比例基本是1:1,但是,调研数据结果显示,被调研者男性与女性之比是2:1。这说明男性劳动力更倾向于外出务工,女性劳动力外出务工的倾向大大低于男性。②居于21—40岁之间的劳动力被抽样的机率较高,这在四个村都有相似的情况,只有肥西县周楼村,41—50岁年龄段的劳动力被抽样的比例较高。这说明21—40岁农村劳动力外出务工倾向高于其他年龄段,是最主要的外出务工人群。

表3-4 样本村农村劳动力基本情况与抽样情况比较

单位:人(%)

	双钟村		周楼村		汤徐村		仙和村	
	人口数(比重1)	抽样数(比重2)	人口数(比重1)	抽样数(比重2)	人口数(比重1)	抽样数(比重2)	人口数(比重1)	抽样数(比重2)
总人口	5 254	—	1 522	—	1 939	—	1 282	—
农村劳动力	3 285(100)	282(8.6)	1 026(100)	258(25.1)	1 430(100)	238(16.6)	977(100)	315(32.2)
男	1 637(49.8)	194(11.9)	521(50.8)	174(33.4)	750(52.4)	158(21.1)	488(49.9)	192(39.3)
女	1 650(50.2)	77(4.67)	505(49.2)	83(16.4)	680(47.6)	68(10)	489(50.1)	123(25.2)
<21岁	318(9.7)	21(6.6)	108(10.5)	11(10.2)	250(17.5)	16(6.4)	106(10.8)	22(20.8)
21—30岁	949(28.9)	119(12.5)	235(22.9)	71(30.2)	299(20.9)	80(26.8)	239(24.5)	106(44.4)
31—40岁	700(21.3)	70(10.0)	235(22.9)	57(24.3)	299(20.9)	72(24.1)	224(22.9)	101(45.1)
41—50岁	803(24.4)	51(6.4)	303(29.5)	110(36.3)	414(29)	54(13)	252(25.8)	74(29.4)
>50岁	350(10.7)	10(2.9)	145(14.1)	9(6.2)	168(11.7)	6(3.57)	156(16.0)	12(7.69)

注:样本村人口资料来源于各村人口统计。比重1指该属性劳动力占总劳动力人数的比重,比重2指抽样数占该属性劳动力总人数的比重。

进一步分析四个样本村被调查者的社会人口统计特征(表3-5),可知:①大部分外出打工者的文化程度为初中,四个村的比值都在60%以上,肥西周楼村甚至达到75.4%。而高中及以上文化程度者的比例都较低。这说明人力资源积累不足仍然是外出务工农村劳动力的基本特征;②婚姻状况来看,已婚人数远远大于未婚人数,大部分样本村已婚人数达到80%以上,只有太和县双钟村已婚人数比例较低;③从当前就业地来看,四个村有明显的差别,太和双钟村和含山汤徐村是省外就业类型,而肥西周楼村和徽州仙和村则是市内和省外并存就业类型,这说明不同的社会经济背景对农村劳动力转移就业的空间选择确实有较大影响;④从职业来看,四个行政村也有较大差别,太和双钟村以制造业为主,肥西周楼村和徽州仙和村以建筑业为主,含山汤徐村则以服务业为主。

表3-5 被调查者社会人口统计特征

项目		双钟村		周楼村		汤徐村		仙和村	
		人数	百分比*	人数	百分比*	人数	百分比*	人数	百分比*
总数		282	—	258	—	238	—	315	—
性别	男	194	71.6	174	67.8	158	69.9	192	61.0
	女	77	28.4	83	32.2	68	30.1	123	39.0
	未应答	11	—	1	—	12	—	0	—
年龄	<21岁	21	7.7	11	4.2	16	7.0	22	7.0
	21—30岁	119	43.9	71	27.5	80	35.1	106	33.7
	31—40岁	70	25.8	57	22.1	72	31.6	101	32.1
	41—50岁	51	18.8	110	42.7	54	23.7	74	23.5
	>50岁	10	3.7	9	3.5	6	2.6	12	3.8
	未应答	11	—	0	—	10	—	0	—
文化程度	小学及以下	51	19.2	36	14.4	54	24.3	51	16.2
	初中	162	61.6	189	75.4	148	66.7	229	72.7
	高中、中专	28	10.9	21	8.4	18	8.1	28	8.9
	大专及以上	21	8.2	5	1.8	2	0.9	7	2.2
	未应答	20	—	7	—	16	—	0	—
婚姻状况	已婚	194	72.9	210	83.8	190	83.3	249	79.1
	未婚	71	26.7	39	15.6	36	15.8	63	20.0
	离婚	1	0.4	2	0.6	2	0.9	3	0.9
	未应答	16	—	7	—	10	—	0	—
当前就业地	本市	9	3.2	138	53.8	6	2.7	163	51.7
	省内市外	31	11.2	8	2.9	0	0	6	1.9
	省外	237	85.6	108	42.1	220	97.3	146	46.3
	国外	0	0	3	1.2	0	0	0	0
	未应答	5	—	1	—	12	—	0	—

续表

项目		双钟村		周楼村		汤徐村		仙和村	
		人数	百分比*	人数	百分比*	人数	百分比*	人数	百分比*
职业	建筑业	75	29.4	117	46.4	48	23.5	140	44.4
	制造业	119	46.7	75	29.8	40	19.6	117	37.1
	服务业	61	23.9	60	23.8	116	56.9	58	18.4
	未应答	27	—	6	—	34	—	0	—

注：百分比*为某选项占该问题实际应答数的比重。

在回收的1 093份有效环境认知问卷中，剔除那些没有转移就业历程或信息填写不清晰的就业历程问卷，在太和双钟村、肥西周楼村、含山汤徐村、徽州仙和村分别获得192份、169份、178份、223份有效转移就业历程问卷，共获得762份转移就业历程资料。分析762位农村劳动力的社会人口统计特征(表3－6)，可得：①性别来看，男性比例远远大于女性，

表3－6 转移就业历程样本社会人口统计特征

单位：人(%)

		总和	双钟村	周楼村	汤徐村	仙和村
性别	男性	498(66.2)	126(67.4)	116(69.0)	118(67.8)	138(61.9)
	女性	254(33.8)	61(32.6)	52(31.0)	56(32.2)	85(38.1)
年龄	<26岁	201(26.4)	87(45.5)	29(17.3)	38(21.3)	47(21.1)
	26—40岁	339(44.6)	66(34.6)	60(35.7)	96(53.9)	117(52.5)
	>40岁	220(28.9)	38(19.8)	79(47.0)	44(24.7)	59(26.5)
教育	小学及以下	133(17.9)	28(15.2)	24(14.6)	44(25.6)	37(16.6)
	初中	520(70.0)	120(65.2)	125(76.2)	110(64.0)	165(74.0)
	高中及以上	90(12.1)	36(19.6)	15(9.1)	18(10.5)	21(9.4)
婚姻	已婚	602(80.3)	132(69.8)	140(85.4)	148(85.1)	182(81.6)
	未婚	148(19.7)	57(30.2)	24(14.6)	26(14.9)	41(18.4)
打工地	市内	205(26.9)	4(2.1)	95(56.5)	4(2.2)	102(45.7)
	省内(除本市)	41(5.4)	30(15.6)	5(3.0)	0(0)	6(2.7)
	邻省	303(39.8)	99(51.6)	55(32.5)	52(29.2)	97(43.5)
	省外(除邻省)	212(27.9)	59(30.7)	13(7.7)	122(68.5)	18(8.1)
职业	建筑	260(34.5)	51(26.8)	79(47.6)	34(19.5)	96(43.0)
	制造业	264(35.1)	97(51.1)	48(28.9)	38(21.8)	81(36.3)
	服务业	229(30.4)	42(22.1)	39(23.5)	102(58.6)	46(20.6)

基本是女性的两倍，而且在各个样本村都是如此，这与环境认知问卷结果相似；②从年龄来看（根据后面分析时空路径变化格局的需要，这里将年龄划为 <26 岁、26—40 岁、>40 岁三个类型），基本呈现“两头小，中间大”的格局，也就是 26—40 岁年龄段是农村劳动力外出转移就业的主力，总人数接近一半，而 <26 岁、>40 岁年龄段则各占四分之一，但是在不同的样本村，存在很大差异，含山汤徐村和徽州仙和村基本与总的年龄特征一致，但太和双钟村表现出外出打工者年轻化趋势（<26 岁的占 45.5%），肥西周楼村则表现出外出打工者中老年化趋势（>40 岁的占 47.0%）；③从教育程度来看，呈现以初中教育占多数的情况（占总数的 70% 左右），而小学及以下和高中及以上教育程度者都比较少（不到 20%），这在各个村都是一致的，与环境认知问卷的结果也相同；④从婚姻状况来看，80% 以上的外出农村劳动力都是已婚，这在各样本村都差不多，只有太和双钟村比例稍低；⑤从打工地来看，总体呈现市内、邻省、省外（除邻省）“三分天下”的格局，但在各个样本村差距很大，说明各个样本村由于自身所处社会经济活动区位的不同，其外出打工的就业地趋向有很大差异；⑥从农村劳动力转移就业的职业类型来看，也呈现建筑业、制造业、服务业“三分天下”的格局，但各个样本村差距仍然很大，太和双钟村以制造业为主，含山汤徐村以服务业为主，肥西周楼村和徽州仙和村以建筑业为主。显然，这个结果，与表 3－5 反映的外出务工农村劳动力的人口统计属性基本是一致的，因此，这个抽样结果是可信的。

3.2.4　基础数据库的建立

将 1 093 份农村劳动力转移就业环境认知、空间决策问卷的内容分别输入 Excel 表格，建立基础数据库。为了保证研究的科学性和结果的可信性，对问卷所涉及的李克特量表需要进行信度分析。分别对四个村的环境认知量表（包括就业地形象量表、就业地距离量表、就业属性量表、就业地生活状态量表、就业地社会自然环境量表五大部分）及动机量表、就业决策方式量表进行信度分析，其克朗巴赫系数如表 3－7。

一般来说，克朗巴赫系数值大于 0.7 则可以认为量表可信，不用删除测量项目，系数值小于 0.7，则表明有可考虑删除的项目（表 3－8）。根据表3－7可知，大部分量表可信性较高，只有就业地距离量表的系数值都偏小，删除第6项（“现在交通很发达，打工地远近无所谓”）之后，克朗巴赫系数都明显提高（四个村分别为：0.711、0.716、0.748、0.678）。因此删除该项，其他项保留。将修改后的数据库作为进一步分析的基础数据库。

表3－7　就业动机、环境认知、决策方式数据可靠性测度

量表名称	四个村单项总量表	双钟村	周楼村	汤徐村	仙和村
就业地形象	0.769	0.756	0.812	0.818	0.767
就业地距离	0.662*	0.665*	0.660*	0.720	0.628*
就业属性	0.776	0.731	0.718	0.817	0.826
就业地生存状态	0.771	0.825	0.668*	0.746	0.761
就业地社会和自然环境	0.818	0.790	0.829	0.865	0.843
环境认知总量表	0.894	0.886	0.866	0.918	0.908
就业动机	0.766	0.828	0.762	0.821	0.741
就业决策方式	0.710	0.714	0.645*	0.737	0.736

注：*表示该项目克朗巴赫系数值<0.7。

表3－8　信度系数参考范围

信度系数	可信程度
信度≤0.30	不可信
0.30<信度≤0.40	初步的研究，勉强可信
0.40<信度≤0.50	稍微可信
0.50<信度≤0.70	可信（最常见的信度范围）
0.70<信度≤0.90	很可信（次常见的信度范围）
0.90<信度	十分可信

注：摘自参考文献[194]。

在对762份转移就业历程问卷进行数据输入的过程中，发现大部分就业历程都以年为时间单位，大部分人对打工地点的描述到地级市一级。因此，为了便于统计分析，以年为时间单位（时间选择从1991年到2011年），以打工地所在地级市（直辖市也同等对待）为转移就业地的基本空间单位，将每份转移就业历程资料输入 Excel 表格，建立属性数据库，在此基础上统计其农村劳动力的属性特征（表 3－6），分析其转移就业时空路径特征，以及对不同群体的打工路径进行三维可视化处理。

3.3 分析方法

本研究主要采用行为地理学与时间地理学的方法，对农村劳动力就业转移的空间行为过程进行研究。通过就业地环境认知和空间决策问卷调查、转移劳动力就业历程调查等方法获得属性数据和空间数据，利用行为地理、劳动力转移、空间选择、时间地理等相关理论，借助 SPSS、AMOS、ArcGIS 等分析工具，以期将微观个体行为与整体社会行为相结合、将短期决策行为与长期就业行为相结合、将主观能动性研究与客观制约研究相结合、将整体的质性分析和演绎的量化研究相结合。本研究的关键方法和技术有以下几种。

3.3.1 关系模型的建立与分析

使用探索性因子分析和验证性因子分析方法分析动机、环境认知、空间决策的内部维度。因子分析法（本研究采用主成分分析法进行因子分析）是用少数几个因子来描述许多指标或因素之间的联系，以较少几个因子来反映原资料的大部分信息的统计学分析方法。使用该方法可以从动机、环境认知、空间决策各测量题项中，提取出少量因子，使其既能够反映原有变量大部分的信息，又可以对原始变量信息进行综合和反映，从而达到降维的目的。为了使四个样本村各主成分因子有较好的可比性，在因子分析的基础上，使用验证性因子分析检验该模型对四个样本数据的拟合情况，根据修正指数和理论分析对模型进行修订，最终得到四个样本都能接受的模型。

使用聚类分析方法探讨动机、环境认知、空间决策的基本类型。聚类是对数据空间中数据对象进行分类，位于同一类中的数据对象之间的相似度较大，而位于不同类之间的数据对象差异度较大。为了探讨农村劳动力转移就业动机、环境认知、空间决策的基本类型，使用 K－均值聚类法进行类别判定。其基本运算步骤是：从 n 个数据对象任意选择 k 个对象作为初始聚类中心；根据每个聚类对象的均值（中心对象），计算每个对象与这些中心对象的距离；并根据最小距离重新对相应对象进行划分；循环计算每个（有变化）聚类的均值（中心对象）；循环 2 到 3 次，直到每个聚类不再发生变化为止。

使用单因素方差分析方法探讨个体属性特征、空间决策等对环境认知的影响。单因素方差分析（one-way ANOVA），用于完全随机设计的多个样本均数间的比较，其统计推断是推断各样本所代表的各总体均数是否相等。它检验由单一因素影响的一个（或几个相互独立的）因变量由因素各水平分组的均值之间的差异是否具有统计意义。将个体属性特征、空间决策类型作为控制变量，将环境认知各功能因子作为因变量，探讨个体属性特征、空间决策类型差异下，环境认知是否具有显著差异。

使用多项 Logistic 回归模型探讨个体属性特征、环境认知对空间决策的影响。多元回归分析可以在控制其他变量的情况下，探讨某一变量对因变量的影响，并通过对自变量与因变量取值的标准化处理，比较各个自变量影响力的大小，且可以很好地反映它们对因变量的共同效果。因这里涉及的变量都是多分类变量，因此选用多项 Logistic 回归模型。首先将环境认知各功能类型与转移就业空间决策的各类型做 Crosstabs 交叉分析，探讨环境认知与转移就业空间决策各类型的相互关系，通过卡方值可以分析出它们之间差异的显著性。进而将通过显著性检验的因素纳入到多项 Logistic 回归模型中，以农村劳动力转移就业空间决策作为被解释变量，考察环境认知对转移就业空间决策的影响程度。

使用结构方程的路径分析探讨动机—环境认知—决策方式之间的路径关系。传统统计方法（如回归分析）无法妥善处理不能直接测量的潜变量、只允许因变量含测量误差，结构方程模型是基于变量的协方差矩阵来分析变量间因果关系的一种统计方法，可以通过验证性因素分析来评估因素构念与其指标变量间的密切程度，也可以允许精致确认及检测复杂的路径模型，同时进行多个变量的关系探讨[195]，因此能很好地解决这些问题。结构方程分析一般分为两个步骤：先检验测量模型，再检验结构模型，这样可以保证测量的可信性，避免测量和结构模型间的相互影响。

本研究首先使用 SPSS 17.0 对就业动机、环境认知和决策方式量度题项分别做探索性因子分析，探讨其内部维度；然后建立概念模型，用 AMOS 7.0 对整体测量模型进行验证性因子分析，检验整体测量模型，保证测量的可信性；最后用结构方程模型中的路径分析，进行参数估计，探讨各潜变量之间的关系，检验研究假设。

3.3.2 时空间预算方法和技术

根据调研获取劳动力转移就业历程的时空间数据，建立时空数据模型。首先，运用 ArcGIS Desktop 软件，将四个样本村农村劳动力打工目的地整理出来，查询各地的地理坐标，在新建要素类的时候，把 Z value 的选项勾上，为做三维图做准备。其次，运用 Visual studio 和 Arcgis Engine 软件编写了一个二三维转换的程序，此程序的主要功能是把打工路径的时间和空间序列结合起来，形成以时间序列为纵轴的三维树状图。

将个体打工路径数据输入程序，得到不同个体的打工路径（图 3－1）。路径主要是由驻点和轨迹片段构成（个体在时空活动时被测量的位置称为驻点，个体在两个相邻驻点之间的移动情况成为轨迹片段）。驻点的时空信息包括经纬度坐标（表示空间）、时刻（表示时间）三个变量，轨迹片段由驻点确定，包括起始驻点与终止驻点。平面二维表示空间属性，纵轴表示时间属性，家乡至就业地之间的直线连接表示每个劳动力当年的打工路径，多年的路径则由以家乡为起始驻点的向就业目的地扩散的多条轨迹片段组成。根据该图，可以分析个体农村劳动力转移就业

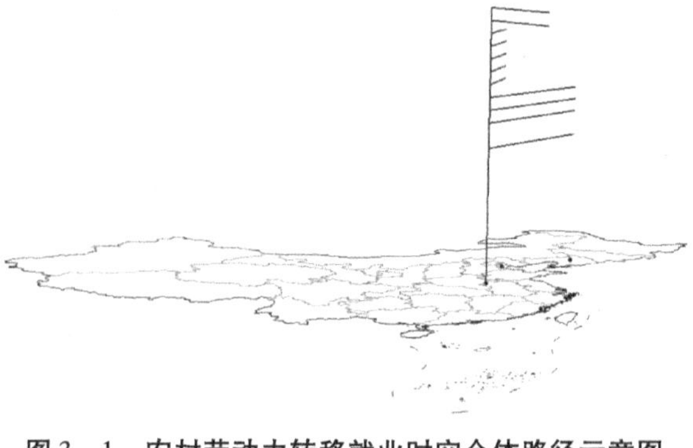

图 3－1 农村劳动力转移就业时空个体路径示意图

的时空模式及其特征，进而进行类型划分，探讨不同类型农村劳动力转移就业形成的机理。

将不同属性、动机、环境认知、空间决策类型农村劳动力打工路径数据输入程序，得到不同群体的打工路径汇总图（图3－2）。根据该图，可以比较分析不同属性、动机、环境认知、空间决策类型农村劳动力转移就业的时空特征，进而分析不同群体农村劳动力转移就业的形成机理，探讨农村劳动力转移就业时空路径形成的影响因素。

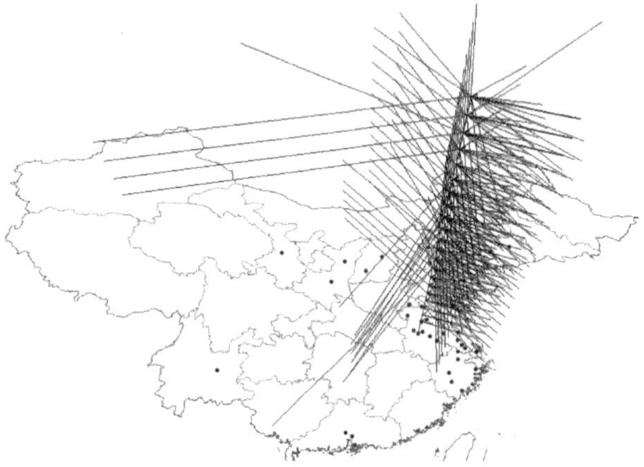

图3－2　农村劳动力转移就业时空群体路径示意图

3.4　本章小结

安徽省农村劳动力众多，人口分布不平衡，紧靠长三角发达地区，省内经济欠发达。以安徽省为案例地，能获取多种类型农村劳动力转移的样本。根据人口、经济发展、经济地理位置的差异性，选择转移就业模式有较大差异的阜阳、合肥、巢湖、黄山四个市的典型行政村作为样本地。利用农村劳动力回乡过春节的契机，根据配额抽样的方法，分别在四个样本村发放问卷，获取农村劳动力转移就业动机、环境认知、空间决策和就业历程问卷，对问卷做社会人口统计特征分析和可靠性测度。将数据输入 Excel 表格，建立数据库，并运用 SPSS、AMOS、ArcGIS 等分析工具，对数据进行分析。分析方法包括：①关系模型的建立与分析。使用探索性因子分析和验证性因子分析方法分析动机、环境认知、空间决策的内部维度；使用聚类分析方法探讨动机、环境认知、空间决策的基本类型；使用单因素方差分析方法探讨个体属性特征、空间决策等对环境认知的影响；使用多项 Logistic 回归模型探讨个体属性特征、环境认知对空间决策的影响；使用结构方程的路径分析探讨动机—环境认知—决策方式之间的路径关系。②时空间预算方法与技术。根据调研获取劳动力转移就业历程的时空间数据，建立时空数据模型；将个体打工路径数据输入程序，得到不同个体的打工路径；将不同属性、动机、环境认知、空间决策类型农村劳动力打工路径数据输入程序，得到不同群体的打工路径汇总图。

4　安徽省农村劳动力转移就业动机与环境认知

从行为地理学角度，农村劳动力转移就业是一个典型的空间行为过程，是一个包括动机—环境认知—空间决策—时空路径一系列过程的空间行为。本研究重点在于弄清楚后三者的基本特征及其相互关系，但作为一个完整体系，在分析环境认知特征之前，首先对转移就业动机进行分析。

4.1　农村劳动力转移就业动机

4.1.1　农村劳动力转移就业动机维度

为了探求转移就业动机量表的内在维度，使用 SPSS 17.0 对四个样本村就业动机量表进行因子分析，KMO 统计量分别为 0.827、0.778、0.828、0.752，Bartlett's 球形检验都拒绝各变量独立的假设，因此数据适宜因子分析。使用主成分分析和正交旋转方法抽取距离感知的维度，以特征根大于 1 作为标准，提取公因子，结果如表 4－1 至 4－4 所示。

表 4－1　双钟村转移就业动机因子分析

动机感知因子	因子均值	因子载荷	特征值	方差贡献率
务农收入太低	4.46	0.765	2.395	21.771
进城务工收入高	4.13	0.673		
农村太穷、生活太苦	3.97	0.729		
农村没有太多发展或致富机会	3.87	0.626		
学技术、长见识	3.87	0.759	2.424	22.034
城市就业机会多	3.92	0.632		
为今后子女成长、发展打基础	4.11	0.586		
提高自身的社会地位	3.63	0.683		
想在城市生活	3.06	0.606		
家里劳力多、在家没事干	3.69	0.769	1.743	15.843
农村精神生活太匮乏	3.66	0.698		
方差累计贡献率				59.648

表 4－2　周楼村转移就业动机因子分析

动机感知因子	因子均值	因子载荷	特征值	方差贡献率
务农收入太低	4.26	0.764	1.971	17.916
进城务工收入高	3.96	0.694		
农村太穷、生活太苦	3.48	0.596		
农村没有太多发展或致富机会	3.80	0.599		
学技术、长见识	3.70	0.708	1.781	16.187
城市就业机会多	3.90	0.712		
为今后子女成长、发展打基础	3.97	0.572		
家里劳力多、在家没事干	3.21	0.384		
提高自身的社会地位	3.27	0.690	2.172	19.746
想在城市生活	3.53	0.770		
农村精神生活太匮乏	3.31	0.707		
方差累计贡献率				53.849

表 4－3　汤徐村转移就业动机因子分析

动机感知因子	因子均值	因子载荷	特征值	方差贡献率
务农收入太低	4.109	0.773	2.353	21.393
进城务工收入高	4.008	0.566		
农村太穷、生活太苦	3.765	0.621		
农村没有太多发展或致富机会	3.941	0.726		
城市就业机会多	4.000	0.608		
学技术、长见识	3.908	0.663	2.378	21.618
为今后子女成长、发展打基础	4.050	0.744		
提高自身的社会地位	3.571	0.691		
想在城市生活	3.025	0.591		
家里劳力多、在家没事干	3.244	0.893	1.516	13.786
农村精神生活太匮乏	3.403	0.603		
方差累计贡献率				56.797

表 4－4 仙和村转移就业动机因子分析

动机感知因子	因子均值	因子载荷	特征值	方差贡献率
务农收入太低	4.32	0.759	2.537	23.066
进城务工收入高	4.23	0.705		
农村太穷、生活太苦	3.97	0.742		
农村没有太多发展或致富机会	3.97	0.673		
城市就业机会多	4.00	0.468		
学技术、长见识	3.95	0.621	2.325	21.133
为今后子女成长、发展打基础	3.77	0.631		
提高自身的社会地位	3.31	0.843		
想在城市生活	3.19	0.745		
家里劳力多、在家没事干	3.32	0.706	1.371	12.463
农村精神生活太匮乏	3.69	0.806		
方差累计贡献率				56.662

由以上的分析可知，四个村就业动机量表提取的公因子有一定差异，说明地域差异影响农村劳动力的就业动机。进一步分析各样本村各题项得分情况，差异主要有："农村太穷、生活太苦"这一题项在肥西周楼村得分值较低，但在其他三个样本村得分值较高，说明该动机在肥西周楼村较为不受重视。"提高自身社会地位"在太和双钟村和含山汤徐村得分较高，说明这两个村庄对改善社会地位的意愿较强。"想在城市生活"只有在肥西周楼村得分较高，说明该村的城市化意愿较强。"家里劳力多、在家没事干"只有在太和双钟村得分较高，说明该村庄的劳动剩余情况比较突出。

为了进一步探讨农村劳动力就业动机的共性特征，以及为了比较就业动机的区域差异，将四个村的量表合并，做因子分析，KMO 统计量为 0.805，Bartlett's 球形检验拒绝各变量独立的假设，因此数据适宜因子分析。使用主成分分析和正交旋转方法抽取形象感知的维度，以特征根大于 1 作为标准，提取公因子，结果如表 4－5。

表 4-5　样本村转移就业动机因子分析

就业动机功能因子	动机感知因子	因子均值	因子载荷	特征值	方差贡献率
生存动机	务农收入太低	4.318	0.761	2.203	20.024
	进城务工收入高	4.116	0.670		
	农村太穷、生活太苦	3.856	0.688		
	农村没有太多发展或致富机会	3.941	0.626		
发展动机	学技术、长见识	3.908	0.684	2.213	20.114
	城市就业机会多	4.007	0.510		
	为今后子女成长、发展打基础	3.939	0.613		
	提高自身的社会地位	3.411	0.744		
	想在城市生活	3.204	0.638		
精神动机	家里劳力多、在家没事干	3.345	0.754	1.508	13.710
	农村精神生活太匮乏	3.541	0.773		
方差累计贡献率					53.848

根据表 4-5，说明就业动机量表提取三个公因子是比较适当的。使用验证性因子分析检验该模型对四个样本数据的拟合情况，根据修正指数和理论分析对模型经过一系列修订，最终得到四个样本都能接受的模型（表 4-6）。因此，后面的分析将采用三个公因子提取法。公因子 1 解释“务农收入太低”“进城务工收入高”等四个动机感知因子，是农村劳动力对进城务工收入和在农村务农收入的感知差异，反映农村劳动力转移就业的基本动因——迫于生存压力努力提高收入的动机，称之为“生存动机”；公因子 2 解释“学技术、长见识”“城市就业机会多”等五个动机感知因子，是农村劳动力为全面提升自身生存与发展能力而对技术、就业机会、子女发展、社会地位等的感知，称之为“发展动机”；公因子 3 解释“在家没事干”“农村精神生活太匮乏”两个动机感知因子，反映农村精神生活对劳动力外出打工的影响，称之为“精神动机”。

表 4-6 样本村验证性因子分析模型的拟合度比较

拟合指标	绝对拟合指标				增值拟合指标			精简拟合指标	
	$\chi 2/df$	GFI	RMSEA	AGFI	NFI	CFI	IFI	AIC	CAIC
理想数值	1-3	≥0.9	<0.1	≥0.9	≥0.9	≥0.9	≥0.9	越小越好	越小越好
双钟村	1.686	0.922	0.070	0.874	0.853	0.932	0.935	119.145	218.041
周楼村	1.395	0.943	0.048	0.901	0.862	0.954	0.957	108.993	225.123
汤徐村	1.065	0.941	0.023	0.903	0.877	0.991	0.992	94.589	192.846
仙和村	2.755	0.950	0.075	0.905	0.883	0.920	0.922	158.429	305.759

从这三个公因子的均值来看：四个样本村总动机量表在生存动机因子上的得分值都较高，说明生存动机是当前农村劳动力转移就业的重要动机；从发展动机因子看，前三项“学技术、长见识”“城市就业机会多”“为今后子女成长、发展打基础”得分较高，但在“提高自身社会地位”“想在城市生活”两个题项的得分较低，说明发展动机虽然现在逐渐成为农村劳动力转移就业的重要动机，但目前主要目标是提升自身的经济能力和后代的发展能力，完全实现城市化的动因还不强；从精神动机因子来看，两个题项的得分值都不高，说明精神动机目前还不是农村劳动力转移就业的重要动机。

4.1.2 农村劳动力转移就业动机类型

通过 K-均值聚类分析，比较三种分类结果，认为三分类法比较合适（表 4-7）。根据各类型在各样本村的比重（表 4-8），第一种类型农村劳动力在生存动机、发展动机、精神动机三个因子上的聚类中心值都很高，说明农村劳动力外出就业动机非常强烈，命名为“动机强烈型”。该类型在太和双钟村、徽州仙和村人数比例较大，说明这两个村劳动力外出打工的各种动机都很强烈。第二种类型农村劳动力在生存动机因子上的聚类中心值很高，但在精神动机因子上的聚类中心值很低，说明该类农村劳动力外出务工并不是因为农村精神生活贫乏，而更多的是出于生存的要求，因此命名为“生存动机型”。该类型农村劳动力在肥西周楼村、含山汤徐村人数比例较大，说明这两个村劳动力外出打工原因受生存压力影响比较大。第三种类型农村劳动力在三个动机因子上的聚类中心值都不是很高，也不低，称之为“动机适中型”。这种类型在各样本村的比例都较高，只有太和双钟村比例较低，说明很多人对待打工的态度比较从容。

表4-7　农村劳动力转移就业动机聚类分析结果

就业动机功能因子	类别			F值	P值
	动机强烈型	生存动机型	动机适中型		
生存动机	4.50	3.97	3.62	254.555	0.000
发展动机	4.16	3.49	3.33	197.694	0.000
精神动机	4.20	2.28	3.53	955.806	0.000

表4-8　样本村不同就业动机类型人数比重

单位：%

	动机强烈型	生存动机型	动机适中型
双钟村	46.45	25.89	27.66
周楼村	29.07	33.14	37.79
汤徐村	32.77	31.93	35.29
仙和村	38.73	24.44	36.83

4.2　农村劳动力转移就业环境感知特征

4.2.1　就业地形象感知特征

4.2.1.1　测量量表设计及信度

城市规模、职能、等级对农村劳动力转移就业影响很大，农村劳动力对此的感知称之为就业地形象感知。对于社会经济发展水平不同的转出地来说，受地理位置、社会经济联系、路径依赖、劳动力个体等多方面因素的影响，他们对就业地形象的感知特征有明显差异。据此，设计了关于城市职能（工业、商业、文化、自然环境、科教）和等级（特大城市、全国性大城市、省会城市、省内其他市、家乡所在县城）的10个测量选项，考察不同来源地农村劳动力对这些地区的形象感知。对各样本村和总量表的信度进行分析，得出太和双钟村、肥西周楼村、含山汤徐村、徽州仙和村的就业地形象感知量表的信度分别为0.756、0.812、0.818、0.767，总体信度为0.769，说明该量表能够较好的测度农村劳动力对外界打工地的感知，但该量表仍然有可修改的空间。

4.2.1.2 因子分析

使用SPSS 17.0对四个村就业地形象感知特征量表进行因子分析，KMO统计量分别为0.709、0.789、0.799、0.772，Bartlett's球形检验都拒绝各变量独立的假设，因此数据适宜因子分析（表4-9）。使用主成分分析和正交旋转方法抽取形象感知维度，以特征根大于1作为标准，提取公因子，结果如表4-10至4-13。

表4-9 就业地形象感知量表效度分析

量表组别	KMO测度	Bartlett's球体检验		
		卡方检验 Approx. Chi-Square	自由度 df	显著性水平 Sig.
太和双钟村	0.709	668.269	45	0.000
肥西周楼村	0.789	632.079	45	0.000
含山汤徐村	0.799	389.281	45	0.000
徽州仙和村	0.772	1 064.056	45	0.000

表4-10 双钟村就业地形象感知特征的因子分析

形象感知因子	因子均值	因子载荷	特征值	方差贡献率
特大城市	3.60	0.80	1.90	18.98
全国性大城市	3.65	0.89		
省会城市	3.40	0.52		
文化底蕴厚重	3.76	0.81	1.77	17.72
自然环境好	4.06	0.87		
科教发达	3.96	0.48		
工业发达	4.19	0.83	1.62	16.22
商业发达	3.96	0.86		
其他地级市	3.30	0.80	1.53	15.28
家乡所在县城	3.19	0.82		
方差累计贡献率				68.20

表 4-11 周楼村就业地形象感知特征的因子分析

形象感知因子	因子均值	因子载荷	特征值	方差贡献率
工业发达	3.63	0.71	2.56	25.64
商业发达	3.68	0.61		
特大城市	3.40	0.83		
全国性大城市	3.42	0.87		
文化底蕴厚重	3.07	0.77	2.29	22.89
自然环境好	3.71	0.74		
科教发达	3.62	0.77		
省会城市	3.79	0.81	1.81	18.13
其他地级市	3.05	0.66		
家乡所在县城	3.61	0.80		
方差累计贡献率				66.66

表 4-12 汤徐村就业地形象感知特征的因子分析

形象感知因子	因子均值	因子载荷	特征值	方差贡献率
文化底蕴厚重	3.42	0.62	2.78	27.78
自然环境好	3.79	0.61		
科教发达	3.80	0.61		
工业发达	3.81	0.51		
商业发达	3.81	0.79		
特大城市	3.76	0.55		
全国性大城市	3.40	0.61		
省会城市	3.29	0.83	2.55	25.48
其他地级市	3.16	0.86		
家乡所在县城	3.37	0.75		
方差累计贡献率				53.26

表 4－13 仙和村就业地形象感知特征的因子分析

形象感知因子	因子均值	因子载荷	特征值	方差贡献率
文化底蕴厚重	3.58	0.77		
自然环境好	3.68	0.83	2.70	27.00
科教发达	3.63	0.86		
工业发达	3.84	0.72		
商业发达	3.82	0.63		
特大城市	3.39	0.65	2.10	21.03
全国性大城市	3.59	0.62		
家乡所在县城	3.87	0.40		
省会城市	3.42	0.67	1.43	14.27
其他地级市	3.17	0.89		
方差累计贡献率				62.30

对比这四个表格，发现四个村提取的公因子有一定的相似性，大部分地区形象感知量表可提取出三个公因子：公因子 1 解释对“工业发达”“商业发达”“特大城市”“大城市”的倾向，可以认为是“经济发达倾向”；公因子 2 解释“文化底蕴厚重”“自然环境好”“科教发达”的倾向，可以认为是“文化环境倾向”；公因子 3 解释“省会城市”“其他地级市”“家乡所在县城”倾向，可以认为是“家乡城镇倾向”。这说明，在农村劳动力眼里，对外界就业地形象的感知主要有三类：①以北京、上海为代表的大工商业城市，这些地区经济发达、工资水平高、就业机会多，往往是农村劳动力外出打工的重要就业地，特别对以挣钱为目标的农民工来说，吸引力很大；②代表就业地文化、科技、自然环境状态的形象感知，这些是农村劳动力在外出打工过程中对就业地感知比较明确的项目，因此认可度比较高；③对省会城市、家乡所在城镇的倾向，对农村劳动力来说，这些地区，离家近、社会联系多，定居的可能性大，因此也有很大的吸引力。

进一步分析发现，对四个样本村来说，公因子的提取又不完全一致，说明不同区域社会经济背景下，农村劳动力对外界就业地的形象感知有一定的差异：①太和双钟村就业地形象感知特征量表提取了四个公因子，“经济发达倾向”公因子被分为“大城市倾向”和“工商业中心倾向”，其中“省会城市”变量与“特大城市”“全国性大城市”变量共同提取“大城市倾向”因子。太和县属于阜阳市，经济发展水平落后，远离省会城市合肥，但对外交通发达，合肥市的城市形象较之省内其他市域被提升，但该变量的因子负荷并不高(0.52)。②含山汤徐村就业地形象感知量表只提取了两个公因子。该村虽然距离安徽省省会合肥、江苏省省会南京的距离都不远，但交通闭塞，到达这些地区的通达性差，自20世纪80年代就形成了到远离家乡的北京等地打工的习惯。因此，他们对外界就业地的感知形成了明显的两种类型，一是代表工商业发达、环境良好的大城市，另一个是代表省会城市、家乡城镇。③徽州仙和村就业地形象感知量表也提取了三个公因子，但“家乡所在县城”题项解释“经济发达倾向”公因子，说明在仙和村，随着黄山市经济的发展，对本地劳动力的就业吸引力越来越强，因此该题项与“大城市”“特大城市”“工商业城市”倾向一起共同对农村劳动力有很强的吸引作用。但该题项的因子负荷比较低(0.40)。

4.2.1.3 验证性因子分析

由上面的分析可知，四个村就业地形象感知量表提取的公因子有差异，说明地域差异影响农村劳动力对就业地形象的感知。为了进一步探讨农村劳动力对就业地形象感知的共性特征，以及为了比较形象感知的区域差异，将四个村的量表合并，再做因子分析，KMO统计量为0.807，Bartlett's球形检验拒绝各变量独立的假设，因此数据适宜因子分析。使用主成分分析和正交旋转方法抽取形象感知的维度，以特征根大于1作为标准，提取公因子，结果如表4-14。

表4-14 四个村总体就业地形象感知特征的因子分析

就业地形象感知功能因子	形象感知因子	因子均值	因子载荷	特征值	方差贡献率
经济发达	工业发达	3.91	0.66	2.29	22.88
	商业发达	3.84	0.62		
	特大城市	3.51	0.75		
	全国性大城市	3.55	0.76		

续表

就业地形象感知功能因子	形象感知因子	因子均值	因子载荷	特征值	方差贡献率
环境优良	文化底蕴厚重	3.52	0.77	2.06	20.57
	自然环境好	3.82	0.83		
	科教发达	3.76	0.73		
家乡城镇	省会城市	3.47	0.64	1.56	15.58
	其他地级市	3.19	0.75		
	家乡所在县城	3.53	0.71		
方差累计贡献率					59.03

根据表4－14所示，进一步说明就业地形象感知量表提取三个公因子是比较适当的。使用验证性因子分析检验该模型对四个样本数据的拟合情况，根据修正指数和理论分析对模型经过一系列修订，最终得到四个样本都能接受的模型（表4－15）。因此，后面的分析将采用三个公因子提取法。这三个公因子分别命名为"经济发达""环境优良""家乡城镇"，代表农村劳动力对外界就业地的三种整体形象认知。根据各公因子的得分，经济发达得分最高，特别是"工业发达""商业发达"两个因子；环境优良得分其次，其中"自然环境好"得分较高；家乡城镇得分最低，其中"省会城市"和"家乡所在县城"得分较高。这说明，经济发达的工商业城市是农村劳动力转移就业的最重要倾向地，而家乡城镇则是受距离约束下的一种替代选择。

表4－15　四个村验证性因子分析模型的拟合度比较

拟合指标	绝对拟合指标			增值拟合指标				精简拟合指标	
	$\chi2/df$	GFI	RMSEA	AGFI	NFI	CFI	IFI	AIC	CAIC
理想数值	1－3	≥0.9	<0.1	≥0.9	≥0.9	≥0.9	≥0.9	越小越好	越小越好
双钟村	2.184	0.959	0.065	0.919	0.910	0.948	0.949	115.157	240.488
周楼村	1.885	0.942	0.072	0.897	0.910	0.954	0.956	106.436	205.976
汤徐村	1.4	0.930	0.058	0.880	0.889	0.964	0.966	90.813	177.733
仙和村	2.488	0.961	0.069	0.924	0.935	0.960	0.960	123.666	251.986

4.2.2 就业地距离感知特征

4.2.2.1 测量量表的设计及信度

就业地与家乡距离一直是影响农村劳动力转移就业的重要因素。出于就业目的、所处区域社会经济环境、个人偏好等的差异，不同来源地农村劳动力对距离的感知是有差异的，表现为距离带来的交通、生活成本、就业期望等的差异。因此，根据就业地离家远近可能给农村劳动力带来的便利差异，设计了9个测量题项，考察不同来源地农村劳动力对距离的感知差异。对各样本村和总量表的信度进行分析，得出太和双钟村、肥西周楼村、含山汤徐村、徽州仙和村四个村的就业地距离感知量表的信度分别为0.647、0.639、0.700、0.570，总体信度为0.632，说明量表可信，但不理想。共同删除其中第5项（"打工地离家远一些，可以增长见识"）和第6项（"现在交通很发达，打工地远近无所谓"）后，发现克朗巴赫系数明显提高（四个村分别为：0.731、0.773、0.798、0.710，总体0.747），因此删除这两项，进行因子分析。

4.2.2.2 感知特征因子分析

使用SPSS 17.0对四个村就业地距离感知特征量表进行因子分析（表4-16），KMO统计量分别为0.773、0.725、0.801、0.811，Bartlett's球形检验都拒绝各变量独立的假设，因此数据适宜因子分析。使用主成分分析和正交旋转方法抽取距离感知的维度，以特征根大于1作为标准，提取公因子，结果如表4-17至4-20。

表4-16 就业地距离感知量表效度分析

量表组别	KMO测度	Bartlett's球体检验		
		卡方检验 Approx. Chi-Square	自由度 df	显著性水平 Sig.
双钟村	0.773	546.860	21	0.000
周楼村	0.725	482.893	21	0.000
汤徐村	0.801	269.789	21	0.000
仙和村	0.811	858.665	21	0.000

表 4－17　双钟村就业地距离感知特征的因子分析

距离感知因子	因子均值	因子载荷	特征值	方差贡献率
离家近，回家方便	4.33	0.842		
离家近，可照顾家庭	4.23	0.857	2.75	39.30
离家近，回家花费小	4.05	0.793		
离家近，环境熟悉	3.90	0.677		
离家远，打工慎重	3.62	0.679		
最好有一定社会经济联系	3.65	0.805	1.53	21.79
最好有很多乡亲、熟人	3.92	0.532		
方差累计贡献率				61.09

表 4－18　周楼村就业地距离感知特征的因子分析

距离感知因子	因子均值	因子载荷	特征值	方差贡献率
离家近，回家方便	4.40	0.850		
离家近，可照顾家庭	4.33	0.855	3.023	43.184
离家近，回家花费小	4.03	0.766		
离家近，环境熟悉	4.05	0.756		
离家远，打工慎重	3.63	0.741		
最好有一定社会经济联系	3.78	0.610	1.519	21.700
最好有很多乡亲、熟人	4.02	0.744		
方差累计贡献率				64.884

表 4－19　汤徐村就业地距离感知特征的因子分析

距离感知因子	因子均值	因子载荷	特征值	方差贡献率
离家近，回家方便	4.042	0.780		
离家近，可照顾家庭	4.059	0.784		
离家近，回家花费小	3.790	0.830		
离家近，环境熟悉	3.756	0.806	3.337	47.676
离家远，打工慎重	3.521	0.458		
最好有一定社会经济联系	3.588	0.515		
最好有很多乡亲、熟人	3.958	0.548		
方差累计贡献率				47.676

表4－20　仙和村就业地距离感知特征的因子分析

距离感知因子	因子均值	因子载荷	特征值	方差贡献率
离家近，回家方便	4.32	0.882	3.218	45.976
离家近，可照顾家庭	4.32	0.871		
离家近，回家花费小	4.13	0.888		
离家近，环境熟悉	4.14	0.842		
最好有很多乡亲、熟人	4.09	0.426		
离家远，打工慎重	3.50	0.791	1.254	17.911
最好有一定社会经济联系	3.53	0.757		
方差累计贡献率				63.887

对比四个村的就业地距离感知特征的因子分析表，发现大部分量表提取了两个公因子：公因子1解释对“离家近，回家方便”“离家近，可以照顾家庭”“离家近，回家花费小”“离家近，环境熟悉”等环境特征的感知，可以称为“距离接近”因子；公因子2解释对“离家远，打工选择会更慎重”“打工地最好与家乡有一定社会经济联系”“最好有很多乡亲、熟人”等环境特征的感知，可以称为“社会联系”因子。这说明，就业地距离对农村劳动力转移就业的影响主要表现在两个方面：①由于距离近而产生的在回家、照顾家庭、花费小、环境熟悉等方面的便利性，这四个因素较为稳定的成为影响农村劳动力期望就业地离家近的主要原因，其中，回家方便和照顾家庭较之回家花费、环境熟悉对农村劳动力的影响更大（均值普遍偏高）；②基于对社会联系、熟人关系的倾向性，农村劳动力转移就业很多是基于一种“亲缘”“地缘”的网络联系，因此，就业地有很多乡亲、熟人，对其有很大的吸引力。其中，“打工地最好有很多乡亲、熟人”得分值最高。

从以上四个表格中，可以看出不同样本村在对打工地距离的感知方面，存在差异。含山汤徐村的距离感知量表只提取了一个公因子，说明汤徐村农村劳动力，对就业地离家近的距离感知是与社会联系密切相关的，两者并不能区分开来；徽州仙和村的距离感知量表虽然也提取了两个公因子，但其解释的题项与其他村有差异，“最好有很多乡亲、熟人”题项在这里解释"离家近"倾向，由于这里打工者更多的是就近打工，因此，有很多乡亲、熟人与"离家近"是一致的。

4.2.2.3 感知特征验证性因子分析

由上面的分析可知，四个村就业地距离感知量表提取的公因子有差异，说明地域差异影响农村劳动力对就业地距离的感知。为了进一步探讨农村劳动力对就业地距离感知的共性特征，以及为了比较距离感知的区域差异，将四个村的量表合并，再做因子分析，KMO 统计量为 0.806，Bartlett's 球形检验拒绝各变量独立的假设，因此数据适宜因子分析。使用主成分分析和正交旋转方法抽取距离感知维度，以特征根大于 1 作为标准，提取公因子，结果如表 4－21。

表 4－21 总体就业地距离感知特征的因子分析

距离感知功能因子	距离感知因子	因子均值	因子载荷	特征值	方差贡献率
距离接近	倾向离家近，回家方便	4.300	0.859	2.911	41.593
	倾向离家近，可以照顾家庭	4.259	0.847		
	倾向离家近，回家花费小	4.039	0.823		
	倾向离家近，环境熟悉	3.996	0.752		
社会联系	离家远，打工慎重	3.568	0.726	1.378	19.679
	最好有一定社会经济联系	3.627	0.753		
	最好有很多乡亲、熟人	4.003	0.467		
方差累计贡献率					61.272

根据表 4－21，进一步说明就业地距离感知量表提取两个公因子是比较适当的。使用验证性因子分析检验该模型对四个样本数据的拟合情况，发现"离家远，打工慎重"题项标准化负荷指数普遍偏低，因此将该题项删除，重新做验证性因子分析，根据修正指数和理论分析对模型经过一系列修订，最终得到四个样本都能接受的模型(表 4－22)。因此，后面的分析将采用两个公因子提取法。

表 4-22 四个村验证性因子分析模型的拟合度比较

拟合指标	绝对拟合指标				增值拟合指标			精简拟合指标	
	$\chi 2/df$	GFI	RMSEA	AGFI	NFI	CFI	IFI	AIC	CAIC
理想数值	1-3	≥0.9	<0.1	≥0.9	≥0.9	≥0.9	≥0.9	越小越好	越小越好
双钟村	2.480	0.983	0.073	0.939	0.972	0.983	0.983	44.878	114.506
周楼村	1.509	0.983	0.055	0.940	0.981	0.993	0.993	39.055	101.268
汤徐村	1.082	0.983	0.026	0.939	0.975	0.998	0.998	36.493	93.180
仙和村	2.654	0.987	0.073	0.944	0.984	0.990	0.990	45.270	121.312

4.2.3 就业属性感知特征

4.2.3.1 感知测量量表的设计及信度

就业属性感知是指对就业地就业机会、劳动强度、劳动收入、所需技能的感知。经济原因是农村劳动力转移就业的根本原因。因此,就业属性是农村劳动力转移就业的核心问题,对就业属性的感知状况也直接影响就业决策。但是,受农村劳动力所处社会经济环境及其个体的认知限制,农村劳动力对不同就业地的就业属性认知有很大差异。研究设计了15个关于就业属性感知的测量题项,以期测度农村劳动力对其所在就业地就业属性的认知情况。对各村和总量表的信度进行分析,得出太和双钟村、肥西周楼村、含山汤徐村、徽州仙和村四个村的就业属性感知量表的信度分别为0.730、0.721、0.816、0.828,总体信度为0.776,说明该量表能够较好地测度农村劳动力对就业地就业属性的感知,但该量表仍然有可修改的空间。

4.2.3.2 感知特征因子分析

对四个村的就业属性感知量表进行因子分析,发现15个测量题项能够得到较为明确的因子提取。但是题项4在肥西周楼村的测量量表表现出不稳定性,题项8、9、10、11在各村因子提取中也不太一致。进一步分析测量题项,发现测量题项8、9更能代表农民工对外出务工收入状况的感知。对原测量量表分别删除测量题项4、8、9和题项4、10、11,发现删除4、10、11项后,各村的因子提取更为一致,说明题项的测量稳定性更好。这时,KMO 统计量分别为 0.722、0.707、0.777、0.818,Bartlett's 球形检验都拒绝各变量独立的假设,说明数据适宜因子分析(表 4-23)。使用主成分分析和正交旋转方法抽取就业属性感知的维度,以特征根大于 1 作为标准,提取公因子,结果如表 4-24 至 4-27。

表 4-23 就业属性感知量表效度分析

量表组别	KMO 测度	Bartlett's 球体检验		
		卡方检验 Approx. Chi-Square	自由度 df	显著性水平 Sig.
双钟村	0.722	868.553	66	0.000
周楼村	0.707	549.232	66	0.000
汤徐村	0.777	441.639	66	0.000
仙和村	0.818	1323.362	66	0.000

表 4-24 双钟村就业属性感知特征的因子分析

就业属性感知因子	因子均值	因子载荷	特征值	方差贡献率
劳务纠纷能较好解决	3.684	0.507	2.039	16.994
签订劳务合同	3.553	0.607		
了解劳动保险、劳动法	3.329	0.853		
了解就业机会	3.358	0.754		
希望到能学到最新技能的城市	3.727	0.803	2.181	18.171
倾向要一定工作技能	3.670	0.833		
希望通过打工积累人缘关系	3.876	0.739		
工作时间长可以忍受	3.202	0.826	2.049	17.078
劳动强度大有准备	3.387	0.784		
心理压力有准备	3.653	0.741		
打工收入能达到预期	3.489	0.816	1.536	12.797
打工收入比较满意	3.312	0.836		
方差累计贡献率				65.040

表4-25　周楼村就业属性感知特征的因子分析

就业属性感知因子	因子均值	因子载荷	特征值	方差贡献率
劳务纠纷能较好解决	3.657	0.395	2.277	18.976
签订劳务合同	3.238	0.788		
了解劳动保险、劳动法	2.791	0.855		
了解就业机会	3.512	0.762		
希望到能学到最新技能的城市	3.407	0.856	2.040	17.003
倾向要一定工作技能	3.616	0.798		
希望通过打工积累人缘关系	3.669	0.729		
工作时间长可以忍受	3.244	0.679	1.922	16.015
劳动强度大有准备	3.674	0.856		
心理压力有准备	3.704	0.803		
打工收入能达到预期	3.512	0.804	1.611	13.421
打工收入比较满意	3.424	0.890		
方差累计贡献率				65.415

表4-26　汤徐村就业属性感知特征的因子分析

就业属性感知因子	因子均值	因子载荷	特征值	方差贡献率
劳务纠纷能较好解决	3.630	0.644	2.571	21.424
签订劳务合同	3.521	0.691		
了解劳动保险、劳动法	3.454	0.869		
了解就业机会	3.555	0.861		
希望到能学到最新技能的城市	3.840	0.811	1.966	16.383
倾向要一定工作技能	3.756	0.784		
希望通过打工积累人缘关系	4.017	0.749		
工作时间长可以忍受	3.546	0.825	2.135	17.791
劳动强度大有准备	3.789	0.831		
心理压力有准备	3.689	0.820		
打工收入能达到预期	3.613	0.779	1.654	13.785
打工收入比较满意	3.395	0.857		
方差累计贡献率				69.383

表 4-27 仙和村就业属性感知特征的因子分析

就业属性感知因子	因子均值	因子载荷	特征值	方差贡献率
劳务纠纷能较好解决	3.48	0.803	2.728	22.73
签订劳务合同	3.84	0.639		
了解劳动保险、劳动法	3.27	0.634		
了解就业机会	3.34	0.600		
打工收入能达到预期	3.29	0.688		
打工收入比较满意	3.20	0.568		
希望到能学到最新技能的城市	3.67	0.811	2.489	20.742
倾向一定工作技能的工作	3.72	0.814		
希望通过打工积累人缘关系	3.68	0.732		
工作时间长可以忍受	3.10	0.834	2.119	17.662
劳动强度大有准备	3.15	0.857		
心理压力有准备	3.48	0.674		
方差累计贡献率				61.134

对比四个村就业属性感知测量量表的因子分析结果，发现除徽州仙和村的测量量表提取了三个公因子，其他三个村都提取了四个公因子：公因子 1 解释农村劳动力对就业地“劳务纠纷”“劳务合同”“劳动保险”“劳动法”“就业机会”的感知特征，可以称之为“就业保障感知”；公因子 2 解释农村劳动力对“希望到能学到最新技能的城市”“倾向一定工作技能的工作”“希望通过打工积累人缘关系”的感知特征，称之为“就业技能感知”；公因子 3 解释农村劳动力对在外“工作时间长”“劳动强度大”“心理压力”等的感知特征，称之为“就业强度感知”；公因子 4 解释农村劳动力对“打工收入能达到预期”“打工收入比较满意”的感知，称之为“就业收入感知”。徽州仙和村与其他三个村不同的是，“劳动收入”和“劳动风险”感知的测量题项只解释一个公因子。说明四个村农村劳动力对外界就业属性的感知有一定差异，但差异不大，表现出较强的一致性。

4.2.3.3 感知特征验证性因子分析

为了进一步探讨农村劳动力对就业属性感知的共性特征，将四个村的量表合并，再做因子分析，KMO 统计量为 0.781，Bartlett's 球形检验拒绝各变量独立的假设,因此数据适宜因子分析。使用主成分分析和正交旋转方法抽取距离感知维度,以特征根大于1作为标准,提取公因子,结果如表4-28。

表4-28 总体就业属性感知特征的因子分析

就业属性感知功能因子	就业属性感知因子	因子均值	因子载荷	特征值	方差贡献率
就业保障	劳务纠纷能较好解决	3.598	0.573	2.193	18.275
	签订劳务合同	3.591	0.711		
	了解劳动保险、劳动法	3.219	0.812		
	了解就业机会	3.357	0.728		
就业技能	希望到能学到最新技能的城市	3.661	0.822	2.012	16.766
	倾向一定工作技能的工作	3.689	0.813		
	希望通过打工积累人缘关系	3.785	0.745		
就业强度	工作时间长可以忍受	3.221	0.796	2.008	16.733
	劳动强度大有准备	3.413	0.838		
	心理压力有准备	3.601	0.770		
就业收入	打工收入能达到预期	3.438	0.814	1.631	13.589
	打工收入比较满意	3.306	0.845		
	方差累计贡献率				65.363

根据表4-28,进一步说明就业属性感知量表提取四个公因子是比较适当的。使用验证性因子分析检验该模型对四个样本数据的拟合情况,根据修正指数和理论分析对模型经过一系列修订,最终得到四个样本都能接受的模型(表4-29)。因此,后面的分析将采用四个公因子提取法。从公因子和各因子得分来看,农村劳动力就业属性感知得分普遍较低,相对来说,就业技能得分较高,说明农村劳动力对外出打工需要一定劳动技能有较为正向的认知,而在就业保障、就业强度、就业收入等方面感知不明显。

表 4-29 四个村验证性因子分析模型的拟合度比较

拟合指标	绝对拟合指标			增值拟合指标				精简拟合指标	
	χ2/df	GFI	RMSEA	AGFI	NFI	CFI	IFI	AIC	CAIC
理想数值	1-3	≥0.9	<0.1	≥0.9	≥0.9	≥0.9	≥0.9	越小越好	越小越好
双钟村	1.860	0.952	0.055	0.919	0.903	0.952	0.953	149.572	298.113
周楼村	1.344	0.943	0.045	0.908	0.886	0.967	0.968	124.530	248.955
汤徐村	1.021	0.934	0.013	0.982	0.894	0.997	0.998	109.023	222.397
仙和村	2.020	0.953	0.057	0.919	0.932	0.964	0.965	156.908	313.743

4.2.4 就业地生活状态感知特征

4.2.4.1 感知量表的设计及信度

对外出务工的农村劳动力来说,对务工地生活状态的感知是影响其就业的重要因素。其内容包括对务工地居住、医疗、交通、商业等生活状态的感知情况。由于不同社会经济背景下,农村劳动力外出就业的区位差异很大,因此,他们对就业地的生活状态感知也存在很大差异。研究设计了 10 个感知测量题项,以测度不同就业地、不同农村劳动力对就业地生活状态的感知差异。对四个村就业地生活状态感知量表分别进行信度分析,信度分别为 0.825、0.645、0.734、0.743,总体信度为 0.771,除了肥西周楼村的生活状态感知量表信度较低外,其他量表的信度都较高。说明该量表能够较好的测度农村劳动力对就业地生活状态的感知,但该量表仍然有可修改的空间。

4.2.4.2 感知特征因子分析

对四个村样本就业地生活状态感知量表分别做因子分析(表 4-30),KMO 统计量分别为 0.796、0.677、0.748、0.762,Bartlett's 球形检验都拒绝各变量独立的假设,说明数据适宜因子分析。使用主成分分析和正交旋转方法抽取就业地生活状态感知的维度,以特征根大于 1 作为标准,提取公因子,结果如表 4-31 至 4-34。

表 4－30　就业地生活状态感知量表效度分析

量表组别	KMO 测度	Bartlett’s 球体检验		
		卡方检验 Approx. Chi－Square	自由度 df	显著性水平 Sig.
太和双钟村	0.796	981.995	45	0.000
肥西周楼村	0.677	414.560	45	0.000
含山汤徐村	0.748	334.147	45	0.000
徽州仙和村	0.762	1016.945	45	0.000

表 4－31　双钟村就业地生活状态感知特征的因子分析

就业地生活状态感知因子	因子均值	因子载荷	特征值	方差贡献率
首先考虑住宿	4.309	0.678		
关心打工地房价	3.418	0.812	2.006	20.061
希望在房价较低的地方打工	3.223	0.791		
对居住条件比较满意	3.627	0.777		
能够接受当地商品房房价	2.812	0.675		
医疗条件较好	3.699	0.632	2.335	23.347
社区服务业较好	3.567	0.590		
教育设施水平较高	3.727	0.562		
公共交通设施较好	4.025	0.832	2.261	22.615
良好的商业设施	3.777	0.826		
方差累计贡献率				66.023

表 4－32　周楼村就业地生活状态感知特征的因子分析

就业地生活状态感知因子	因子均值	因子载荷	特征值	方差贡献率
首先考虑住宿	3.802	0.559		
关心打工地房价	3.378	0.823	1.667	16.668
希望在房价较低的地方打工	3.349	0.819		

续表

就业地生活状态感知因子	因子均值	因子载荷	特征值	方差贡献率
对居住条件比较满意	3.366	0.578		
能够接受当地商品房房价	2.587	0.170		
医疗条件较好	3.413	0.838	2.523	25.232
社区服务业较好	3.384	0.885		
教育设施水平较高	3.424	0.775		
公共交通设施较好	3.919	0.803	1.645	16.447
良好的商业设施	3.796	0.883		
方差累计贡献率				58.347

表 4－33　汤徐村就业地生活状态感知特征的因子分析

就业地生活状态感知因子	因子均值	因子载荷	特征值	方差贡献率
首先考虑住宿	4.151	0.698	1.311	13.115
关心打工地房价	3.328	0.790	1.524	15.238
希望在房价较低的地方打工	3.286	0.819		
对居住条件比较满意	3.580	0.618		
能够接受当地商品房房价	2.739	0.350		
医疗条件较好	3.605	0.739		
社区服务业较好	3.597	0.816	3.324	33.238
教育设施水平较好	3.639	0.832		
公共交通设施较好	3.874	0.753		
良好的商业设施	3.563	0.514		
方差累计贡献率				61.591

表 4－34　仙和村就业地生活状态感知特征的因子分析

就业地生活状态感知因子	因子均值	因子载荷	特征值	方差贡献率
关心打工地房价	3.24	0.828		
希望在房价较低的地方打工	3.06	0.847	2.016	20.159
能够接受当地商品房房价	2.72	0.557		

续表

就业地生活状态感知因子	因子均值	因子载荷	特征值	方差贡献率
对居住条件比较满意	3.23	0.535	3.018	30.181
医疗条件较好	3.67	0.833		
社区服务业较好	3.62	0.829		
教育设施水平较高	3.73	0.819		
公共交通设施较好	3.90	0.616		
首先考虑住宿	4.07	0.636	1.486	14.864
良好的商业设施	3.79	0.692		
方差累计贡献率				65.204

对比四个样本村农村劳动力生活状态感知量表的因子分析结果，发现大部分量表可以提取三个公因子：公因子 1 解释“首先考虑住宿”“关心打工地房价”“希望在房价较低的地方打工”三个因子，反映农村劳动力对就业地住房状况的感知，定义为“住房需求感知”；公因子 2 解释“居住条件满意”“医疗、社区服务、教育设施良好”，是农村劳动力对具体的居住、医疗、教育设施等基本生活服务的满意程度，称之为“基础服务感知”；公因子 3 解释对“公共交通设施”“商业设施”的感知，是农村劳动力对在城市生活的交通便利性、商业服务便利性的感知，称之为“便利性感知”。

进一步分析发现，各个公因子的测量题项并不完全一致。在含山汤徐村，“首先考虑住宿”因子单独提取了一个公因子，因为在这里，农村劳动力多是远在大城市（北京居多）打工，住宿条件对其在外的生活影响尤为突出；在徽州仙和村，“能够接受当地商品房房价”“关心打工地房价”“希望在房价较低的地方打工”共同提取一个公因子，因为在这里，农村劳动力更多地倾向就地（本市）转移。

4.2.4.3 感知特征验证性因子分析

为了进一步探讨农村劳动力对就业地生活状态感知的共性特征，将四个样本村的量表合并，再做因子分析，KMO 统计量为 0.789，Bartlett’s 球形检验拒绝各变量独立的假设，因此数据适宜因子分析。使用主成分分析和正交旋转方法抽取距离感知维度，以特征根大于 1 作为标准，提取公因子,结果如表4-35。

表4-35 总体就业地生活状态感知特征的因子分析

就业地生活状态感知功能因子	就业地生活状态感知因子	因子均值	因子载荷	特征值	方差贡献率
住房需求	首先考虑住宿	4.106	0.516	1.833	18.327
	关心打工地房价	3.336	0.836		
	希望在房价较低的地方打工	3.199	0.832		
基础服务	对居住条件比较满意	3.431	0.679	2.295	22.952
	能够接受当地商品房房价	2.725	0.649		
	医疗条件较好	3.621	0.685		
	社区服务业较好	3.555	0.660		
	教育设施水平较高	3.658	0.614		
便利性	公共交通设施较好	3.940	0.779	2.095	20.952
	良好的商业设施	3.758	0.781		
方差累计贡献率					62.231

根据表4-35,进一步说明就业地生活状态感知量表提取三个公因子是比较适当的。使用验证性因子分析检验该模型对四个样本数据的拟合情况,发现因子“首先考虑住宿”和“能够接受当地商品房房价”的标准化负荷系数偏低,因此,删除这两项。继续根据修正指数和理论分析对模型经过一系列修订,最终得到四个样本都能接受的模型(表4-36)。因此,后面的分析将采用三个公因子提取法。

表4-36 四个村验证性因子分析模型的拟合度比较

拟合指标	绝对拟合指标				增值拟合指标			精简拟合指标	
	χ^2/df	GFI	RMSEA	AGFI	NFI	CFI	IFI	AIC	CAIC
理想数值	1-3	≥0.9	<0.1	≥0.9	≥0.9	≥0.9	≥0.9	越小越好	越小越好
双钟村	2.490	0.967	0.073	0.925	0.951	0.970	0.970	79.843	172.681
周楼村	1.134	0.972	0.028	0.941	0.951	0.994	0.994	57.273	136.076
汤徐村	1.149	0.963	0.035	0.917	0.938	0.991	0.991	58.377	133.960
仙和村	2.206	0.975	0.062	0.940	0.964	0.980	0.980	75.085	174.889

4.2.5 就业地社会和自然环境感知特征

4.2.5.1 感知测量量表的设计及信度

在中国地域差异比较大的情况下，农村劳动力转移就业往往伴随着就业地的变化。而就业地社会文化环境、自然环境往往与家乡有着一定的差异。这种感知显然也影响到农村劳动力的就业决策。农村劳动力对就业地社会和自然环境的感知量表就是测度农村劳动力对其就业地的社会文化、自然环境的感知情况。设计了农村劳动力对就业地风俗习惯、文化娱乐活动、交往情况、气候、饮食、生态环境等方面的11个题项。对各村和总量表的信度进行分析，得出太和双钟村、肥西周楼村、含山汤徐村、徽州仙和村四个村的就业地社会自然环境感知量表的信度分别为0.864、0.790、0.820、0.836，总体信度为0.818，说明该量表能够较好的测度农村劳动力对就业地社会自然环境的感知。

4.2.5.2 感知特征因子分析

对四个样本村就业地生活状态感知量表分别做因子分析，发现因子5和因子11的提取量偏少，且对不同村解释的公因子差异比较大，因此删除这两项。之后进行因子分析(表4－37)，KMO统计量分别为0.770、0.771、0.854、0.819，Bartlett's球形检验都拒绝各变量独立的假设，说明数据适宜因子分析。使用主成分分析和正交旋转方法抽取社会和自然环境感知的维度，以特征根大于1作为标准，提取公因子，结果如表4－38至4－41。

表4－37　就业地社会和自然环境感知量表效度分析

量表组别	KMO测度	Bartlett's球体检验		
		卡方检验 Approx. Chi－Square	自由度 df	显著性水平 Sig.
双钟村	0.770	645.766	36	0.000
周楼村	0.771	593.798	36	0.000
汤徐村	0.854	376.738	36	0.000
仙和村	0.819	910.090	36	0.000

表4－38　双钟村就业地社会和自然环境感知特征的因子分析

就业地社会自然环境感知因子	因子均值	因子载荷	特征值	方差贡献率
了解当地风俗习惯	3.114	0.795	2.452	27.248
接受打工地风俗习惯	3.465	0.561		
了解当地居民文化活动	3.000	0.757		
经常和当地居民聊天、唱歌、吃饭	2.957	0.763		
对打工地气候状况很了解	3.479	0.496	2.302	25.578
适应当地气候状况	3.635	0.793		
对当地饮食情况很了解	3.394	0.694		
接受当地的饮食习惯	3.578	0.646		
对当地生态环境状态很了解	3.316	0.639		
方差累计贡献率				52.826

表4－39　周楼村就业地社会和自然环境感知特征的因子分析

就业地社会自然环境感知因子	因子均值	因子载荷	特征值	方差贡献率
了解当地风俗习惯	3.471	0.649	2.513	27.925
了解当地居民文化活动	3.058	0.829		
经常和当地居民聊天、唱歌、吃饭	2.924	0.737		
对打工地气候状况很了解	3.547	0.532		
对当地生态环境状态很了解	3.442	0.573		
适应当地气候状况	3.808	0.827	2.833	31.480
对当地饮食情况很了解	3.541	0.705		
接受当地的饮食习惯	3.797	0.808		
接收打工地风俗习惯	3.837	0.646		
方差累计贡献率				59.405

表 4－40　汤徐村就业地社会和自然环境感知特征的因子分析

就业地社会自然环境感知因子	因子均值	因子载荷	特征值	方差贡献率
了解当地风俗习惯	3.227	0.774		
接收打工地风俗习惯	3.563	0.710	2.355	26.171
了解当地居民文化活动	3.118	0.747		
经常和当地居民聊天、唱歌、吃饭	3.017	0.630		
对打工地气候状况很了解	3.403	0.549		
适应当地气候状况	3.513	0.734	2.902	32.248
对当地饮食情况很了解	3.361	0.750		
接受当地的饮食习惯	3.529	0.781		
对当地生态环境状态很了解	3.311	0.609		
方差累计贡献率				58.419

表 4－41　仙和村就业地生活状态感知特征的因子分析

就业地社会自然环境感知因子	因子均值	因子载荷	特征值	方差贡献率
接受打工地风俗习惯	3.54	0.654		
了解当地居民文化活动	3.37	0.758	2.169	24.106
经常和当地居民聊天、唱歌、吃饭	3.22	0.853		
了解当地风俗习惯	3.38	0.704		
对打工地气候状况很了解	3.40	0.614		
适应当地气候状况	3.56	0.794	2.994	33.270
对当地饮食情况很了解	3.51	0.822		
接受当地的饮食习惯	3.70	0.574		
对当地生态环境状态很了解	3.43	0.590		
方差累计贡献率				57.376

比较四个样本村农村劳动力对就业地社会和自然环境感知特征的因子分析结果，发现虽然每个村基本都可以提取两个公因子，但每个村公因子解释的题项都不尽相同。说明不同地域农民工与就业地的社会文化和自然环境的接触有着较大的差异。但总体来说，主要可以提取两个公因子：公因子 1 解释农村劳动力对就业地风俗、文化活动等社会文化环境的

感知和适应程度,可以称之为“社会环境感知”;公因子2解释农村劳动力对就业地自然环境的感知和适应程度,可以称之为“自然环境感知”。

4.2.5.3 感知特征验证性因子分析

为了进一步探讨农村劳动力对就业地社会和自然环境感知的共性特征,将四个样本村的量表合并,再做因子分析,KMO统计量为0.823,Bartlett's球形检验拒绝各变量独立的假设,因此数据适宜因子分析。使用主成分分析和正交旋转方法抽取就业地社会和自然环境感知维度,以特征根大于1作为标准,提取公因子,结果如表4-42。

表4-42 总体就业地社会和自然环境感知特征的因子分析

就业地社会自然环境感知功能因子	就业地社会自然环境感知因子	因子均值	因子载荷	特征值	方差贡献率
社会环境	了解当地风俗习惯	3.294	0.625	2.268	25.196
	接收打工地风俗习惯	3.577	0.507		
	了解当地居民文化活动	3.158	0.805		
	经常和当地居民聊天、唱歌、吃饭	3.051	0.782		
自然环境	对打工地气候状况很了解	3.454	0.560	2.629	29.211
	适应当地气候状况	3.626	0.793		
	对当地饮食情况很了解	3.461	0.738		
	接受当地的饮食习惯	3.657	0.700		
	对当地生态环境状态很了解	3.378	0.623		
方差累计贡献率					54.407

根据表4-42,进一步说明就业地社会和自然环境感知量表提取的两个公因子是比较适当的。使用验证性因子分析检验该模型对四个样本数据的拟合情况,根据修正指数和理论分析对模型经过一系列修订,最终得到四个样本都能接受的模型(表4-43)。因此,后面的分析将采用两个公因子提取法。

表4－43　四个村验证性因子分析模型的拟合度比较

拟合指标	绝对拟合指标				增值拟合指标			精简拟合指标	
	$\chi 2/df$	GFI	RMSEA	AGFI	NFI	CFI	IFI	AIC	CAIC
理想数值	1－3	≥0.9	<0.1	≥0.9	≥0.9	≥0.9	≥0.9	越小越好	越小越好
双钟村	2.168	0.964	0.064	0.929	0.924	0.957	0.957	93.870	195.992
周楼村	2.133	0.941	0.081	0.874	0.926	0.958	0.959	92.803	192.343
汤徐村	1.268	0.948	0.048	0.903	0.922	0.982	0.982	72.421	151.783
仙和村	2.742	0.966	0.074	0.916	0.946	0.965	0.965	103.359	231.678

4.2.6　就业地环境感知特征因子分析结果

根据以上因子分析结果，可以从环境原始感知特征中提取14个公因子，组成环境感知功能特征，其各因子均值如表4－44：就业地形象量表可以提取“经济发达”“环境优良”“家乡城镇”三个公因子，其中前两者因子均值较高，说明农村劳动力对转移就业城市更看重经济、环境等因素；就业地距离可以提取“距离接近”“社会联系”两个公因子，两者得分都较高，但前者更高，说明自然距离和社会距离在农村劳动力转移就业过程中都起重要作用，特别是实际距离；就业属性可以提取“劳动强度”“劳动技能”“劳动收入”“劳动保障”四个公因子，其中，“劳动技能”得分较高，其他得分都较低，说明农村劳动力对外出就业技能的需求有较为清晰的认知，但是对劳动强度、收入、保障都有较多的不满意；就业地生活状态可以提取“住房需求”“基础服务”“通达设施”三个公因子，其中，“便利性”得分很高，而“住房需求”得分很低，说明农村劳动力在外就业的生活状态主要受到住房限制；就业地社会和自然环境可以提取“文化环境”“自然环境”两个公因子，后者得分较高，说明农村劳动力对转移就业地的自然环境有较强的适应，但社会融入水平还很低。

表 4－44　四个样本村环境感知特征因子均值

环境对象认知	环境感知功能特征	因子均值	环境对象认知	环境感知功能特征	因子均值
就业地形象	经济发达	3.70	就业属性	劳动强度	3.41
	环境优良	3.70		劳动技能	3.71
	家乡城镇	3.40		劳动收入	3.37
就业地距离	距离接近	4.15		劳动保障	3.44
	社会联系	3.73	就业地生活状态	住房需求	3.27
就业地社会和自然环境	文化环境	3.27		基础服务	3.57
	自然环境	3.52		便利性	3.85

4.3　农村劳动力转移就业环境感知功能类型

4.3.1　形象感知功能特征的聚类分析

为了进一步理解不同地域、不同个体农村劳动力对就业地形象的感知差异，本研究使用三个形象感知功能特征因子作为聚类变量对农村劳动力进行聚类分析，寻找感知功能相似的农村劳动力特征。因为事先不能确定分为几类，所以用 K－均值聚类法分别对两分类、三分类和四分类方案进行运算。比较之后发现四分类是较好的分类方案，各类别理论上均具有较明显差异，农村劳动力分布也较合理（表 4－45、表 4－46）。

表 4－45　就业地形象感知功能聚类分析结果

形象感知功能因子	类别				F 值	P 值
	经济环境吸引型	中等综合吸引型	高等综合吸引型	距离吸引型		
经济发达	3.60	3.70	4.48	2.76	305.254	0.000
环境优良	3.77	3.61	4.53	2.52	401.895	0.000
家乡城镇	2.68	3.74	4.05	3.13	362.728	0.000

表 4-46　各样本村就业地形象感知类型人数比重

单位:%

	经济环境吸引型	适度综合吸引型	高综合吸引型	距离吸引型
双钟村	39.36	20.57	29.08	10.99
周楼村	20.93	48.84	11.05	19.19
汤徐村	45.38	23.53	18.49	12.61
仙和村	21.90	47.30	18.10	12.70

第一类命名为“经济环境吸引型”。其“经济发达”“环境优良”两个因子的得分较高,“家乡城镇”得分较低。说明这类农村劳动力,外出打工对就业地的经济因素和环境因素较为看重,对“是否在家乡城市”等接近性因素,考虑较少。这一类型在含山汤徐村、太和双钟村所占比例较大,占40%左右,说明这两个地区农村劳动力外出打工对经济环境因素作为最主要考虑因素,距离和家乡因素考虑较少。

第二类命名为“适度综合吸引型”。其三个因子的得分都比较高,并且差距不大。说明这类农村劳动力,外出打工是对就业地的经济、环境、距离等因素综合性考虑的结果,但是要求都不是特别高。这一类型在肥西周楼村、徽州仙和村所占比例较大,接近50%,说明这两个地区农村劳动力外出打工往往考虑多种因素,并不是对某一因子有太多偏好。

第三类命名为“高综合吸引型”。三个因子得分都非常高(分别为4.48、4.53、4.05),只有距离因子稍低。说明这类农村劳动力,对打工地的经济、环境、距离等因素要求都非常高,既要求经济发达、社会环境好,也要求最好在家乡城市,因此是一个比较挑剔的类群。这一类型在太和双钟村所占比例较高(29.08%),而其他几个地区所占比例都不高,最低的是肥西周楼村(11.05%),说明这里农村劳动力对就业地的经济发达、环境等水平的要求不是特别高。

第四类命名为“距离吸引型”。其三个因子得分都不太高,只有“家乡城镇”因子得分较高(3.13)。说明这类农村劳动力外出打工对城市的向往力并不很强,经济、环境对其的吸引有限,只有“家乡城市”“距离”这样的因子是其考虑的主要因素。这个类群,肥西周楼村所占比例稍高(19.19%),而太和双钟村比例最低(10.99%)。

4.3.2　距离感知功能特征的聚类分析

为了理解不同地域、不同个体农村劳动力对就业地距离的感知差异，本研究使用两个感知功能特征因子作为聚类变量对农村劳动力进行聚类分析，寻找感知功能相似的农村劳动力特征。因为事先不能确定分为几类，所以用K-均值聚类法分别对两分类、三分类和四分类方案进行运算（方法同上）。比较发现三分类是较好的分类方案，各类别理论上具有较明显差异，农村劳动力分布也较合理（表4-47、表4-48）。

表4-47　就业地距离感知功能聚类分析结果

距离感知功能因子	类别			F值	P值
	密切联系型	距离接近型	联系适中型		
距离接近	4.46	4.33	3.17	571.586	0.000
社会联系	4.13	3.01	3.40	560.536	0.000

表4-48　各样本村就业地距离感知类型人数比重

单位：%

	密切联系型	距离接近型	联系适中型
双钟村	53.55	21.99	24.47
周楼村	68.60	16.86	14.53
汤徐村	45.38	14.29	40.34
仙和村	57.14	25.71	17.14

第一类命名为“密切联系型”。“距离接近”和“社会联系”两个因子得分都非常高（分别为4.46和4.13），说明这一类型农村劳动力对就业距离和社会联系都有很高期望，并认为两者同样高度影响就业。这一类型在各村都占有最大比重（都超过45%），说明这两个因素对农村劳动力转移就业有很高的影响力。但相对来说，肥西周楼村所占比例最高（68.60%），说明这个地区农村劳动力打工对距离和社会联系的期望最强。

第二类命名为“距离接近型”。“距离接近”得分很高（4.33），但“社会联系”得分较低（3.01），说明这一类型农村劳动力转移就业主要关注距离接近性，对社会联系不太关注。这一类型在徽州仙和村所占比例较大

(25.71%),其次是太和双钟村(21.99%),其他两个地区影响力较小。

第三类命名为“联系适中型”。“距离接近”得分较低(3.17),但“社会联系”得分较高(3.40),说明这一类型农村劳动力转移就业对距离和社会联系的关注都不多,但更多地关注社会联系。这一类型在含山汤徐村所占比例很大(40.34%),说明这里农村劳动力外出就业对距离和社会联系的依赖都较低,但社会联系起了相对重要的作用。

4.3.3 就业属性感知功能特征的聚类分析

为了理解不同地域、不同个体农村劳动力对就业地就业属性的感知差异,使用四个就业属性感知功能特征因子作为聚类变量进行聚类分析,寻找感知功能相似的农村劳动力特征。因为事先不能确定分为几类,所以用K-均值聚类法分别对两分类、三分类和四分类方案进行运算(方法同上)。比较发现三分类是较好的分类方案,各类别理论上具有较明显差异,农村劳动力分布也较合理(表4-49、表4-50)。

表4-49 就业属性感知功能聚类分析结果

属性感知功能因子	类别			F值	P值
	收入保障限制型	高满意型	强度限制型		
就业强度	3.33	4.09	2.56	505.766	0.000
就业技能	3.25	3.90	3.91	81.064	0.000
就业收入	2.46	3.99	3.44	437.948	0.000
就业保障	2.81	3.77	3.63	204.330	0.000

表4-50 各样本村就业属性感知类型人数比重

单位:%

	收入保障限制型	高满意型	强度限制型
双钟村	29.43	37.94	32.62
周楼村	31.40	44.19	24.42
汤徐村	25.21	51.26	23.53
仙和村	31.11	37.14	31.75

第一类命名为“收入保障限制型”。其就业强度和就业技能的聚类中心分值比较高,但就业收入和就业保障的分值偏低,说明这类农村劳动

力外出打工对就业地的收入和保障水平感知不是很好，成为影响其就业的重要因素。这一类型在肥西周楼村和徽州仙和村两个地区所占比例稍高，说明这两地农村劳动力外出就业受收入和保障水平的限制较其他地区更强。

第二类命名为“高满意型”。其各就业属性因子的聚类中心分值都很高，说明这类农村劳动力对转移就业的强度、技能、收入、保障等都有很好的正面感知，正是这些感知吸引他们外出打工。这一类型比例最高的是含山汤徐村，其次是肥西周楼村，说明这两个地区对外界就业环境的认可程度最高。

第三类命名为“强度限制型”。其就业技能、就业收入、就业保障因子的聚类中心分值都比较高，唯有就业强度因子分值很低(2.56)，说明这类农村劳动力外出打工对就业地就业其他属性都有较好的正面感知，唯有就业强度感知不强，这可能成为影响其就业的重要原因。这一类型在太和双钟村和徽州仙和村人数比例较高，说明这两地农村劳动力外出更多收到就业强度的限制。

4.3.4 生活状态感知功能特征的聚类分析

为了理解不同地域、不同个体农村劳动力对就业地生活状态的感知差异，使用三个就业地生活状态感知功能特征因子作为聚类变量进行聚类分析，寻找感知功能相似的农村劳动力特征。因为事先不能确定分为几类，所以用 K－均值聚类法分别对两分类、三分类和四分类方案进行运算(方法同上)。比较发现四分类是较好的分类方案，各类别理论上具有较明显差异，农村劳动力分布也较合理(表 4－51、表 4－52)。

表 4－51 就业地生活状态感知功能聚类分析结果

生活状态感知功能因子	类别				F值	P值
	住房限制型	高生活满意型	服务欠缺型	中等生活满意型		
住房需求	1.96	3.83	4.10	2.78	611.735	0.000
基础服务	3.69	4.08	2.93	3.07	245.311	0.000
便利性	4.15	4.23	3.66	3.12	218.332	0.000

表 4-52　各样本村就业地生活状态感知类型人数比重

单位:%

	住房限制型	高生活满意型	服务欠缺型	中等生活满意型
双钟村	18.79	42.55	13.48	25.18
周楼村)	16.86	38.95	28.49	15.70
汤徐村	10.08	34.45	17.65	37.82
仙和村	23.49	39.68	13.65	23.17

第一类可以命名为“住房限制型”。这一类农村劳动力,“住房”需求因子得分很低(1.96),而“基础服务”“便利性”因子得分值都较高。说明这一类农村劳动力对外出打工地生活状态的感知主要受住房条件的限制。徽州仙和村是这一类型农村劳动力比重比较高的地区,含山汤徐村这一类型比重最低。

第二类命名为“高生活满意型”。这一类型农村劳动力,三个生活状态感知因子得分都很高,说明这一类农村劳动力对外出打工的住房、生活服务、便利性等的感知都比较好。这一类型在四个地区的比重都比较高,说明大部分农村劳动力对外出打工的生活状态感知是比较好的。

第三类命名为“服务欠缺型”。这一类型农村劳动力“基础服务”因子的得分较低,其他两个因子得分都很高,说明这一类农村劳动力对外出打工的住房、便利性等的感知都很好,但对医疗、教育等服务设施状态还不是很满意。这一类型在各个地区的比例都不高,只有15%左右,但是肥西周楼村较高(28.49%),说明这里农村劳动力外出打工对就业地的生活服务设施不是特别满意。

第四类命名为“中等生活满意型”。这一类型农村劳动力三个因子得分都在3.0左右,说明这一类型农村劳动力对外出打工的生活状态感知良好,但分值不是特别高。这一类型在含山汤徐村所占比例最高,达到37.82%,说明该地区农村劳动力对打工地生活状态感知有很大一部分是处于中等满意状态。

4.3.5　社会和自然环境感知功能特征的聚类分析

为了理解不同地域、不同个体农村劳动力对就业地社会和自然环境的感知差异，使用两个就业地社会和自然环境感知功能特征因子作为聚类变量进行聚类分析，寻找感知功能相似的农村劳动力特征。因为事先不能确定分为几类，所以用 K－均值聚类法分别对两分类、三分类和四分类方案进行运算（方法同上）。比较发现四分类是较好的分类方案，各类别理论上具有较明显差异，农村劳动力分布也较合理（表 4－53、表 4－54）。

表 4－53　就业地社会和自然环境感知功能聚类分析结果

社会和自然环境感知功能因子	类别				F 值	P 值
	中等适应型	弱社会适应型	低适应型	高适应型		
社会和环境	3.25	2.83	2.18	3.92	706.470	0.000
自然环境	3.07	3.71	2.63	4.02	548.763	0.000

表 4－54　各样本村就业地社会和自然环境感知类型人数比重

单位：%

	中等适应型	弱社会适应型	低适应型	高适应型
双钟村	24.47	31.21	15.96	28.37
周楼村	22.67	22.67	11.05	43.60
汤徐村	37.82	20.17	15.13	26.89
仙和村	33.97	21.27	04.44	40.32

第一类命名为“中等适应型”。这一类型农村劳动力社会环境和自然环境的聚类中心分值都比较适中，在 3.0 左右，可以认为这类农村劳动力对外界社会和自然环境的适应能力是中等的。这一类型在含山汤徐村和徽州仙和村所占比例较大，说明这两个地区农村劳动力对就业地环境基本适应的人数较多。

第二类命名为“弱社会适应型”。这一类型农村劳动力自然环境因子的聚类中心分值比较高，但社会环境因子分值比较低（2.83），说明该类农村劳动力对外界自然环境有很好的感知适应能力，但是对社会环境的感知适应能力一般。这一类型在太和双钟村所占比例明显高于其他地区，说明太和地区农村劳动力外出受社会环境的限制比较强。

第三类命名为“低适应型”。这一类型农村劳动力社会环境和自然环境的聚类中心分值都比较低，特别是社会环境（2.18），说明这类农村劳动力对打工地的社会和自然环境的适应能力都比较差。这一类型在太和双钟村和含山汤徐村所占比重稍高，说明这两个地区外出受社会和自然环境的限制比较强，而在徽州仙和村比例非常低，说明这里外出打工对打工地的适应能力很强。

第四类命名为“高适应型”。这一类型农村劳动力社会环境和自然环境的聚类中心分值都很高，说明这类农村劳动力对打工地的社会和自然环境的适应能力都很强。这一类型在肥西周楼村和徽州仙和村所占比例最高，说明这两个地区农村劳动力对打工地的适应能力最强。

4.4 农村劳动力对转移就业环境认知的分异

农村劳动力转移就业的环境认知是一个主观概念，受到各种因素的影响，探讨不同主客观因素条件下农村劳动力对就业地环境认知的差异，可以帮助理解农村劳动力外出打工的基本倾向和基本规律。

首先，农村劳动力转移就业环境认知是指导农村劳动力转移就业行为的外部环境的扭曲心理表象，同一环境对不同文化或处于某一文化历史不同阶段的个人具有不同的意义。因此，农村劳动力个体与群体特征对其环境认知将会产生重要影响，也就是说性别、年龄、文化程度、职业等的不同可能产生转移就业环境认知的分异。

其次，处于不同社会经济区位条件下的农村劳动力，外界信息的来源及通畅性不同，在不同就业地打工的农村劳动力，所产生的环境认知也有差异。因此，就业地和来源地将可能产生农村劳动力转移就业环境认知的分异。

再次，农村劳动力在动机与目标的指引下进行环境认知，但是这种环境认知受制于其转移就业过程，两者共同作用于转移就业决策。因此，转移动机、目标、转移方式及转移过程中的工作来源途径、信息方式将可能产生农村劳动力转移就业环境认知的分异。

本研究运用单因素方差分析方法来确定判别指标和 14 个环境功能特征因子之间的关系。因此，选取性别、年龄、文化程度、职业、就业地、来源地、就业动机、就业信息决策、就业途径决策、就业决策方式、就业目标作为控制变量,探寻个体、地域、转移就业过程等因素对农村劳动力转移就业环境认知的影响。

4.4.1 个体(群体)层面

由表4－55可知,所有功能因子的p值都>0.05,说明性别对环境认知并不产生显著影响。

表4－55 不同性别农村劳动力环境认知单因素方差分析

环境认知功能	均值	男性	女性	F值	P值
经济发达	3.70	3.71	3.66	1.220	0.270
环境优良	3.70	3.69	3.68	0.044	0.834
家乡城镇	3.40	3.40	3.38	0.159	0.691
距离接近	4.15	4.16	4.14	0.094	0.759
社会联系	3.74	3.74	3.70	0.750	0.387
就业强度	3.41	3.39	3.41	0.104	0.747
就业技能	3.71	3.72	3.70	0.171	0.680
就业收入	3.37	3.37	3.34	0.196	0.658
就业保障	3.43	3.44	3.41	0.223	0.637
住房需求	3.27	3.22	3.32	1.941	0.164
基础服务	3.57	3.58	3.51	1.757	0.185
便利性	3.86	3.84	3.84	0.000	0.997
社会环境	3.27	3.26	3.27	0.026	0.872
自然环境	3.52	3.53	3.47	2.020	0.156

由表4－56可知,不同年龄劳动力在"经济发达""环境优良""距离接近""社会联系""就业强度""就业技能""就业收入""住房需求"8个感知功能因子上存在显著差异,说明年龄对农村劳动力环境认知有显著影响。在21—40岁年龄段,农村劳动力大部分感知功能因子得分值达到最大,说明这一年龄段农村劳动力对外界就业环境的认可度最高,打工的欲望最强。只有在"家乡城镇""距离接近""社会联系"这三个题项上,

年龄越大者，其得分值越高，反映年龄越大者，对家乡、距离、社会联系的依赖越强。

表4－56　不同年龄农村劳动力环境认知单因素方差分析

环境认知功能	均值	≤20岁	21—30岁	31—40岁	41—50岁	>50岁	F值	P值
经济发达	3.70	3.59	3.77[1]	3.76	3.60[1]	3.52	3.412	0.009
环境优良	3.70	3.53[1]	3.81[1,2]	3.74[3]	3.55[2,3]	3.47	5.796	0.000
家乡城镇	3.40	3.28[1]	3.38	3.37	3.45	3.60[1]	1.342	0.253
距离接近	4.15	3.99[1,2]	4.08[3,4]	4.18	4.24[1,3]	4.35[2,4]	3.395	0.009
社会联系	3.74	3.62	3.62[1]	3.86[1]	3.76	3.86	5.990	0.000
就业强度	3.41	3.18[1]	3.31[2]	3.41[3]	3.59[1,2,3]	3.29	4.820	0.001
就业技能	3.71	3.72	3.88[1,2]	3.75[3,4]	3.50[1,3]	3.20[2,4]	11.947	0.000
就业收入	3.37	3.16[1,2]	3.25[3,4]	3.44[1,3]	3.50[2,4]	3.29	3.795	0.005
就业保障	3.43	3.36	3.49[1]	3.48[2]	3.33[1,2]	3.34	2.035	0.088
住房需求	3.27	3.16[1]	3.28[2,3]	3.44[1,2,4,5]	3.13[4]	2.90[3,5]	4.565	0.001
基础服务	3.57	3.44	3.52[1]	3.64[1]	3.57	3.65	1.560	0.183
便利性	3.86	3.81	3.77	3.90	3.93	3.94	2.314	0.056
社会环境	3.27	3.24	3.23	3.33	3.26	3.26	0.832	0.505
自然环境	3.52	3.40	3.47	3.53	3.59	3.55	1.826	0.122

注：右上标相同的数字表示的两组均值在 $p<0.05$ 的水平上存在着显著差异。

由表4－57可知，不同文化程度劳动力在“环境优良”“距离接近”“社会联系”“就业强度”“就业技能”“就业保障”“住房需求”7个感知功能因子上存在显著差异，说明文化程度对环境认知的影响并不是很显著。文化程度越高，农村劳动力在“环境优良”“就业技能”“就业保障”“住房需求”题项上的得分越高，而在“距离接近”“家乡城镇”“就业强度”题项上的得分越低。说明文化程度较高的农村劳动力对就业地环境、就业技能、就业保障以及住房的认知更为正面，而对距离、就业强度的依赖越低。

表 4-57　不同文化程度农村劳动力环境认知单因素方差分析

环境认知功能	均值	小学及以下	初中	高中、中专	专科及以上	F值	P值
经济发达	3.70	3.64	3.69	3.81	3.83	1.503	0.212
环境优良	3.70	$3.54^{1,2}$	3.68^{3}	3.90^{1}	$4.15^{2,3}$	8.207	0.000
家乡城镇	3.40	3.46	3.40	3.34	3.15	1.806	0.145
距离接近	4.15	4.30^{1}	4.14	4.09	3.84^{1}	4.854	0.002
社会联系	3.74	3.80	3.74	3.62	3.50	2.845	0.037
就业强度	3.41	3.57^{1}	3.36^{1}	3.32	3.48	2.758	0.041
就业技能	3.71	$3.44^{1,2,3}$	3.75^{1}	3.92^{2}	3.98^{3}	10.833	0.000
就业收入	3.37	3.40	3.34	3.34	3.38	0.195	0.900
就业保障	3.43	$3.23^{1,2,3}$	3.43^{1}	3.62^{2}	3.73^{3}	7.344	0.000
住房需求	3.27	$3.08^{1,2}$	3.24	3.50^{1}	3.63^{2}	5.093	0.002
基础服务	3.57	3.49	3.57	3.53	3.76	1.323	0.266
便利性	3.86	3.83	3.85	3.80	3.86	0.146	0.933
社会环境	3.27	3.25	3.27	3.21	3.34	0.286	0.836
自然环境	3.52	3.60	3.50	3.45	3.51	1.535	0.204

注：右上标相同的数字表示的两组均值在 $p<0.05$ 的水平上存在着显著差异。

由表 4-58 可知，不同职业农村劳动力在“环境优良”“就业强度”“就业技能”“就业保障”“住房需求”“基础服务”六个感知功能因子上存在显著差异，说明职业对农村劳动力环境认知有一定影响，但影响不是很大。整体来看，除了“家乡城镇”“距离接近”“社会联系”“自然环境”等几项，从事建筑业的农村劳动力在各功能感知因子上的得分普遍较低，制造业次之，服务业相对最高。这说明，从事服务业的农村劳动力对就业地的环境认知更为正向，从事建筑业的则对就业地环境的正向认知程度较低，也说明后者所处的环境相对差一些。

表 4-58 不同职业农村劳动力环境认知单因素方差分析

环境认知功能	均值	建筑业	制造业	服务业	F值	P值
经济发达	3.70	3.65	3.72	3.75	1.694	0.184
环境优良	3.70	$3.56^{1,2}$	3.77^{1}	3.80^{2}	9.046	0.000
家乡城镇	3.40	3.41	3.44	3.35	0.810	0.445
距离接近	4.15	4.21^{1}	4.15	4.07^{1}	2.764	0.064
社会联系	3.74	3.74	3.68	3.79	1.957	0.142
就业强度	3.41	3.35^{1}	3.38	3.53^{1}	3.029	0.049
就业技能	3.71	$3.56^{1,2}$	3.83^{1}	3.77^{2}	10.309	0.000
就业收入	3.37	3.29^{1}	3.37	3.48^{1}	2.872	0.057
就业保障	3.43	$3.31^{1,2}$	3.50^{1}	3.51^{2}	6.595	0.001
住房需求	3.27	$3.06^{1,2}$	$3.32^{1,3}$	$3.50^{2,3}$	14.197	0.000
基础服务	3.57	3.51^{1}	3.52^{2}	$3.69^{1,2}$	4.569	0.011
便利性	3.86	3.80^{1}	3.86	3.94^{1}	2.429	0.089
社会环境	3.27	3.24	3.24^{1}	3.36^{1}	2.486	0.084
自然环境	3.52	3.52	3.48	3.55	0.834	0.435

注：右上标相同的数字表示的两组均值在 $p<0.05$ 的水平上存在着显著差异。

4.4.2 区域层面

由4-59，14个环境认知感知功能特征中，有12项在 $p<0.05$ 的水平上存在着显著差异，说明就业地对农村劳动力的环境认知产生显著影响。具体来看，就业地在本市的农村劳动力，环境认知各项得分与其他地区存在显著差异，在“经济发达”“环境优良”“就业强度”“就业技能”“就业收入”“就业保障”“住房需求”“基础服务”等项的得分上，都明显比就业地在其他地区的农村劳动力低，只有在“家乡城镇”“距离接近”“社会环境”“自然环境”等方面，得分较高。说明本市就业环境远远不如外省市，这是造成多数农村劳动力远离故乡，外出打工的基本原因。进一步分析发现，省内市外就业的农村劳动力，多项环境感知功能特征项的得分较

高，如“经济发达”“环境优良”“就业技能”“就业收入”“就业保障”“住房需求”“基础服务”“社会环境”“自然环境”等，说明对农村劳动力来说，就近的经济发达的大城市的吸引力较大，也最能满足他们在环境、住房、基础服务等方面的需求。

表4－59　不同就业地农村劳动力环境认知单因素方差分析

环境认知功能	均值	本市	省内市外	邻省（包括上海）	省外（除邻省）	F值	P值
经济发达	3.70	$3.53^{1,2,3}$	3.90^{1}	3.75^{2}	3.81^{3}	9.436	0.000
环境优良	3.70	$3.47^{1,2,3}$	4.03^{1}	3.75^{2}	3.84^{3}	14.787	0.000
家乡城镇	3.40	$3.56^{1,2}$	3.47	3.34^{1}	3.28^{2}	7.146	0.000
距离接近	4.15	$4.33^{1,2,3}$	3.90^{1}	4.15^{2}	3.97^{3}	12.679	0.000
社会联系	3.74	3.76	3.75	3.73	3.71	0.244	0.866
就业强度	3.41	$3.23^{1,2}$	3.40	3.41^{1}	3.64^{2}	8.573	0.000
就业技能	3.71	$3.55^{1,2}$	3.86	3.74^{1}	3.84^{2}	6.693	0.000
就业收入	3.37	3.20^{1}	3.52	3.45^{1}	3.40	4.419	0.004
就业保障	3.43	$3.30^{1,2}$	3.65	3.45^{1}	3.53^{2}	5.189	0.001
住房需求	3.27	3.16^{1}	3.60	3.23	3.44^{1}	5.129	0.002
基础服务	3.57	3.48^{1}	3.80^{1}	3.59	3.60	3.011	0.029
便利性	3.86	3.80	3.89	3.91	3.83	1.409	0.239
社会环境	3.27	3.36^{1}	$3.54^{2,3}$	$3.21^{1,2}$	3.21^{3}	5.624	0.001
自然环境	3.52	$3.61^{1,2}$	$3.83^{3,4}$	$3.47^{1,3}$	$3.41^{2,4}$	8.638	0.000

注：右上标相同的数字表示的两组均值在 $p<0.05$ 的水平上存在着显著差异。

由表4－60，不同来源地农村劳动力在14个环境认知感知功能特征中，有11项在 $p<0.05$ 的水平上存在着显著差异，说明不同来源地农村劳动力的环境认知有很大不同。太和双钟村在“经济发达”“环境优良”“基础服务”“就业技能”“就业保障”等方面得分较高，在“家乡城镇”“距离接近”“就业强度”“就业收入”“社会环境”等方面得分较低，说明太和双钟村农村劳动力外出打工更看重经济发达、环境优良等条件，对“距离接近”“家乡城镇”等要求不高，对外界的“就业技能”“就业保障”等有较强的认知而对“就业收入”“就业强度”“社会环境”等不是很满意。肥西周楼村在“经济发达”“环境优良”“就业保障”“基础服务”等方面得分最

低，在“家乡城镇”“距离接近”“社会联系”“住房需求”“自然环境”等方面得分最高，说明肥西农村劳动力外出打工更看中与家乡距离、社会联系等方面，而对城市的经济水平、环境状况并没有要求太高。含山汤徐村在“家乡城镇”“距离接近”“社会联系”等方面得分最低，而在“就业强度”“就业技能”“就业收入”“就业保障”等方面得分最高，说明含山汤徐村外出打工农村劳动力以省外，特别是邻省以外的地区为主要打工目的地，在与家乡距离等方面的期望较低，而同时在收入、保障等方面满意度较高。徽州仙和村农村劳动力在“家乡城镇”“距离接近”“自然环境”等方面有较高感知，但在“就业强度”“就业收入”“住房需求”得分最低，说明徽州仙和村农村劳动力更倾向于在家乡附近城镇打工，而其对就业强度、收入、住房的满意程度也最低。

表 4－60　不同来源地农村劳动力环境认知单因素方差分析

环境认知功能	均值	双钟村	周楼村	汤徐村	仙和村	F 值	P 值
经济发达	3.70	$3.85^{1,2}$	3.54^{1}	3.69	3.66^{2}	7.859	0.000
环境优良	3.70	$3.93^{1,2,3}$	3.47^{1}	3.68^{2}	3.63^{3}	15.410	0.000
家乡城镇	3.40	$3.30^{1,2}$	3.49^{1}	3.27^{3}	$3.49^{3,2}$	5.433	0.001
距离接近	4.15	4.13^{1}	4.20^{2}	$3.91^{1,2,3}$	4.23^{3}	6.385	0.000
社会联系	3.73	3.73	3.81	3.69	3.71	1.173	0.319
就业强度	3.41	3.41^{1}	3.54^{2}	$3.68^{1,3}$	$3.24^{2,3}$	9.054	0.000
就业技能	3.71	3.76	3.56^{1}	3.87^{1}	3.69	4.372	0.005
就业收入	3.37	3.40	3.47^{1}	3.50^{2}	$3.24^{1,2}$	3.731	0.011
就业保障	3.44	3.48^{1}	$3.24^{1,2,3}$	3.54^{2}	3.48^{3}	5.770	0.001
住房需求	3.27	3.32	3.36	3.31	3.15	2.429	0.064
基础服务	3.57	3.66^{1}	3.40^{1}	3.61	3.56	4.701	0.003
便利性	3.85	3.90	3.86	3.72	3.85	1.889	0.130
社会环境	3.27	$3.13^{1,2}$	3.32^{1}	3.23	3.38^{2}	6.996	0.000
自然环境	3.52	3.48	3.63^{1}	3.42^{1}	3.52	3.180	0.023

注：右上标相同的数字表示的两组均值在 $p<0.05$ 的水平上存在着显著差异。

4.4.3 目标与过程层面

4.4.3.1 不同就业动机的环境认知分异

将就业动机类型（动机强烈型、生存动机型、动机适中型）作为控制变量，将14个环境认知功能因子作为因变量，探讨就业动机对农村劳动力转移就业环境认知的影响。根据单因素方差分析结果（表4－61），不同就业动机农村劳动力的环境认知差异非常显著，所有的环境感知功能因子都在 $p<0.05$ 的水平上存在着显著差异。而且这种差异主要存在于动机强烈型和其他两种类型之间。表现在动机越是强烈，其环境感知功能特征越是正向。这进一步说明动机深刻地影响其对外界的环境认知，强烈的外出愿望使得农村劳动力对外界环境的感知越正向。

表4－61 不同动机农村劳动力环境认知单因素方差分析

环境认知功能	均值	动机强烈型	生存动机型	动机适中型	F值	P值
经济发达	3.70	4.03^{1,2}	3.54^{1}	3.46^{2}	71.944	0.000
环境优良	3.70	4.04^{1,2}	3.48^{1}	3.49^{2}	64.118	0.000
家乡城镇	3.40	3.59^{1,2}	3.21^{1}	3.34^{2}	22.607	0.000
距离接近	4.15	4.31^{1,2}	4.10^{1}	4.00^{2}	17.478	0.000
社会联系	3.74	3.92^{1,2}	3.58^{1}	3.64^{2}	26.043	0.000
就业强度	3.41	3.56^{1,2}	3.34^{1}	3.31^{2}	7.623	0.001
就业技能	3.71	4.01^{1,2}	3.58^{1}	3.48^{2}	47.577	0.000
就业收入	3.37	3.58^{1,2}	3.31^{1}	3.18^{2}	17.193	0.000
就业保障	3.43	3.62^{1,2}	3.38^{1}	3.29^{2}	17.183	0.000
住房需求	3.27	3.62^{1,2}	3.07^{1}	3.03^{2}	39.479	0.000
基础服务	3.57	3.67^{1,2}	3.47^{1}	3.52^{2}	6.452	0.002
便利性	3.86	4.00^{1,2}	3.76^{1}	3.74^{2}	13.736	0.000
社会环境	3.27	3.39^{1,2}	3.21^{1}	3.18^{2}	8.728	0.000
自然环境	3.52	3.59^{1}	3.47	3.47^{1}	4.015	0.018

注：右上标相同的数字表示的两组均值在 $p<0.05$ 的水平上存在着显著差异。

4.4.3.2 不同就业信息来源的环境认知分异

将就业信息来源类型(参见第五章1.1.2节)作为控制变量,将14个环境认知功能因子作为因变量,探讨就业信息来源对农村劳动力转移就业环境认知的影响。根据单因素方差分析结果(表4-62),14个环境感知功能特征中,有8个在 $p<0.05$ 的水平上存在着显著差异,说明不同信息来源农村劳动力转移就业环境认知存在着显著差异。总体来看,自身经历-亲缘型信息来源的农村劳动力对转移就业的环境认知明显高于媒体-亲缘型和亲缘型。说明自身经历-亲缘型信息来源的农村劳动力对外界的环境认知更为正面,自身外出打工经历越多,越有利于其对外界产生更好的环境认知,越有利于其外出就业。

表4-62 不同信息来源农村劳动力环境认知单因素方差分析

环境认知功能	均值	自身经历-亲缘型	媒体-亲缘型	亲缘型	F值	P值
经济发达	3.70	3.73^{1}	3.70	3.63^{1}	1.934	0.145
环境优良	3.70	3.71	3.69	3.67	0.253	0.776
家乡城镇	3.40	$3.45^{1,2}$	3.27^{1}	3.32^{2}	4.421	0.012
距离接近	4.15	4.19^{1}	3.95^{1}	4.13	4.517	0.011
社会联系	3.74	3.74	3.60	3.77	2.286	0.102
就业强度	3.41	3.43^{1}	$3.15^{1,2}$	3.46^{2}	4.613	0.010
就业技能	3.71	3.76	3.66	3.62	2.969	0.052
就业收入	3.37	$3.46^{1,2}$	$3.04^{1,3}$	$3.29^{2,3}$	9.205	0.000
就业保障	3.43	3.46	3.39	3.43	0.377	0.686
住房需求	3.27	$3.36^{1,2}$	3.07^{1}	3.12^{2}	7.232	0.001
基础服务	3.57	3.61^{1}	3.60	3.45^{1}	4.208	0.015
便利性	3.86	3.89^{1}	3.85	3.75^{1}	3.309	0.037
社会环境	3.27	3.31^{1}	3.32	3.16^{1}	4.330	0.013
自然环境	3.52	3.54	3.45	3.48	1.221	0.295

注:右上标相同的数字表示的两组均值在 $p<0.05$ 的水平上存在着显著差异。

4.4.3.3 不同就业途径下的环境认知分异

将就业途径类型(参见第五章 1.2.2 节)作为控制变量,将 14 个环境认知功能因子作为因变量,探讨就业途径对农村劳动力转移就业环境认知的影响。根据单因素方差分析结果(表 4-63),14 个环境感知功能特征有 11 个在 $p<0.05$ 的水平上存在着显著差异,说明不同就业途径农村劳动力的环境认知有着很大的差异。总体来说,亲缘朋友型就业途径的农村劳动力环境认知得分比亲缘-自立型就业途径的农村劳动力要高。说明前一类农村劳动力对外界的就业环境认知最为正向,而共同依靠自身经历和老家亲戚朋友为就业途径的农村劳动力对外界的就业环境认知得分不如前者。对比 4.4.3.2 的结论,认为,从信息来源角度,自身就业经历有利于农村劳动力对外界产生更为正向的环境认知,但从就业途径角度,亲缘朋友却更为有效,从而也使该类型农村劳动力的环境认知更为正向。

表 4-63 不同就业途径农村劳动力环境认知单因素方差分析

环境认知功能	均值	亲缘-自立型	综合途径型	亲缘朋友型	F 值	P 值
经济发达	3.70	3.61[1]	3.68	3.82[1]	7.638	0.001
环境优良	3.70	3.53[1,2]	3.86[1]	3.76[2]	15.166	0.000
家乡城镇	3.40	3.33[1]	3.32[2]	3.54[1,2]	8.694	0.000
距离接近	4.15	4.10[1]	4.14	4.21[1]	1.935	0.145
社会联系	3.74	3.75[1]	3.62[1,2]	3.80[2]	5.716	0.003
就业强度	3.41	3.34[1]	3.38	3.52[1]	3.572	0.029
就业技能	3.71	3.54[1,2]	3.86[1]	3.80[2]	15.279	0.000
就业收入	3.37	3.18[1,2]	3.35[1,3]	3.60[2,3]	18.411	0.000
就业保障	3.43	3.27[1,2]	3.56[1]	3.55[2]	15.901	0.000
住房需求	3.27	3.05[1,2]	3.36[1]	3.44[2]	15.272	0.000
基础服务	3.57	3.49[1]	3.54[2]	3.67[1,2]	5.375	0.005
便利性	3.86	3.80	3.88	3.88	1.150	0.317
社会环境	3.27	3.19[1]	3.25[2]	3.38[1,2]	6.591	0.001
自然环境	3.52	3.53	3.51	3.50	0.177	0.838

注:右上标相同的数字表示的两组均值在 $p<0.05$ 的水平上存在着显著差异。

4.4.3.4 不同就业目标下的环境认知分异

将就业目标类型(参见第五章1.3.2节)作为控制变量,将14个环境认知功能因子作为因变量,探讨就业目标对农村劳动力转移就业环境认知的影响。根据单因素方差分析结果(表4-64),14个因子中,有7个在$p<0.05$的水平上存在着显著差异,说明就业目标对农村劳动力环境认知有一定影响,但影响并不是很强。从不同就业目标类型农村劳动力的环境认知来看,差异主要表现在目标稳妥型农村劳动力在环境感知功能特征得分上相比其他三类偏低,说明进取性越强、越向往城市生活的农村劳动力,对外界就业环境的认知越正向。

表4-64 不同就业目标农村劳动力环境认知单因素方差分析

环境认知功能	均值	综合进取型	稳妥型	进取型	创业型	F值	P值
经济发达	3.70	3.67	3.66	3.73	3.77	1.067	0.362
环境优良	3.70	3.70	$3.56^{1,2}$	3.82^{1}	3.87^{2}	8.174	0.000
家乡城镇	3.40	3.36	3.47^{1}	3.27^{1}	3.37	3.205	0.023
距离接近	4.15	4.20^{1}	$4.22^{2,3}$	$4.00^{1,2}$	4.09^{3}	4.596	0.003
社会联系	3.74	3.79	3.74	3.70	3.69	0.766	0.513
就业强度	3.41	3.26^{1}	3.53^{1}	3.36	3.34	4.777	0.003
就业技能	3.71	3.85^{1}	$3.55^{1,2,3}$	3.82^{2}	3.81^{3}	10.195	0.000
就业收入	3.37	3.29	3.38	3.37	3.42	0.608	0.610
就业保障	3.43	$3.32^{1,2}$	3.42	3.53^{1}	3.53^{2}	3.213	0.022
住房需求	3.27	3.44^{1}	3.17^{1}	3.27	3.29	3.162	0.024
基础服务	3.57	3.46	3.58	3.59	3.63	1.753	0.155
便利性	3.86	3.80	3.86	3.82	3.92	0.891	0.445
社会环境	3.27	3.22	3.28	3.27	3.30	0.492	0.688
自然环境	3.52	3.45	3.52	3.48	3.61	2.149	0.093

注:右上标相同的数字表示的两组均值在$p<0.05$的水平上存在着显著差异。

4.4.3.5 不同就业决策方式下的环境认知分异

将就业决策方式类型(参见第五章1.4.2节)作为控制变量,将14个环境认知功能因子作为因变量,探讨就业决策方式对农村劳动力转移就业环境认知的影响。根据单因素方差分析结果(表4－65),14个环境感知功能因子都在$p<0.05$的水平上存在着显著差异,说明不同就业决策方式对农村劳动力的环境认知有着很大的差异。具体来看,决策认知模糊型和低决策认知型农村劳动力的各项环境认知功能因子得分普遍比决策认知明确型和高决策认知型低,这说明,外出打工行为决策越明确、越主动,其相应的对外界就业环境的认知也更为正向。

表4－65 不同决策方式农村劳动力环境认知单因素方差分析

环境认知功能	均值	决策认知模糊型	低决策认知型	决策认知明确型	高决策认知型	F值	P值
经济发达	3.70	3.56[1,2]	3.52[3,4]	3.71[1,3,5]	3.86[2,4,5]	13.671	0.000
环境优良	3.70	3.52[1,2]	3.58[3,4]	3.77[1,3]	3.83[2,4]	10.192	0.000
家乡城镇	3.40	3.28[1,2]	3.10[1,3,4]	3.31[3,5]	3.63[2,4,5]	23.610	0.000
距离接近	4.15	4.08[1]	4.00[2]	4.03[3]	4.30[1,2,3]	10.068	0.000
社会联系	3.74	3.66[1]	3.55[2,3]	3.74[2]	3.84[1,3]	8.233	0.000
就业强度	3.41	3.41[1,2]	3.07[1,3,4]	3.27[3,5]	3.60[2,4,5]	13.968	0.000
就业技能	3.71	3.45[1,2,3]	3.78[1]	3.76[2]	3.85[3]	15.162	0.000
就业收入	3.37	3.18[1,2]	3.10[3,4]	3.44[1,3]	3.57[2,4]	14.404	0.000
就业保障	3.43	3.16[1,2,3]	3.34[1,4,5]	3.63[2,4]	3.59[3,5]	22.786	0.000
住房需求	3.27	3.16[1]	3.19[2]	3.17[3]	3.41[1,2,3]	4.667	0.003
基础服务	3.57	3.43[1,2]	3.35[3,4]	3.59[1,3,5]	3.73[2,4,5]	13.171	0.000
便利性	3.86	3.75[1]	3.71[2]	3.80[3]	3.99[1,2,3]	8.105	0.000
社会环境	3.27	3.02[1,2]	3.15[3,4]	3.35[1,3]	3.45[2,4]	23.320	0.000
自然环境	3.52	3.33[1,2]	3.24[3,4]	3.56[1,3,5]	3.72[2,4,5]	32.679	0.000

注:右上标相同的数字表示的两组均值在$p<0.05$的水平上存在着显著差异。

4.5 农村劳动力对转移就业城市的倾向

为探求农村劳动力外出打工对具体就业地的倾向性,设计了开放性题目,请被调研者写出最希望打工的三个城市(按其书写先后顺序,称之为第一倾向地、第二倾向地、第三倾向地)。根据其填写情况,从太和双钟村、肥西周楼村、含山汤徐村、徽州仙和村分别获得273、256、196、312

份有效结果，对其进行统计分析，得出农村劳动力转移城市的倾向性特征。

4.5.1 转移就业倾向地的空间特性

根据样本村农村劳动力实际就业地的空间特征，按照其相对于原转移村落的位置关系，将转移就业地和倾向就业地分为长三角、北方、南方、省内、国外等几个区域（长三角指江苏、浙江、上海，南方包括福建、广东、广西、湖南、湖北、云南、贵州等地区，北方包括北京、河北、山西、山东、河南、辽宁、吉林、黑龙江、陕西、甘肃等东北、华北、西北地区），而每个村突出重要的集中就业地则单列出来。根据这种区域划分的方法，统计四个样本村农村劳动力实际就业地与就业倾向地的空间特性，结果如表4－66至4－69所示。

表4－66 双钟村农村劳动力就业倾向地的空间特性

	就业地	第一倾向地	第二倾向地	第三倾向地
总应答数	265	269	250	232
长三角	134	120	149	101
北方	41	78	56	57
南方	50	53	37	55
省内	40	18	8	19

表4－67 周楼村农村劳动力就业倾向地的空间特性

	就业地	第一倾向地	第二倾向地	第三倾向地
总应答数	252	251	155	102
合肥	140	167	29	18
长三角	88	55	99	65
北方	9	14	7	3
南方	8	9	15	7
省内	4	6	3	9
国外	3	0	2	0

表 4-68 汤徐村农村劳动力就业倾向地的空间特性

	就业地	第一倾向地	第二倾向地	第三倾向地
总应答数	180	196	182	166
北京	98	120	22	16
长三角	40	42	114	64
北方(除北京)	34	10	14	28
南方	6	14	12	38
省内	2	10	20	20

表 4-69 仙和村农村劳动力就业倾向地的空间特性

	就业地	第一倾向地	第二倾向地	第三倾向地
总应答数	312	306	275	264
黄山	157	102	41	38
长三角	118	149	174	149
北方	13	38	20	31
南方	18	16	30	37
省内	6	1	10	9

根据表 4-66 至 4-69,得出以下结论:①农村劳动力的实际就业地与第一倾向就业地呈现基本一致的频率特征。这说明,农村劳动力对就业地的倾向与其实际打工经历密切相关,这种农村劳动力个体或区域群体的打工经历,往往成为农村劳动力对外界就业环境认知的基础。对于每个样本村来说,最重要的就业地的打工人数与第一倾向为该就业地人数之间的关系,反映了农村劳动力对实际就业地的认可程度。第一倾向就业地的人数频率大于实际就业地,说明该就业地对该样本村农村劳动力有很强的吸引力,反之,说明该就业地尽管目前是该样本村最重要的就业目的地,但农村劳动力却更倾向于其他就业地。在四个样本村中,肥西周楼村和含山汤徐村属于前者,太和双钟村和徽州仙和村属于后者,说明肥西周楼村和含山汤徐村对该村的最重要就业目的地比较满意,而太和双钟村和徽州仙和村对其最重要打工目的地并不满意,特别是仙和村,第一倾向就业地人数更多地是集中于长三角地区而不是黄山市。②农村劳

动力的第二、三倾向就业地往往是实际就业地的第二重要就业地。分别以合肥、北京、黄山作为最重要就业地的肥西周楼村、含山汤徐村、徽州仙和村来说，其第二、三倾向就业地都集中在长三角地区，而长三角地区又是它们的第二重要就业目的地。这进一步说明农村劳动力实际就业历程对其就业倾向的影响，同时也说明，对农村劳动力来说，往往形成多个就业倾向地，作为第一就业倾向无法实现后的备选。③除了最重要打工目的地，相比于实际就业地，农村劳动力倾向的就业地更加集中于少数城市。如太和双钟村被调研者倾向于上海、杭州、北京、深圳、合肥，肥西周楼村被调研者倾向于上海、北京，含山汤徐村被调研者倾向于上海，徽州仙和村被调研者倾向于上海、杭州、宁波、北京、广州。这说明，相对于实际就业地，农村劳动力更集中于在少数大城市就业，特别像北京、上海等全国性大城市，由于其经济发达、知名度高，成为农村劳动力向往的地方。同时，对实际就业地满意程度不是很高的太和双钟村和徽州仙和村对于其他就业地的集中倾向更明显。

4.5.2 转移就业地与转移就业倾向地吻合度

为了分析农村劳动力实际转移就业地与转移就业趋向是否一致，提出转移就业地与转移就业趋向吻合度的概念。如果农村劳动力转移就业的第一个趋向地与其实际转移就业地为同一城市，就称之为“完全吻合”，得分为5；在不满足上述条件下，如果农村劳动力转移就业的第二、三个趋向地中有一个与其实际转移就业地为同一城市，就称之为“吻合”，得分为4；在不满足上述条件下，如果农村劳动力转移就业的趋向地有一个与其实际转移就业地为同一省，就称之为“基本吻合”，得分为3；在不满足上述条件下，如果农村劳动力转移就业的趋向地有一个与其实际转移就业地为同一大经济区（这里仍旧使用中国六大协作区的划分方法），就称之为“大致吻合”，得分为2；完全不满足上述条件的，则称之为“不吻合”，得分为1。据此，对每个调研劳动力的转移就业地与转移就业趋向吻合度进行打分，计算打分结果，探讨各样本村劳动力转移就业趋向特征。

根据表4－70的相关统计数据，得出：①肥西周楼村和含山汤徐村完全吻合的人数比例最高，接近60%，这两地吻合度的均值也比较高，表明这两地农村劳动力外出打工地与其预期打工地基本一致。进一步分析发现,这两地转移就业地与就业趋向完全吻合的人数中,周楼村有73.8%指向合肥市,汤徐村有80%指向北京市。这说明两地已形成较为一致的打工地倾向,并且这个倾向也深入人心,大部分人受该倾向指引,使该村打工目的地具有明显的指向性。②太和双钟村和徽州仙和村就业地与就业趋向地完全吻合的人数比例远低于其他两个村,而不吻合的人数比例则远高于其他两个村,其吻合度均值也比较低,表明这两地农村劳动力的实际打工地与其预期的打工地有较大差距。对于双钟村来说,由于没有形成单一的重要打工目的地,其转移就业地呈小"簇团"状态,因此打工目的地对劳动力的吸引力分散,农村劳动力进而形成多元的打工倾向。而对于徽州仙和村,虽然形成了单一重要的打工目的地,但有很多人实际上却倾向于到其他地方打工,说明该单一重要打工目的地并不能完全满足他们外出打工的所有愿望,只是由于距离家比较近,因此出现就业地与就业趋向存在较大的不一致。

表4-70 农村劳动力转移就业地与转移就业倾向地吻合度统计

单位:人(%)

	双钟村	周楼村	汤徐村	仙和村
调研人数(人)	263	252	180	312
均值	3.091	4.311	3.922	3.385
完全吻合	63(23.95)	161(64.07)	104(57.78)	123(39.42)
吻合	51(19.39)	48(19.16)	24(13.33)	56(17.95)
基本吻合	54(20.53)	20(7.78)	10(5.56)	28(8.97)
勉强吻合	37(14.07)	5(1.80)	18(10.00)	28(8.97)
不吻合	58(22.05)	18(7.19)	24(13.33)	77(24.68)

4.6 本章小结

转移就业动机有生存动机、发展动机、精神动机三个维度,生存动机是当前农村劳动力转移就业的最基本动机,其次是发展动机,重点关注提升农村劳动力的经济能力和后代的发展能力,精神动机目前还不是重要动机。

转移就业环境认知包括就业地形象感知、就业地距离感知、就业属性感知、就业地生活状态感知、就业地社会自然环境感知五个方面。当前农村劳动力转移就业首要选择是经济发达的工商业城市，家乡城镇则是距离吸引下对外省工商业城市的一种替代选择。农村劳动力转移就业对距离接近和社会联系都有很强烈的倾向，但对后者的倾向不如前者。农村劳动力对外出打工"需要一定劳动技能"有较高的正向认知，而对"就业保障""就业强度""就业收入"等的认知则不强，特别对"劳动保险""劳动法""就业机会""劳动时间""劳动收入"等的认可度不高。农村劳动力对就业地的生活状态比较满意，其中对便利性的满意度最高，其次是基础服务，对住房需求满意度最低。农村劳动力对就业地社会自然环境的整体认可程度不高，但对自然环境的认可度要高于社会环境。

就业动机对环境认知有显著的正向影响：动机越是强烈，其环境感知功能特征越是正向。转移就业信息来源、就业途径、决策方式对就业地农村劳动力转移就业环境认知产生显著影响：自身经历－亲缘型信息来源的农村劳动力对转移就业的环境认知明显高于媒体－亲缘型和亲缘型；亲缘－朋友型就业途径的农村劳动力环境认知得分比亲缘－自立型打工途径的农村劳动力要高；决策认知模糊型和低决策认知型农村劳动力的各项环境认知功能因子得分普遍比决策认知明确型和高决策认知型低；就业地在本市的农村劳动力，在"经济发达""环境优良""就业强度""就业技能""就业收入""就业保障""住房需求""基础服务"等项的得分上较低，只有在"家乡城镇""距离接近""社会环境""自然环境"等方面，得分较高。就业目标对农村劳动力环境认知有一定影响，但影响并不是很强：目标稳妥型农村劳动力在环境感知功能特征得分上相比其他三类偏低。

性别对农村劳动力转移就业环境认知不产生显著影响，年龄对农村劳动力转移就业环境认知产生显著影响，文化程度、职业对环境认知有一定影响，但不是很大：21—40 岁年龄段农村劳动力对外界就业环境的认可度最高，打工的欲望最强，但年龄越大者，对"家乡""距离""社会联系"的依赖更强；文化程度较高的农村劳动力对"就业地环境""就业技能""就业保障""住房"的认知更为正面，而对"距离""就业强度"的依赖越低；从事服务业的农村劳动力对就业地的环境认知更为正向，从事建筑业的则对就业地环境的正向认知程度较低。

5 安徽省农村劳动力转移就业空间决策

农村劳动力转移就业空间决策是一个综合性行为过程，包括就业信息决策、就业途径决策、就业目标决策、就业方式决策、就业地决策五方面内容。对这些内容采取了不同的问卷方式，获取了原始资料。通过对原始资料的分析，得出样本地农村劳动力转移就业空间决策的基本特征。

5.1 农村劳动力转移就业空间决策

5.1.1 农村劳动力转移就业信息决策

5.1.1.1 农村劳动力转移就业信息决策特征

对于就业地和就业信息来源，本研究设计了六个题项（表5－1），让被调研者选择其中重要的三个。根据选择结果，得到各样本村就业信息来源频率分布表（表5－1）。

表5－1 农村劳动力就业地和就业信息来源频率分布

单位：%

就业地和就业信息来源	双钟村	周楼村	汤徐村	仙和村
通过电视、网络、报纸等媒体获得	13.71	6.87	9.43	14.16
通过老乡、亲戚、朋友的介绍	28.57	32.59	35.09	28.21
通过自己的就业经历获得	23.57	28.16	21.89	24.41
就业地离家越近，对就业地信息了解越清晰	9.57	12.64	7.93	13.49
只了解自己熟悉的类型的工作机会状况	14.29	11.97	16.23	13.38
文化水平影响自己对就业地信息的认识	10.29	7.76	9.43	6.36

由表5－1可知，“通过老乡、亲戚、朋友的介绍”是其信息来源的最

主要方式，其次是"通过自己的就业经历获得"，而媒体等方式并不特别重要。这说明农村劳动力获取就业信息的途径并不广泛，主要还是靠自身及亲戚的就业经历获得，这种信息获取方式虽然比较有效，却限制了农村劳动力对外界就业信息获取的范围，使其带有较强的空间依赖以及职业依赖。进一步分析可知，"只了解自己熟悉的类型的工作机会状况"得分频率相对较高，说明农村劳动力对此的认可度较高，也说明了这种职业依赖确实存在。

农村劳动力转移就业信息决策的地域差异主要表现在，双钟村和仙和村"通过电视、网络、报纸等媒体获得"得分率较高，而"通过老乡、亲戚、朋友的介绍"百分比较低，说明这两个村对就业信息来源的关注范围更为广阔。在"就业地离家越近，对就业地信息了解越清晰"选项中，周楼村和仙和村百分比更高，这两地都是以家乡城市为第一打工目的地的村落，因此，该项得分较高。在"文化水平影响自己对就业地信息的认识"选项中，双钟村和汤徐村百分比较高，说明这两个样本村对自身人力资源的认知更为深刻。

5.1.1.2 农村劳动力转移就业信息决策类型

六个选项中，前三项是关于信息来源途径的描述，后三项则是信息来源方式的描述，为了解四个样本村农村劳动力转移就业信息决策的类型，这里选择前三项进行聚类分析。仍旧使用 K－均值聚类法分别对两分类、三分类和四分类方案进行运算，比较三种分类结果，认为三分类法比较合适（表 5－2、表 5－3）。

表 5－2　农村劳动力就业信息决策聚类分析结果

就业信息来源	类别			F 值	P 值
	自身经历－亲缘型	媒体－亲缘型	亲缘型		
媒体	0.34	1	0	221.288	0.000
老乡、亲戚、朋友	0.79	0.67	0.78	3.103	0.045
自己就业经历	1	0	0	—	—

表 5-3 各样本村不同就业信息决策类型比重

单位:%

	自身经历-亲缘型	媒体-亲缘型	亲缘型
双钟村	58.51	13.48	28.01
周楼村	72.67	3.49	23.84
汤徐村	48.74	10.92	40.34
仙和村	69.52	8.89	21.59

根据表5-3显示,第一类命名为"自身经历-亲缘型",这一类型农村劳动力认为自身就业经历和老乡、亲戚、朋友是重要的信息来源,媒体的作用有限。这一类型在所有村所占的比例最高,其中在肥西周楼村和徽州仙和村的比例为70%左右,只有含山汤徐村比例较小,但也接近50%,说明以自身经历和亲戚朋友关系为主,媒体为辅的信息来源是农村劳动力获取外出就业信息的基本方式;第二类命名为"媒体-亲缘型",这一类型农村劳动力认为信息来源主要来自媒体和亲戚朋友,这种类型人数所占比例较低,肥西周楼村为3.49%,比例最高的太和双钟村也只有13.48%,说明媒体对农村劳动力获取就业信息的影响不大,农村劳动力更倾向于较为直接的信息接触方式(如亲戚朋友、自身经历);第三类命名为"亲缘型",这一类型农村劳动力认为只有亲戚朋友是重要信息来源,这类农村劳动力比例大约占25%左右,说明亲戚朋友是农村劳动力获取就业信息的最重要途径,除了大部分人为自身经历-亲缘型外,还有相当一部分人认为亲戚朋友是唯一重要途径。而这一类型中,含山汤徐村所占人数比例较高,说明该村农村劳动力外出务工对亲戚朋友的依赖更强。

5.1.2 农村劳动力转移就业途径决策

5.1.2.1 农村劳动力转移就业途径决策特征

本研究设计了8个题项测量农村劳动力外出的打工途径(表5-4),被访者可以在8个题项中任选3个,选中的题项输入值为"1",其余输入值为"0"。根据选择结果,得到各样本村农村劳动力转移就业途径频率分布(表5－4)。总体来看,“城里打工的老家亲戚、朋友、邻居”“城里亲戚、朋友、熟人”“原来工作的同事、老板”“自己直接找的”是四种最主要的就业途径,其中,前两者更为重要。而“中介公司”“报纸、网络等新闻媒体”“企业招工”“政府部门组织招募”选择比例低。这说明,个体亲缘网络是当前农村劳动力转移就业的基本途径,政府、企业、媒体的作用非常有限。从当前农村劳动力转移就业的职业选择来看,主要还是一些非正规就业部门,因此大量信息来源于亲友之间的传播,而非正式的政府和企业传播的信息。从地区差异来看,相对于其他两个村,“原来工作的同事、老板”这一途径对太和双钟村和肥西周楼村农村劳动力的作用更大,说明他们对原有职业的依赖更强。“企业招工”在太和双钟村和徽州仙和村的比例比其他两个村高,这两个村制造业、建筑业从业人员的比例较大,较多的采用招工这种就业途径。双钟村“自己直接找的”的就业途径比例显然低于其他地区,说明该地区外出就业的自我开拓能力相对比较弱。

表5－4　样本村农村劳动力转移就业途径频率分布

单位:%

就业途径	双钟村	周楼村	汤徐村	仙和村
城里打工的老家亲戚朋友	27.49	31.06	30.88	25.63
城里亲戚朋友	21.60	18.28	22.81	23.32
原来工作的同事、老板	19.92	20.48	15.09	15.73
中介公司	4.35	3.30	1.40	2.97
报纸、网络等新闻媒体	3.65	3.30	3.16	2.2
企业招工	7.01	2.20	3.51	8.91
政府部门组织招募	2.52	1.10	2.11	1.65
自己直接找的	13.46	20.26	21.05	19.58

5.1.2.2　农村劳动力转移就业途径决策类型

为进一步了解不同地区个体农村劳动力转移就业途径选择的差异性,仍旧使用K－均值聚类法对8项转移途径进行聚类分析,分别对两分类、三分类和四分类方案进行运算,比较三种分类结果,认为三分类法比较合适(表5－5、表5－6)。

表 5－5　农村劳动力就业途径聚类分析结果

就业途径	类别			F值	P值
	亲缘－自立型	综合途径型	亲缘朋友型		
城里打工的老家亲戚朋友	1	0	0.98	12480.170	0.000
城里亲戚朋友	0.37	0.47	0.88	122.425	0.000
原来工作的同事、老板	0.21	0.33	0.86	221.893	0.000
中介公司	0.06	0.14	0.08	5.391	0.005
新闻媒介	0.05	0.16	0.05	13.727	0.000
企业招工	0.09	0.43	0.07	85.337	0.000
政府部门组织	0.02	0.11	0.04	14.481	0.000
自己直接找的	0.84	0.56	0.01	490.262	0.000

表 5－6　样本村农村劳动力就业途径类型比重

单位:%

	亲缘－自立型	综合途径型	亲缘朋友型
双钟村	30.50	30.14	39.36
周楼村	45.93	19.77	34.30
汤徐村	50.42	25.21	24.37
仙和村	39.05	24.76	36.19

根据表5－6,第一类命名为“亲缘－自立型”。这一类型农村劳动力就业途径主要靠城市打工的老家亲戚朋友和自己直接找的。这一类型在四个样本村的人数比例都较高,特别是汤徐村和周楼村,比例为50%左右,说明该类型是农村劳动力外出就业最主要的途径类型。第二类命名为“综合途径型”,农村劳动力在“城里亲戚朋友”“原来工作的同事、老板”“企业招工”“自己直接找的”四项上的分值都比较高,说明这一类型劳动力打工途径比较多样。这一类型在四个村总体比例较低,说明该类型还不是主流,但在双钟村比例较高,说明某些村庄已有少部分人打工的途径开始多样化。第三类命名为“亲缘朋友型”,这一类型“城里打工的老家亲戚朋友”“城里亲戚朋友”“原来工作的同事、老板”得分都相当高,说明这类劳动力打工途径主要靠亲戚朋友。该类型在四个村比例都

较高,只有汤徐村偏低,说明农村劳动力打工对亲戚朋友具有很大依赖。

5.1.3 农村劳动力转移就业目标决策

5.1.3.1 农村劳动力转移就业目标决策特征

农村劳动力转移就业目标是农村劳动力转移就业后对未来前途的具体打算,本研究设计了6个题项量度农村劳动力转移就业的目标决策。对这6个题项,让被调解者选出同意的项目,数据输入时,在同意的项目上赋值为"1",其余赋值为"0",统计后得到就业目标频率分布表(表5-7)。

表5-7 样本村农村劳动力就业目标频率分布

单位:%

就业目标	双钟村	周楼村	汤徐村	仙和村
干一天算一天,老了回家务农	15.82	13.24	13.76	11.23
找机会寻找稳定的工作或自己当老板	21.64	21.08	26.61	22.84
有一定技术和资金积累后,回乡创业	19.27	15.44	22.48	15.65
回家乡附近城市,找个稳定工作,定居	13.09	21.32	14.22	25.23
争取买房,留在打工城市	11.09	18.63	9.17	4.79
学门手艺回去找个好工作	19.09	10.29	13.76	20.26

总体来看,每种就业目标都有一定的比例,说明对不同地区、不同的劳动力个体来说,就业目标是多样化的。但就单个目标题项来说,也表现出一定的地区差异性:"干一天算一天,老了回家务农"在各村都有一定比例,说明还有很大一部分农村劳动力对在外打工没有太明确的目标,家乡仍是他们最终的归宿;"找机会寻找稳定的工作或自己当老板"在各村的比例较大,说明有较多的人希望在城里找到属于自己的社会地位,有稳定工作是前提。在含山汤徐村有较多的人持该目标,说明该村劳动力对外出打工的目标意识更为明确;"有一定技术和资金积累后,回乡创业"在太和双钟村和含山汤徐村比例较高,说明农村劳动力对创业有很强的认可,这两个村回乡创业的积极性也更高;"回家乡附近城市,找个稳定工作,定居"在肥西周楼村和徽州仙和村有较大比例,这两个村都以家乡城市为第一打工目的地,农村劳动力回家乡城市定居工作的可能性更大;

"争取买房，留在打工城市"在肥西周楼村有较大比例，但在徽州仙和村比例却很低，说明周楼村农村劳动力的城市定居意识很强，而在仙和村大部分人居住的目标仍是家乡；"学门手艺回去找个好工作"在太和双钟村和徽州仙和村有较大比例，说明这两个地区劳动力对工作技能的重视程度较高。

5.1.3.2 农村劳动力转移就业目标决策类型

为进一步了解不同地区个体农村劳动力转移就业目标选择的差异性，仍旧使用K－均值聚类法对6项转移目标进行聚类分析，分别对两分类、三分类和四分类方案进行运算。比较发现四分类是较好的分类方案，各类别理论上具有较明显差异，农村劳动力分布也较合理（表5－8、表5－9）。

表5－8 农村劳动力转移就业目标聚类分析结果

就业目标	类型				F值	P值
	综合进取型	稳妥型	进取型	创业型		
干一天算一天，老了回家务农	0.17	0.43	0.09	0.13	38.998	0.000
寻找稳定工作或当老板	0.91	0	1	0.27	1150.031	0.000
回乡创业	0.59	0	0.28	1	439.404	0.000
回家乡附近城市，找个稳定工作	1	0.33	0	0.1	323.293	0.000
买房留在打工城市	0.36	0.14	0.28	0.08	21.561	0.000
回去找个好工作	0.54	0.3	0.31	0.12	24.651	0.000

表5－9 各样本村就业目标类型人数比重

单位：%

样本村	综合进取型	稳妥型	进取型	创业型
双钟村	15.60	42.20	22.34	19.86
周楼村	31.98	39.53	18.02	10.47
汤徐村	15.13	34.45	26.05	24.37
仙和村	20.64	48.57	17.14	13.65

根据表5－9，第一类命名为"综合进取型"农村劳动力除了在"干一

天算一天,老了回家务农”的聚类中心值较低外,其他几项都有较高得分,特别是在“寻找稳定工作或当老板”“回乡创业”的聚类中心值都很高,在题项“买房留在打工城市”的得分也比其他类型都高,说明该类型农村劳动力外出就业的进取心较强,目标多样。该类型在太和双钟村、含山汤徐村所占比例不高,但在肥西周楼村、徽州仙和村比例较高(特别是肥西周楼村),说明这两个地区农村劳动力的就业目标多样化,转移就业和定居的倾向较强。第二类命名“稳妥型”,这一类型农村劳动力在题项“干一天算一天,老了回家务农”“回家乡附近城市,找个稳定工作”“回去找个好工作”得分较高,特别是题项“老了回家务农”的聚类中心值在四种类型中最高,说明该类型农村劳动力外出目标以回家、找到稳定工作为主。这种类型在四个村的比例都比较高,说明目前大部分农村劳动力的目标还是指向“回乡”。第三类命名为“进取型”,这一类型农村劳动力题项“寻找稳定工作或当老板”的聚类中心值最高,其他题项中心值都较低,说明该类农村劳动力以“寻找稳定工作和自己当老板”为目标,目标明确,具有较强的进取心。该类型在四个村占的比例在20%左右,含山汤徐村、太和双钟村所占比例较高,肥西周楼村、徽州仙和村较低。第四类命名为“创业型”,这一类型农村劳动力在题项“回乡创业”的聚类中心值最高,说明该类农村劳动力的创业目标明确。该类型在太和双钟村、含山汤徐村所占比例较高,在肥西周楼村和徽州仙和村比例较低,说明前两个村落劳动力外出就业比后两个村落有更强的创业愿望。

5.1.4 农村劳动力转移就业方式决策

5.1.4.1 转移就业方式决策因子分析

使用李克特量表能够较好地量度态度、偏好的问题。就业方式是农村劳动力在转移就业决策时所表现出的行为态度与行为偏好。因此,本研究使用李克特量表采集数据,并对采集的基本数据进行处理,认为该量表有较好的信度,可以用于后续分析。

对四个样本村农村劳动力转移就业方式决策量表分别做因子分析,发现题项5和题项9在一些量表中的提取值比较低,测量不稳定。因此,将其删除,这时,KMO统计量分别为0.721、0.681、0.659、0.698,Bartlett's 球形检验都拒绝各变量独立的假设,说明数据适宜因子分析,但效果不理想。使用主成分分析和正交旋转方法抽取就业决策方式的维度,以特征根大于 1 作为标准,提取公因子,结果如表 5-10 至 5-13。

表 5-10 双钟村就业方式决策的因子分析

决策方式因子	因子均值	因子载荷	特征值	方差贡献率
和老乡亲戚一起出来,没有考虑太多	3.937	0.869	2.822	40.318
反正在家没有什么收入,出来找找试试	3.887	0.913		
对外界就业环境不是很清楚,但总比待在家里强	3.831	0.836		
家里收入低,必须出来	3.916	0.729		
通过多次外出就业经历,形成较为固定的就业模式	3.669	0.720	1.576	22.516
对外界比较熟悉后,决定外出打工的	3.578	0.842		
外出就业时深入考虑了生活成本及收益	3.711	0.577		
方差累计贡献率				62.834

表 5-11 周楼村就业方式决策的因子分析

决策方式因子	因子均值	因子载荷	特征值	方差贡献率
和老乡亲戚一起出来,没有考虑太多	3.512	0.700	2.227	31.808
反正在家没有什么收入,出来找找试试	3.686	0.801		
对外界就业环境不是很清楚,但总比待在家里强	3.820	0.808		
家里收入低,必须出来	3.843	0.659		
通过多次外出就业经历,形成较为固定的就业模式	3.436	0.418	1.476	21.082
对外界比较熟悉后,决定外出打工的	3.372	0.810		
外出就业时深入考虑了生活成本及收益	3.570	0.795		
方差累计贡献率				52.890

表 5－12　汤徐村就业方式决策的因子分析

决策方式因子	因子均值	因子载荷	特征值	方差贡献率
和老乡亲戚一起出来,没有考虑太多	3.496	0.618		
反正在家没有什么收入,出来找找试试	3.723	0.864		
对外界就业环境不是很清楚,但总比待在家里强	3.924	0.740	2.138	30.542
家里收入低,必须出来	3.891	0.597		
通过多次外出就业经历,形成较为固定的就业模式	3.698	0.720		
对外界比较熟悉后,决定外出打工的	3.588	0.671	1.737	24.807
外出就业时深入考虑了生活成本及收益	3.723	0.808		
方差累计贡献率				55.349

表 5－13　仙和村就业方式决策的因子分析

决策方式因子	因子均值	因子载荷	特征值	方差贡献率
和老乡亲戚一起出来,没有考虑太多	3.616	0.507		
反正在家没有什么收入,出来找找试试	3.657	0.868		
对外界就业环境不是很清楚,但总比待在家里强	3.673	0.718	1.855	26.495
家里收入低,必须出来	3.705	0.499		
通过多次外出就业经历,形成较为固定的就业模式	3.571	0.692		
对外界比较熟悉后,决定外出打工的	3.540	0.643	1.782	25.459
外出就业时深入考虑了生活成本及收益	3.784	0.763		
方差累计贡献率				51.954

根据因子分析结果可知,四个样本村就业方式决策量表都提取出两个公因子,它们代表的题项也一致,说明这种因子提取方法在四个样本村都适用。公因子 1 主要解释“和老乡亲戚一起出来,没有考虑太多”“反正在家没有什么收入,出来找找试试”“对外界就业环境不是很清楚,但

总比待在家里强”“家里收入太低，必须出来”四个决策方式题项，代表农村劳动力外出决策时并没有太多深入考虑，有一种“随大流”或“不得不”的意味，可以定义为“模糊决策”。公因子2解释“通过多次外出就业经历，形成较为固定的就业模式”“对外界就业环境比较熟悉后，决定外出打工的”“外出就业时深入考虑了在外生活成本及收益”，反映农村劳动力外出打工决策时比较主动，考虑较周全，定义为“明确决策”。

5.1.4.2 转移就业方式决策类型

为了理解不同地域、不同个体农村劳动力转移就业方式决策的差异性，使用以上两个转移就业方式公因子作为聚类变量进行聚类分析，寻找决策方式相似的农村劳动力特征。仍旧使用K－均值聚类法进行聚类分析，分别对两分类、三分类和四分类方案进行运算。比较发现四分类是较好的分类方案，各类别理论上具有较明显差异，农村劳动力分布也较合理（表5－14、表5－15）。

表5－14 农村劳动力转移就业方式决策聚类分析结果

转移就业决策方式功能因子	类别				F值	P值
	决策认知模糊型	低决策认知型	决策认知明确型	高决策认知型		
模糊决策	3.97	2.64	3.12	4.19	588.577	0.000
明确决策	3.04	2.99	3.96	4.03	459.694	0.000

表5－15 各样本村转移就业方式决策人数比重

单位：%

样本村	决策认知模糊型	低决策认知型	决策认知明确型	高决策认知型
双钟村	26.60	14.54	18.44	40.43
周楼村	43.02	12.21	13.95	30.81
汤徐村	26.05	12.61	21.01	40.34
仙和村	21.59	15.56	17.46	45.40

第一类可以命名为“决策认知模糊型”，这种类型农村劳动力，“模糊决策”因子聚类中心值较高（3.97），而“明确决策”聚类中心值较低（3.04）。说明这类农村劳动力外出打工决策主要是“随大流”，跟随性比较强，自我的主动意识比较差。这类农村劳动力在四个村都有较大比例，其中肥西周楼村比例最大（43.02%），说明有很多农村劳动力外出打工是比较被动的，特别是肥西周楼村这样离省会城市比较近的地方。

第二类命名为“低决策认知型”，因为其“模糊决策”和“明确决策”因子的聚类中心值都比较低，说明这类农村劳动力对外出打工的决策很少考虑。这类农村劳动力在四个村的比例都比较低。

第三类命名为“决策认知明确型”，这一类型农村劳动力，“模糊决策”聚类中心值较低（3.12），而“明确决策”因子聚类中心值较高（3.96），说明这类农村劳动力对外出打工进行了细致的考虑，主动性很强。这类农村劳动力在四个村的比例并不是很高，含山汤徐村比例最高，肥西周楼村比例最低，说明外出离家越远的农村劳动力决策的主动性越强。

第四类命名为“高决策认知型”，因为其“模糊决策”和“明确决策”的聚类中心值都很高，这类农村劳动力，对外出就业的决策考虑较多，但并不完全主动明确地认知外部就业环境。这类农村劳动力的比例在四个村都很高，说明现在农村劳动力对外出打工已经形成高度的共识。

5.1.5 农村劳动力转移就业地决策

农村劳动力转移就业地决策是指农村劳动力经过动机、环境认知、空间决策等过程进行最终就业地的选择。通过对农村劳动力最终转移就业地空间特征的分析，可以探讨不同样本村就业地决策的基本特性。首先通过在农村劳动力家乡与就业地之间连线的方式，将每个样本村样本的最终就业地反映在图示上（图 5－1），进而进行一定的统计分析，就可以探讨农村劳动力转移就业地决策的基本特征。

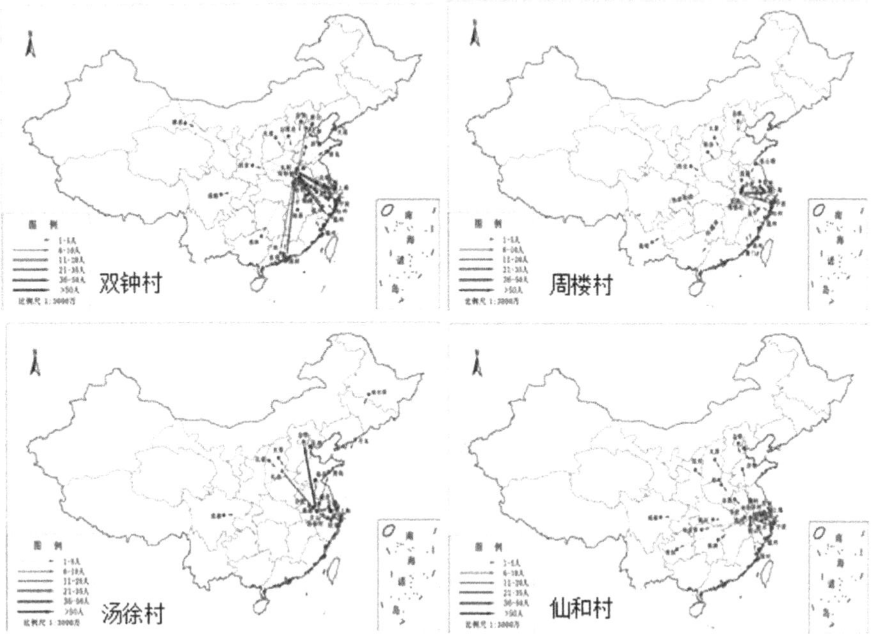

图 5－1　样本村农村劳动力转移就业基本流向示意图

5.1.5.1　基于距离的转移就业地空间特征

根据离样本村落的距离远近，将农村劳动力转移就业地划分为本市、省内市外、邻省（包括上海）、省外（除邻省）四个区域，得到表 5－16。

表 5－16　基于距离的农村劳动力转移就业地区域划分

单位：人（%）

	本市	省内市外	邻省（包括上海）	省外（除邻省）
双钟村	9(3.25)	31(11.19)	148(53.43)	89(32.13)
周楼村	138(53.70)	8(3.11)	90(35.02)	21(8.17)
汤徐村	6(2.65)	0(0)	72(31.86)	148(65.49)
仙和村	163(51.75)	6(1.90)	126(40.00)	20(6.35)

根据表 5－16 可知：①将本市作为就业目的地的有肥西周楼村和徽州仙和村，人数都占总人数的一半以上。说明这两个村落附近有较大的中心城市，对其产生了较强的吸引作用。事实上，合肥作为省会城市，加

之近年城市经济的迅速发展,其对省内人口的吸引作用已较为明显,对周边农村的吸引作用则更强。而黄山虽然经济发展的核心带动作用不是很明显,但由于仙和村离黄山市重要的工业中心新城区和岩寺镇的距离在10千米以下,农村劳动力在外工作可以当天往返,因此,距离对收入产生了强有力的替代作用,形成了以本市为重要打工目的地的就业模式。②以省内市外为就业目的地的人数很少,说明安徽省缺乏核心城市,对劳动力的吸引力很有限。在这里,只有太和双钟村省内市外就业的比重较高,其就业的主要目的地是合肥、芜湖等地。这说明,合肥、芜湖等城市的发展,对那些没有形成核心打工目的地的省内经济水平较低的偏远农村,已经开始产生一定的吸引作用。③邻省就业的人数在每个样本村都占有很大比例,最低的是含山汤徐村(31.86%),最高的是太和双钟村(53.43%),说明邻省是安徽省最重要的打工目的地。显然,安徽省与江苏、浙江、上海地域上比较接近,而这些地区是中国20世纪90年代以来发展最为迅速的地区,城市群发达、经济水平高,这与省内城市发展不足、经济水平欠缺的状态形成鲜明对比,因此,以长三角为主的邻省成为安徽省农村劳动力最为重要的打工目的地。④省外(除邻省)就业的人数在太和双钟村和含山汤徐村较多,但在其他两个村较少。含山汤徐村省外(除邻省)就业比例最高(65.49%),说明该村以省外为主要就业目的地。进一步分析可发现,主要是趋向于北京方向。该地区虽然离省内合肥、省外南京的空间距离都较近,但却并没有形成就近转移的打工模式,主要原因是这些城市与该地的交通联系和社会经济联系较欠缺,吸引力不足,而省外大城市能够获得较高的收益,因此形成了以省外大城市为最重要就业目的地的就业模式。太和双钟村省外(除邻省)就业的比例仅次于邻省,说明较远省份是太和双钟村劳动力外出就业的第二重要目的地。进一步分析发现,主要趋向于以深圳、广州为主的南方城市。阜阳地区地处偏远、经济落后、人口众多,但该地对外交通发达,地处南北要冲,因此,这里农村劳动力打工地离本村落都较远。深圳等地是中国改革开放的前沿城市,对该地农村劳动力有一定吸引力,成为该村落第二就业目的地。

5.1.5.2　基于经济区域的转移就业地空间特征

农村劳动力向不同就业地进行第二第三产业转移,一方面反映了不同区域经济发展水平的差异,另一方面,距离是另一个重要因素。中国改革开放以后,区域经济发展的不平衡性越来越突出,长三角、珠三角、京津唐等区域经济发展的速度远远超出其他地区,使这些地区成为重要的人口流入区,安徽省则成为重要的人口流出区。对于安徽农村劳动力来说,省外经济发达城市是其重要的就业目的地,但省内城市因为离家近往往对省外就业地产生替代效应。这主要取决于在省内城市打工和省外城市打工两者产生的社会经济效益的比较。综合以上因素,根据四个样本村实际就业地分布情况,统计其重要就业地就业人数,如表 5－17,得出农村劳动力转移就业地的几个空间特征。

表 5－17　基于经济区域的农村劳动力转移就业人数及比例

单位:人(%)

双钟村		周楼村		汤徐村		仙和村	
长三角	138(49.82)	合肥	138(53.80)	北京	118(52.21)	黄山	161(51.11)
珠三角	40(14.44)	长三角	90(35.09)	长三角	54(23.89)	长三角	117(37.14)
安徽	40(14.44)	其他	28(11.11)	其他	54(23.89)	其他	37(11.75)
其他	59(21.30)	—	—	—	—	—	—

首先,长三角地区是四个村共有的重要转移目的地,太和双钟村以其为第一打工目的地,其他三个样本村以其为第二打工目的地。这说明长三角地区是安徽省最为重要的打工目的地。原因在于,相对于其他经济发达区域,长三角经济发展水平高,城市发达、企业众多,其就业机会和就业收入较高,加之长三角地区与安徽省邻接,距离上也有很大优势。其次,京津唐、珠三角等地也是安徽省农村劳动力的重要就业地,但不是主要就业地,各地差距较大。其中,含山汤徐村是以北京作为第一打工目的地的村落,原因在于,对于该样本村,无论是省内发达城市(合肥、芜湖)还是省外发达城市(南京),虽然距离接近,但都未对其产生较大吸引作用。而北京作为首都城市,其特有的城市形象和经济发展水平,对农村劳动力产生了较强吸引力,形成了以早点餐饮为主要职业、典型的候鸟就业

模式。太和双钟村则到深圳、广州、东莞等珠三角城市就业的较多，原因在于这里是中国改革开放的前沿城市，而阜阳又是京九线的一个重要中转站，因此，到南方城市打工成为这里农村劳动力的又一重要选择。再次，省内城市成为重要就业目的地的较少，其吸引力主要在本市。对全省农村劳动力有吸引力的城市目前只有合肥市，其对阜阳市、黄山市等地的农村劳动力有一定的吸引作用。随着距离的接近，吸引力越来越强，肥西县是合肥市辖县，周楼村有53.8%被调研者以合肥市作为打工地，但一个小时的车程使其无法形成当天来回的就地转移模式。然而徽州仙和村由于和黄山市工业集中的新城区和岩寺镇都很接近，因此形成了当天往返的就地转移模式。

5.1.5.3 基于集聚的转移就业地空间特征

由表5－17可知，每个村都有一个最重要的转移目的地，到该地打工的农村劳动力占总调研人数的一半左右，说明农村劳动力外出打工的区域相当集中。以地级城市（包括直辖市）为基准，找出每个样本村打工人数位居前五位的城市，对其就业人数进行统计分析，可以得出农村劳动力转移就业地的空间集聚特征（表5－18）。

表5－18 各样本村就业人数前五位城市就业人数及比例

单位：人（%）

就业地序号	双钟村		周楼村		汤徐村		仙和村	
1	温州	36(13.00)	合肥	138(53.70)	北京	118(52.21)	黄山	161(51.11)
2	深圳	26(9.39)	上海	32(12.45)	苏州	14(6.19)	宁波	35(11.11)
3	杭州	25(9.03)	宁波	13(5.06)	青岛	14(6.19)	杭州	32(10.16)
4	无锡	18(6.50)	苏州	11(4.28)	上海	12(5.31)	上海	19(6.03)
5	上海	17(6.14)	杭州	7(2.72)	无锡	10(4.42)	湖州	13(4.13)
累积比例	44.04		78.21		74.34		82.53	
就业地数与调研总数之比	0.173		0.078		0.084		0.121	

整体来看，对于每个样本村来说，其打工目的地具有相对集中的特

征,四个样本村除了太和双钟村前五位城市的就业累积比例为44.04%之外,其他几个样本村的累积比例都达到70%以上,第一位城市的就业累积比例都达到50%以上,这说明农村劳动力转移就业地有向首位城市集中、向发达城市集中的特征。从四个样本村比较来看:从前五位城市集中特征来看,太和双钟村的集中特性不是太明显,其他三个样本村非常集中;从就业地数与调研总数的比值看,农村劳动力的就业地较为分散的是太和双钟村和徽州仙和村,而肥西周楼村和含山汤徐村涉及的打工地较少,相对较集中。

5.2 转移就业环境认知对空间决策的影响

为了探讨转移就业环境认知对空间决策的影响,使用多元回归模型对农村劳动力转移就业空间决策进行分析。首先将环境认知各功能类型与转移就业空间决策的各类型做 Crosstabs 交叉分析,探讨环境认知与转移就业空间决策各类型的相互关系,通过卡方值分析它们之间差异的显著性。进而将通过显著性检验的因素纳入到多项 Logistic 回归模型中,以农村劳动力转移就业空间决策作为被解释变量,考察环境认知对空间决策的影响程度。

5.2.1 环境认知对就业信息决策的影响

表5-19展示了环境认知各功能类型与农村劳动力转移就业信息类型之间的相互关系。由表可知,形象感知、距离感知、就业属性感知、就业地生活状态感知、社会自然环境感知与转移就业信息类型有一定的相关性并通过了显著性检验,说明不同环境认知功能类型,其转移就业信息类型存在显著差异。从总体上看,中等综合吸引型和高等综合吸引型形象感知,自身经历-亲缘型就业信息来源的比例最高,而媒体-亲缘型信息来源的比例较低,距离吸引型形象感知则亲缘型信息来源比例与其他三种形象感知类型相比较高;密切联系型和距离接近型距离感知的农村劳动力,其就业信息类型自身经历-亲缘型比例较高,而社会联系型距离感知,其媒体-亲缘型就业信息类型比例比密切联系型和距离接近型高;

收入保障限制型农村劳动力，其媒体－亲缘型和亲缘型就业信息来源所占比例相比于高满意型和强度限制型高，而高满意型和强度限制型农村劳动力，其自身经历－亲缘型就业信息来源的比例较高；高生活满意型农村劳动力，其自身经历－亲缘型就业信息来源比例最高，但中等生活满意型农村劳动力，其亲缘型就业信息来源比例相较于其他三个就业地生活状态感知类型较高；高适应型农村劳动力，自身经历－亲缘型就业信息来源比例较高，但中等适应型农村劳动力，其媒体－亲缘型和亲缘型就业信息比例相较于其他三个社会自然环境感知类型较高。

表 5－19　不同环境认知下转移就业信息类型差异

单位：%

		自身经历－亲缘型	媒体－亲缘型	亲缘型	卡方值	P 值
形象感知	经济环境吸引型	56.7	13.7	29.6	20.815**	0.002
	中等综合吸引型	68.7	6.3	25.1		
	高等综合吸引型	71.1	8.9	20.0		
	距离吸引型	56.3	10.1	33.6		
距离感知	密切联系型	65.8	7.6	26.6	9.871**	0.043
	距离接近型	65.6	9.5	24.9		
	社会联系型	57.1	14.8	28.1		
就业属性感知	收入保障限制型	55.1	13.2	31.7	15.445**	0.004
	高满意型	69.0	6.6	24.4		
	强度限制型	65.6	9.9	24.4		
就业地生活状态感知	住房限制型	57.7	14.3	28.0	28.615***	0.000
	高生活满意型	71.4	9.1	19.5		
	服务欠缺型	66.2	7.9	25.8		
	中等生活满意型	54.6	7.9	37.5		
社会自然环境感知	中等适应型	56.2	12.3	31.5	19.681**	0.003
	弱社会适应型	63.8	6.9	29.4		
	低适应型	61.5	7.3	31.3		
	高适应型	71.0	9.9	19.1		

注：***，**分别表示 $P<0.001$、$P<0.05$。

在上述描述性分析的基础上，将以上通过显著性检验的环境认知功能类型纳入到多项 Logistic 回归模型中，以农村劳动力转移就业信息类型作为被解释变量，以被解释变量中“亲缘型”为参照组，考察各功能类型对转移就业信息类型的影响程度，分析估计结果如表 5－20。

表 5－20　以亲缘型为参照组 Logistic 回归分析结果

	自身经历－亲缘型			媒体－亲缘型		
	B	Sig.	Exp(B)	B	Sig.	Exp(B)
截距	0.660	0.055		−0.877	0.114	
形象感知(距离吸引型)						
经济环境吸引型	0.166	0.509	1.180	0.465	0.248	1.592
中等综合吸引型	0.365	0.144	1.440	−0.147	0.734	0.864
高等综合吸引型	0.432	0.155	1.540	0.419	0.401	1.521
距离感知(社会联系型)						
密切联系型	−0.024	0.908	0.977	−0.729**	0.019	0.482
距离接近型	0.295	0.231	1.343	−0.303	0.417	0.738
就业属性(强度限制型)						
收入保障限制型	−0.332	0.116	0.718	0.157	0.633	1.170
高满意型	−0.164	0.418	0.849	−0.500	0.150	0.606
就业地生活状态（中等生活满意型）						
住房限制型	0.274	0.246	1.315	1.003**	0.009	2.725
高生活满意型	0.697**	0.001	2.008	0.873**	0.022	2.394
服务欠缺型	0.554**	0.023	1.740	0.486	0.267	1.625
社会自然环境感知（高适应型）						
中等适应型	−0.608**	0.004	0.544	−0.343	0.299	0.710
弱社会适应型	−0.417*	0.057	0.659	−0.939**	0.013	0.391
低适应型	−0.331	0.246	0.718	−0.900*	0.074	0.407

注：括号内为各变量的参照组，***，**，*分别表示 $P<0.001$、$P<0.05$、$P<0.1$。

分析可知：与亲缘型就业信息来源相比，社会联系型距离感知的农村劳动力比密切联系型农村劳动力更倾向于媒体－亲缘型信息来源；较之中等生活满意型农村劳动力，高生活满意型和服务欠缺型农村劳动力更倾向于自身经历－亲缘型就业信息类型，住房限制型和高生活满意型农村劳动力还倾向于媒体－亲缘型就业信息类型；较之高适应型社会自然环境感知农村劳动力，中等适应型和弱社会适应型农村劳动力的自身经历－亲缘型就业信息来源的倾向不如高适应型，弱社会适应型和低社会适应型农村劳动力的媒体－亲缘型就业信息来源的倾向也不如高适应型。

5.2.2　环境认知对就业途径决策的影响

表5－21展示了环境认知各功能类型与农村劳动力转移就业途径之间的相互关系。

表5－21　不同环境认知下转移就业途径类型的差异

单位：%

		亲缘－自立型	综合途径型	亲缘－朋友型	卡方值	P值
形象感知	经济环境吸引型	41.9	31.5	26.7	31.959***	0.000
	中等综合吸引型	40.1	21.3	38.6		
	高等综合吸引型	26.7	27.2	46.1		
	距离吸引型	49.6	21.0	29.4		
距离感知	密切联系型	38.8	22.1	39.2	11.816**	0.019
	距离接近型	41.8	30.7	27.5		
	社会联系型	37.8	29.6	32.7		
就业属性感知	收入保障限制型	50.6	23.8	25.7	31.294***	0.000
	高满意型	31.0	24.9	44.0		
	强度限制型	38.9	28.2	32.8		
就业地生活状态感知	住房限制型	52.4	25.0	22.6	28.816***	0.000
	高生活满意型	32.6	24.1	43.3		
	服务欠缺型	35.1	29.1	35.8		
	中等生活满意型	42.6	25.9	31.5		

续表

		亲缘-自立型	综合途径型	亲缘-朋友型	卡方值	P值
社会自然环境感知	中等适应型	34.2	32.3	33.5	18.499**	0.005
	弱社会适应型	46.3	24.8	28.9		
	低适应型	42.7	16.7	40.6		
	高适应型	37.3	23.2	39.5		

注：***，**分别表示 $P<0.001$、$P<0.05$。

由表5-21可知，形象感知、距离感知、就业属性感知、就业地生活状态感知、社会自然环境感知与转移就业途径有一定的相关性并通过了显著性检验，说明不同环境感知功能类型，其转移就业途径存在显著差异。距离吸引型农村劳动力，亲缘-自立型就业途径比例最高，而高等综合吸引型农村劳动力亲缘-朋友型就业途径比例最高；密切联系型农村劳动力其综合途径型就业比重最低，说明他们更多地依靠亲缘关系，距离接近型与社会联系型农村劳动力其亲缘-自立型和综合途径型就业比重都较高，说明其对外界的朋友依赖不强；收入保障限制型农村劳动力，其亲缘-自立型就业途径比重最高，高满意型农村劳动力，其亲缘-朋友型就业途径比重最高；住房限制型农村劳动力，其亲缘-自立型就业途径比重最高，高生活满意型农村劳动力，其亲缘-朋友型就业途径比例最高；弱社会适应型农村劳动力，其亲缘-自立型就业途径比重最高，低适应型和高适应型则表现为亲缘-自立型和亲缘-朋友型比例都较高，而综合途径型比例较低。

在上述描述性分析的基础上，将以上通过显著性检验的环境认知功能类型纳入到多项Logistic回归模型中，以农村劳动力转移就业途径类型作为被解释变量，以被解释变量中"亲缘-朋友型"为参照组，考察各功能类型对转移就业途径类型的影响程度，分析结果见表5-22。分析可知：距离吸引型形象感知的农村劳动力，比高等综合吸引型环境感知的农村劳动力更倾向于亲缘-自立型就业途径，相对于距离吸引型形象感知，经济环境吸引型环境感知的农村劳动力更倾向于综合途径型就业途径；社会联系型距离感知的农村劳动力相对于密切联系型农村劳动力更倾向于综合途径型就业；相对于强度限制型就业属性感知，收入保障限制型就业属性感知的农村劳动力，更倾向于亲缘－自立型就业途径，而高满意型就业属性感知的农村劳动力，其亲缘－自立型就业途径的比例则不如强度限制型；相对于中等生活满意型生活状态感知，住房限制型农村劳动力，更倾向于亲缘－自立型就业途径；相对于高适应型环境感知，低适应型环境感知的农村劳动力的综合途径型就业的比例较低。

表5－22　以亲缘－朋友型为参照组Logistic回归分析结果

	亲缘－自立型			综合途径型		
	B	Sig.	Exp(B)	B	Sig.	Exp(B)
截距	0.466	0.193		-0.219	0.590	
形象感知(距离吸引型)						
经济环境吸引型	0.039	0.886	1.040	0.550*	0.082	1.734
中等综合吸引型	-0.248	0.344	0.781	-0.070	0.824	0.932
高等综合吸引型	-0.622**	0.044	0.537	0.214	0.542	1.238
距离感知(社会联系型)						
密切联系型	0.028	0.893	1.029	-0.377*	0.097	0.686
距离接近型	0.218	0.398	1.243	0.277	0.308	1.320
就业属性感知(强度限制型)						
收入保障限制型	0.363*	0.099	1.438	-0.031	0.901	0.969
高满意型	-0.454**	0.024	0.635	-0.306	0.162	0.736
就业地生活状态感知(中等生活满意型)						
住房限制型	0.502*	0.054	1.652	0.390	0.190	1.476
高生活满意型	-0.292	0.194	0.747	-0.251	0.320	0.778
服务欠缺型	-0.325	0.210	0.722	0.054	0.847	1.056
社会自然环境感知(高适应型)						
中等适应型	-0.214	0.323	0.808	0.267	0.246	1.305
弱社会适应型	0.247	0.259	1.280	0.133	0.591	1.143
低适应型	-0.426	0.132	0.653	-0.734**	0.038	0.480

注：括号内为各变量的参照组，***，**，*分别表示 $P<0.001$、$P<0.05$、$P<0.1$。

5.2.3 环境认知对转移就业目标决策的影响

表5－23展示了环境认知各功能类型与农村劳动力转移就业目标类型之间的相互关系。

表5－23 不同环境认知下转移就业目标类型的差异

单位:%

		综合进取型	稳妥型	进取型	创业型	卡方值	P值
形象感知	经济环境吸引型	22.6	31.9	26.7	18.9	33.469***	0.000
	中等综合吸引型	21.0	47.0	16.6	15.4		
	高等综合吸引型	16.7	42.8	20.6	20.0		
	距离吸引型	20.2	57.1	14.3	8.4		
距离感知	密切联系型	24.1	44.9	16.7	14.3	24.440***	0.000
	距离接近型	19.0	42.9	22.2	15.9		
	社会联系型	12.8	37.8	27.0	22.4		
就业属性感知	收入保障限制型	22.6	44.5	20.0	12.8	14.504**	0.024
	高满意型	15.8	46.8	19.7	17.7		
	强度限制型	24.8	35.9	21.0	18.3		
就业地生活状态感知	住房限制型	15.5	51.8	16.1	16.7	11.355	0.252
	高生活满意型	22.1	40.2	20.7	17.0		
	服务欠缺型	25.2	37.7	20.5	16.6		
	中等生活满意型	18.5	44.0	22.2	15.3		
社会自然环境感知	中等适应型	21.2	43.5	20.8	14.6	10.650	0.300
	弱社会适应型	18.3	39.9	23.4	18.3		
	低适应型	27.1	40.6	21.9	10.4		
	高适应型	19.4	45.2	16.9	18.5		

注:***,**分别表示 $P<0.001$、$P<0.05$。

由表5－23可知,形象感知、距离感知、就业属性感知与转移就业目标类型有一定的相关性并通过了显著性检验,说明不同环境认知功能类型,其转移就业目标类型存在一定差异。形象感知类型为距离吸引型的农村劳动力,稳妥型就业目标的比例最高,创业型比例最低;距离感知类型为社会联系型的农村劳动力，其综合进取型比例最低，而进取型和创业型的比例相对较高；就业属性感知为收入保障限制型的农村劳动力，其创业型的比例最低，但和高满意型农村劳动力一样，稳妥型就业目标的比例都较高，但高满意型农村劳动力相较于收入保障限制型的创业型所占比例较高。

在上述描述性分析的基础上，将以上通过显著性检验的环境认知功能类型纳入到多项 Logistic 回归模型中，以农村劳动力转移就业目标类型作为被解释变量，以被解释变量中“创业型”为参照组，考察各功能类型对转移就业目标类型的影响程度，分析估计结果如表 5 - 24。分析可知：以创业型就业目标为参照组，形象感知为距离吸引型的农村劳动力，较之经济环境吸引型、高等综合吸引型农村劳动力，其就业目标更倾向于综合进取型和稳妥型，较之中等综合吸引型农村劳动力，其就业目标则只更倾向于稳妥型；距离感知为密切联系型的农村劳动力，较之社会联系型农村劳动力，更倾向于综合进取型和稳妥型，距离感知为距离接近型的农村劳动力，较之社会联系型农村劳动力，则仅更倾向于综合进取型；就业属性感知为收入保障限制性的农村劳动力，较之强度限制性的农村劳动力，更倾向于稳妥型；社会自然环境感知为低适应型的农村劳动力，较之高适应型农村劳动力，更倾向于综合进取型和进取型。

表 5 - 24　以创业型为参照组 Logistic 回归分析结果

	综合进取型			稳妥型			进取型		
	B	Sig.	Exp(B)	B	Sig.	Exp(B)	B	Sig.	Exp(B)
截距	-0.162	0.767		1.089	0.022		0.062	0.909	
形象感知(距离吸引型)									
经济环境吸引型	-0.723*	0.095	0.485	-1.365***	0.000	0.255	-0.219	0.623	0.804
中等综合吸引型	-0.705	0.105	0.494	-0.814**	0.035	0.443	-0.448	0.324	0.639
高等综合吸引型	-1.214**	0.013	0.297	-1.184**	0.005	0.306	-0.457	0.355	0.633
距离感知(社会联系型)									
密切联系型	1.243***	0.000	3.466	0.681**	0.005	1.976	0.111	0.681	1.118
距离接近型	0.707*	0.050	2.028	0.322	0.275	1.380	0.186	0.561	1.205

续表

	综合进取型			稳妥型			进取型		
	B	Sig.	Exp(B)	B	Sig.	Exp(B)	B	Sig.	Exp(B)
就业属性感知（强度限制型）									
收入保障限制型	0.288	0.342	1.334	0.544**	0.049	1.722	0.282	0.358	1.326
高满意型	-0.354	0.205	0.702	0.344	0.158	1.410	0.091	0.740	1.095
就业地生活状态感知（中等生活满意型）									
住房限制型	-0.258	0.488	0.773	0.072	0.816	1.074	-0.311	0.386	0.733
高生活满意型	0.399	0.217	1.491	-0.032	0.911	0.969	0.132	0.675	1.141
服务欠缺型	0.216	0.551	1.241	-0.250	0.440	0.778	-0.061	0.864	0.940
社会自然环境感知（高适应型）									
中等适应型	0.246	0.415	1.279	0.342	0.194	1.408	0.396	0.191	1.486
弱社会适应型	-0.060	0.844	0.941	-0.019	0.941	0.981	0.326	0.272	1.385
低适应型	0.907**	0.040	2.476	0.484	0.239	1.622	0.761*	0.092	2.140

注：括号内为各变量的参照组，***，**，*分别表示 $P<0.001$、$P<0.05$、$P<0.1$。

5.2.4 环境认知对转移就业方式决策的影响

表5-25展示了环境认知各功能类型与农村劳动力转移就业方式决策之间的相互关系。由表5-25可知，形象感知、距离感知、就业属性感知、就业地生活状态感知、社会自然环境感知与转移就业方式决策有一定的相关性并通过了显著性检验，说明不同环境认知功能类型，其转移就业方式决策存在显著差异。高等综合吸引型形象感知的农村劳动力，其决策认知模糊型、低决策认知型的比例较低，而其高决策认知型比例最高，相较于其他两种形象感知类型，经济环境吸引型和距离吸引型形象感知的农村劳动力，其决策认知模糊型、低决策认知型的比例较高，而其高决策认知型则比例较低；距离感知为密切联系型的农村劳动力，其决策方式中，高决策认知型比例最高，低决策认知型在几种距离感知类型劳动力中

比例最低，而距离感知为社会联系型的农村劳动力，与密切联系型和社会联系型相比其决策认知明确型的比例最高；就业属性感知为收入保障限制型的农村劳动力，其决策认知模糊型和高决策认知型的比例较高，而其决策认知明确性比例最低，就业属性感知为高满意型的农村劳动力其高决策认知型的比例最高；就业地生活状态感知为高生活满意型的农村劳动力，其高决策认知型的比例最高，其决策低决策认知型的比例最低；社会自然环境感知为高适应型的农村劳动力，其高决策认知型的比例最高，其低决策认知型的比例最低。

表 5－25　不同环境认知下转移就业方式决策的差异

单位：%

		决策认知模糊型	低决策认知型	决策认知明确型	高决策认知型	卡方值	P 值
形象感知	经济环境吸引型	32.6	20.4	22.6	24.4	96.243***	0.000
	中等综合吸引型	27.0	11.9	14.7	46.4		
	高等综合吸引型	14.4	5.0	18.3	62.2		
	距离吸引型	40.3	20.2	12.6	26.9		
距离感知	密切联系型	27.0	11.1	16.5	45.3	25.512***	0.000
	距离接近型	30.7	16.4	13.8	39.2		
	社会联系型	27.6	19.9	24.0	28.6		
就业属性感知	收入保障限制型	39.2	21.5	13.2	26.0	81.348***	0.000
	高满意型	24.1	6.4	16.6	52.9		
	强度限制型	21.8	17.6	23.3	37.4		
就业地生活状态感知	住房限制型	29.2	16.1	18.5	36.3	53.353***	0.000
	高生活满意型	19.8	9.3	17.8	53.0		
	服务欠缺型	37.7	14.6	15.2	32.5		
	中等生活满意型	33.3	20.4	18.1	28.2		
社会自然环境感知	中等适应型	28.8	23.5	19.6	28.1	84.489***	0.000
	弱社会适应型	34.4	10.1	17.4	38.1		
	低适应型	43.8	16.7	12.5	27.1		
	高适应型	17.8	8.6	17.5	56.1		

注：***，** 分别表示 $P<0.001$、$P<0.05$。

在上述描述性分析的基础上，将以上通过显著性检验的环境认知功能类型纳入到多项 Logistic 回归模型中，以农村劳动力转移就业方式决策作为被解释变量，以被解释变量中“高决策认知型”为参照组，考察各功能类型对转移就业方式决策的影响程度，分析结果如表 5－26。

表 5－26　以高决策认知型为参照组 Logistic 回归分析结果

	决策认知模糊型			低决策认知型			决策认知明确型		
	B	Sig.	Exp(B)	B	Sig.	Exp(B)	B	Sig.	Exp(B)
截距	−0.192	0.633		0.090	0.848		0.086	0.851	
形象感知(距离吸引型)									
经济环境吸引型	−0.245	0.405	0.783	−0.023	0.947	0.977	0.542	0.142	1.719
中等综合吸引型	−0.820**	0.004	0.440	−0.806**	0.021	0.446	−0.318	0.385	0.728
高等综合吸引型	−1.416***	0.000	0.243	−1.504**	0.002	0.222	−0.249	0.532	0.779
距离感知(社会联系型)									
密切联系型	−0.141	0.553	0.868	−0.692**	0.014	0.500	−0.641**	0.009	0.527
距离接近型	−0.306	0.272	0.737	−0.618*	0.058	0.539	−0.839**	0.007	0.432
就业属性感知(强度限制型)									
收入保障限制型	0.712**	0.003	2.037	0.310	0.264	1.363	−0.324	0.245	0.723
高满意型	0.077	0.733	1.080	−0.986**	0.001	0.373	−0.496**	0.034	0.609
就业地生活状态感知(中等生活满意型)									
住房限制型	−0.252	0.361	0.777	−0.134	0.684	0.875	−0.065	0.837	0.938
高生活满意型	−0.441*	0.076	0.644	−0.605**	0.052	0.546	−0.393	0.157	0.675
服务欠缺型	0.136	0.623	1.146	−0.189	0.589	0.828	−0.188	0.576	0.828
社会自然环境感知(高适应型)									
中等适应型	0.942***	0.000	2.565	1.215***	0.000	3.370	0.536**	0.035	1.709
弱社会适应型	0.811**	0.001	2.249	0.059	0.862	1.060	0.106	0.686	1.112
低适应型	1.115***	0.000	3.049	0.577	0.155	1.780	0.012	0.977	1.012

注：括号内为各变量的参照组，***，**，* 分别表示 $P<0.001$、$P<0.05$、$P<0.1$。

以高决策认知型为对比：距离吸引型形象感知的农村劳动力，其决策方式比中等综合吸引型和高等综合吸引型农村劳动力更倾向于决策认知模糊型和低决策认知型；距离感知类型为社会联系型的农村劳动力，其决策方式比密切联系型和距离接近型更倾向于低决策认知型和决策认知明确型；就业属性感知为收入保障限制型的农村劳动力，其决策方式比强度限制型农村劳动力更倾向于决策认知模糊型，而强度限制型的农村劳动力，其决策方式则比高满意型更倾向于低决策认知型和决策认知明确型；就业地生活状态感知为中等生活满意型的农村劳动力，其决策方式比高生活满意型更倾向于决策认知模糊型和低决策认知型；社会自然环境感知为中等适应型的农村劳动力，其决策方式比高适应型更倾向于决策认知模糊型、低决策认知型和决策认知明确型，弱社会适应型和低适应型的农村劳动力，其决策方式比高适应型更倾向于决策认知模糊型。

5.2.5 环境认知对转移就业地决策的影响

表5－27展示了环境认知各功能类型与农村劳动力转移就业地之间的相互关系。由表5－27可知，形象感知、距离感知、就业属性感知、就业地生活状态感知、社会自然环境感知与转移就业地有一定的相关性并通过了显著性检验，说明不同环境认知功能类型，其转移就业地存在显著差异。中等综合吸引型和距离吸引型形象感知的农村劳动力，市内就业的比例远高于其他形象感知类型，经济环境吸引型和高等综合吸引型形象感知的农村劳动力，外省（除邻省）就业的比例则要高于中等综合吸引型和距离吸引型；社会联系型距离感知的农村劳动力其市内就业的比例要小于其他距离感知类型，而其外省（除邻省）就业的比例则要高于其他距离感知类型；高满意型就业属性感知的农村劳动力，相较于其他两个就业属性感知类型其市内就业的比例最低，而其外省（除邻省）就业的比例则较高；住房限制性和服务欠缺型农村劳动力，相较于其他两个就业地生活状态感知类型其市内就业的比例较高，住房限制型农村劳动力外省（除邻省）就业的比例则最低；在社会自然环境感知类型中，低适应型农村劳动力市内就业的比例最低，外省（除邻省）就业的比例则高于其他类型，而弱社会适应型和低社会自然环境适应型的农村劳动力邻省就业的比例都较高。

表5－27 不同环境认知下转移就业地的差异

单位：%

		市内	市外省内	邻省	外省(除邻省)	卡方值	P值
形象感知	经济环境吸引型	17.6	3.4	48.7	30.3	71.780***	0.000
	中等综合吸引型	41.6	4.1	39.4	14.9		
	高等综合吸引型	20.9	9.0	42.9	27.1		
	距离吸引型	44.4	3.4	34.2	17.9		
距离感知	密切联系型	35.1	3.8	41.3	19.8	42.787***	0.000
	距离接近型	35.1	3.8	43.2	17.8		
	社会联系型	14.1	8.3	43.8	33.9		
就业属性感知	收入保障限制型	35.4	3.4	37.3	24.0	19.922**	0.003
	高满意型	24.4	5.4	43.6	26.6		
	强度限制型	33.8	5.4	45.4	15.4		
就业地生活状态感知	住房限制型	35.9	3.6	44.9	15.6	17.742**	0.038
	高生活满意型	26.6	7.2	42.7	23.5		
	服务欠缺型	36.0	2.7	37.3	24.0		
	中等生活满意型	28.6	3.3	42.9	25.2		
社会自然环境感知	中等适应型	31.0	1.9	42.2	24.8	41.891***	0.000
	弱社会适应型	28.5	3.7	50.0	17.8		
	低适应型	13.7	4.2	47.4	34.7		
	高适应型	36.6	8.1	35.3	20.1		

注：***，**分别表示 $P<0.001$、$P<0.05$。

在上述描述性分析的基础上，将以上通过显著性检验的环境认知功能类型纳入到多项Logistic回归模型中，以农村劳动力转移就业地作为被解释变量，以被解释变量中“外省（除邻省）”为参照组，考察各功能类型对转移就业地的影响程度，分析结果如表5－28。市内就业和外省（除邻省）就业相比，形象感知为经济环境吸引型和高等综合吸引型的农村劳动力比距离吸引型农村劳动力更倾向于外省（除邻省）就业；和外省（除邻省）就业相比，距离感知为密切联系型和距离接近型的农村劳动力比社会联系型农村劳动力，更倾向于市内就业和邻省就业；邻省就业与外省（除邻省）就业相比，就业属性感知为收入保障限制型的农村劳动力比强度限制性农村劳动力更倾向于外省（除邻省）就业，与市内就业、市外省内就业、邻省就业相比，高满意型农村劳动力比社会联系型农村劳动力更倾向于外省（除邻省）就业；与外省（除邻省）就业相比，高适应型农村劳动力比中等适应型、低适应型农村劳动力更倾向于市内和市外省内就业。

表 5-28　以外省（除邻省）为参照组 Logistic 回归分析结果

	市内			市外省内			邻省		
	B	Sig.	Exp(B)	B	Sig.	Exp(B)	B	Sig.	Exp(B)
截距	0.757	0.102		-0.113	0.887		0.676	0.108	
形象感知(距离吸引型)									
经济环境吸引型	-1.394***	0.000	0.248	-0.507	0.447	0.603	-0.153	0.628	0.858
中等综合吸引型	0.188	0.577	1.207	0.302	0.645	1.353	0.321	0.335	1.379
高等综合吸引型	-1.093**	0.005	0.335	0.381	0.577	1.464	-0.189	0.602	0.828
距离感知(社会联系型)									
密切联系型	1.391***	0.000	4.020	-0.570	0.153	0.565	0.485**	0.026	1.624
距离接近型	1.380***	0.000	3.974	-0.157	0.762	0.855	0.637**	0.019	1.890
就业属性感知（强度限制型）									
收入保障限制型	-0.436	0.119	0.646	-0.751	0.135	0.472	-0.657**	0.011	0.519
高满意型	-1.186***	0.000	0.305	-1.044**	0.014	0.352	-0.646**	0.007	0.524
就业地生活状态感知（中等生活满意型）									
住房限制型	0.501	0.129	1.650	0.264	0.672	1.302	0.462	0.118	1.587
高生活满意型	-0.233	0.420	0.792	0.296	0.570	1.344	-0.034	0.892	0.967
服务欠缺型	0.149	0.637	1.160	-0.318	0.640	0.728	-0.150	0.600	0.861
社会自然环境感知（高适应型）									
中等适应型	-0.552**	0.037	0.576	-1.708**	0.002	0.181	-0.091	0.707	0.913
弱社会适应型	-0.282	0.326	0.754	-0.648	0.174	0.523	0.422	0.104	1.526
低适应型	-1.910***	0.000	0.148	-1.073**	0.089	0.342	-0.302	0.327	0.739

注：括号内为各变量的参照组，***，**，* 分别表示 $P<0.001$、$P<0.05$、$P<0.1$。

5.3　个体属性特征对转移就业空间决策的影响

首先将农村劳动力个体属性变量与转移就业空间决策的各类型做Crosstabs交叉分析，探讨个体属性变量与转移就业空间决策各类型的相互关系，通过卡方值可以分析它们之间差异的显著性。进而将通过显著性检验的因素纳入到无序多分类Logistic回归模型中，以农村劳动力转移就业空间决策作为被解释变量，考察各因素对转移就业空间决策的影响程度。

5.3.1　不同个体属性变量下转移就业信息类型的差异

表5－29展示了个体属性变量与农村劳动力转移就业信息之间的相互关系。由表5－29可知，地区、家庭人口数、教育、婚姻与转移就业信息有一定的相关性并通过了显著性检验，说明不同地区、家庭人口数、教育程度、婚姻状况农村劳动力之间，其转移就业信息来源存在显著差异。含山汤徐村农村劳动力的就业信息更多地单纯来源于亲缘关系，而肥西周楼村、徽州仙和村则倾向于自身经历－亲缘综合型；家庭成员越多，其就业信息对亲缘及媒体的依赖更强；教育程度越高，信息类型更多倾向于自身经历－亲缘型，专科及以上教育程度农村劳动力，媒体－亲缘型信息来源占的比例相较于其他教育程度的农村劳动较大；与已婚农村劳动力相比，未婚农村劳动力媒体－亲缘型信息来源型占的比例较大，而亲缘型比例较低。

表5－29　不同个体属性变量下转移就业信息类型的差异

单位：%

		自身经历－亲缘型	媒体－亲缘型	亲缘型	卡方值	P值
地区	含山汤徐村	48.7	10.9	40.3	32.853***	0.000
	肥西周楼村	72.7	3.5	23.8		
	太和双钟村	58.5	13.5	28.0		
	徽州仙和村	69.5	8.9	21.6		

续表

		自身经历－亲缘型	媒体－亲缘型	亲缘型	卡方值	P值
性别	男性	63.9	9.8	26.3	0.078	0.962
	女性	63.7	9.3	27.0		
年龄	<20岁	65.5	17.2	17.2	10.311	0.244
	21—30岁	63.8	10.3	26.0		
	31—40岁	65.7	9.4	24.9		
	41—50岁	63.1	6.7	30.2		
	>50岁	54.8	12.9	32.3		
家庭人口数	<5	64.3	9.0	26.7	9.745**	0.045
	5—7	65.9	8.1	26.0		
	>7	47.1	23.5	29.4		
教育	小学及以下	54.5	10.4	35.1	14.590**	0.024
	初中	65.3	9.0	25.7		
	高中、中专	69.6	8.9	21.5		
	专科及以上	62.5	21.9	15.6		
婚姻	已婚	63.0	8.7	28.3	6.844**	0.033
	未婚	66.8	13.0	20.1		

注：***，**分别表示 $P<0.001$、$P<0.05$。

在上述描述性分析的基础上，将以上通过显著性检验的因素（地区、家庭人口数、教育、婚姻）纳入到无序多分类 Logistic 回归模型中，以农村劳动力转移就业信息类型作为被解释变量，以被解释变量中“亲缘型”为参照组，考察各因素对转移就业信息类型的影响程度，分析结果如表5－30。

表 5 - 30　以亲缘型为参照组 Logistic 回归分析结果

	自身经历 - 亲缘型			媒体 - 亲缘型		
	B	Sig.	Exp(B)	B	Sig.	Exp(B)
截距	1.567	0.022		1.524	0.075	
地区(徽州仙和村)						
含山汤徐村	-0.936**	0.000	0.392	-0.721	0.098	0.486
肥西周楼村	-0.068	0.770	0.934	-1.052**	0.034	0.349
太和双钟村	-0.448**	0.029	0.639	0.076	0.809	1.079
家庭人口数(>7)						
<5	0.167	0.702	1.181	-1.096**	0.046	0.334
5—7	0.206	0.645	1.228	-1.276**	0.028	0.279
教育(专科及以上)						
小学及以下	-0.700	0.207	0.497	-0.996	0.161	0.369
初中	-0.318	0.549	0.727	-0.737	0.259	0.479
高中、中专	-0.013	0.982	0.987	-0.774	0.326	0.461
婚姻(未婚)						
已婚	-0.269	0.222	0.764	-0.663**	0.043	0.515

注：括号内为各变量的参照组，***，**，*分别表示 $P<0.001$、$P<0.05$、$P<0.1$。

由参数估计结果可知，和亲缘型相比，徽州仙和村比含山汤徐村、太和双钟村的农村劳动力更倾向于自身经历 - 亲缘型信息来源，比肥西周楼村更倾向于媒体 - 亲缘型信息来源；家庭人口数比较多的农村劳动力更倾向于媒体 - 亲缘型；未婚农村劳动力比已婚者更倾向于媒体 - 亲缘型信息来源。

5.3.2　不同个体属性变量下转移就业途径类型的差异

表 5 - 31 展示了个体属性变量与农村劳动力转移就业途径之间的相互关系。由表 5 - 31 可知，地区、年龄、教育与转移就业途径有一定的相关性并通过了显著性检验，说明不同地区、不同年龄、不同受教育程度农村劳动力之间，其转移就业途径存在显著差异。含山汤徐村、肥西周楼村更多的农村劳动力外出靠亲戚和自己的力量，而太和双钟村更多的劳动

力靠亲戚和朋友。年龄越大者，对亲戚的依赖越大，越年轻，朋友的作用更强一些。教育程度越高，外出工作的途径越广泛，综合途径型的比例越大，教育程度越低，对亲戚的依赖型越强。

表5－31　不同个体属性变量下转移就业途径类型的差异

单位:%

		亲缘－自立型	综合途径型	亲缘朋友型	卡方值	P值
地区	含山汤徐村	50.4	25.2	24.4	21.393**	0.002
	肥西周楼村	45.9	19.8	34.3		
	太和双钟村	30.5	30.1	39.4		
	徽州仙和村	39.0	24.8	36.2		
性别	男性	40.9	25.3	33.8	1.084	0.581
	女性	37.4	26.0	36.7		
年龄	<20岁	36.2	25.9	37.9	26.185**	0.001
	21—30岁	38.1	31.4	30.4		
	31—40岁	33.9	21.6	44.5		
	41—50岁	46.7	23.6	29.8		
	>50岁	54.8	9.7	35.5		
家庭人口数	<5	38.9	26.3	34.8	1.138	0.888
	5—7	39.9	23.8	36.3		
	>7	44.1	26.5	29.4		
教育	小学及以下	47.4	26.6	26.0	42.110***	0.000
	初中	39.9	21.2	38.9		
	高中、中专	31.6	40.5	27.8		
	专科及以上	25.0	59.4	15.6		
婚姻	已婚	42.0	24.0	33.9	4.780	0.092
	未婚	33.2	28.3	38.6		

注：***，**分别表示 $P<0.001$、$P<0.05$。

在上述描述性分析的基础上，将以上通过显著性检验的因素（地区、年龄、教育）纳入到无序多分类Logistic回归模型中，以农村劳动力转移就业途径类型作为被解释变量，以被解释变量中“亲缘－朋友型”为参照组，考察各因素对转移就业途径类型的影响程度，分析结果如表5－32。

表 5－32 以亲缘朋友型为参照组 Logistic 回归分析结果

	亲缘－自立型			综合途径型		
	B	Sig.	Exp(B)	B	Sig.	Exp(B)
截距	0.624	0.393		-0.127	0.882	
地区(徽州仙和村)						
含山汤徐村	0.678**	0.012	1.970	0.230	0.478	1.258
肥西周楼村	0.128	0.568	1.137	-0.221	0.418	0.802
太和双钟村	-0.329	0.106	0.720	-0.023	0.916	0.977
年龄(>50岁)						
<20岁	-0.180	0.727	0.835	1.190	0.114	3.287
21—30岁	0.094	0.831	1.099	1.582**	0.021	4.865
31—40岁	-0.482	0.272	0.618	0.902	0.189	2.466
41—50岁	0.147	0.736	1.158	1.400**	0.042	4.056
教育(专科及以上)						
小学及以下	-0.004	0.995	0.996	-1.033*	0.075	0.356
初中	-0.534	0.366	0.586	-1.742**	0.001	0.175
高中、中专	-0.427	0.512	0.652	-0.747	0.201	0.474

注：括号内为各变量的参照组，***，**，*分别表示 $P<0.001$、$P<0.05$、$P<0.1$。

结果可知：和亲缘朋友型就业途径相比，含山汤徐村比徽州仙和村有更多的农村劳动力属于亲缘－自立型，说明就业地越远，对亲戚和自身因素的依赖更深；21—30岁、41—50岁年龄段比50岁以上年龄段有更多的农村劳动力属于综合途径型，说明年龄较轻者其就业途径更为广泛；小学及以下和初中教育程度比专科及以上教育程度的农村劳动力更不倾向于综合途径型，说明较高教育程度就业途径更为广泛，对亲戚的依赖程度较低。

5.3.3 不同个体属性变量下转移就业目标类型的差异

表5－33展示了个体属性变量与农村劳动力转移就业目标类型之间的相互关系。由表5－33可知，地区、性别、年龄、教育与转移就业目标类型有一定的相关性并通过了显著性检验，说明不同地区、性别、年龄、教育农村劳动力之间，其转移就业目标类型存在显著差异。肥西周楼村综合进取

型就业目标明显高于其他地区,徽州仙和村有较多的人持稳妥型就业目标,而含山汤徐村持进取型和创业型就业目标的人数较其他三个样本村多。女性更多地持稳妥型就业目标,创业型比例明显低于男性。年龄越大者,持稳妥型就业目标的人数明显上升,进取型就业目标则随年龄的增大,比例变小,创业型就业目标则以31—40岁之间的比例最大。教育程度较低者,持稳妥就业目标的比例最高,持进取型、创业型就业目标的以高中及以上学历者较多。

表5-33　不同个体属性变量下转移就业目标类型的差异

单位:%

		综合进取型	稳妥型	进取型	创业型	卡方值	P值
地区	含山汤徐村	15.1	34.5	26.1	24.4	37.165***	0.000
	肥西周楼村	32.0	39.5	18.0	10.5		
	太和双钟村	15.6	42.2	22.3	19.9		
	徽州仙和村	20.6	48.6	17.1	13.7		
性别	男性	19.9	40.0	21.3	18.7	9.799***	0.020
	女性	22.1	48.1	17.6	12.1		
年龄	<20岁	22.4	29.3	29.3	19.0	51.285***	0.000
	21—30岁	21.8	34.9	26.3	17.0		
	31—40岁	20.8	39.6	17.6	22.0		
	41—50岁	18.2	57.8	13.8	10.2		
	>50岁	19.4	64.5	6.5	9.7		
家庭人口数	<5	20.5	46.3	18.6	14.6	11.190	0.083
	5—7	21.6	37.0	23.1	18.3		
	>7	11.8	38.2	23.5	26.5		
教育	小学及以下	16.9	57.8	11.0	14.3	27.215**	0.001
	初中	21.5	40.9	20.8	16.8		
	高中、中专	26.6	27.8	27.8	17.7		
	专科及以上	15.6	37.5	31.3	15.6		
婚姻	已婚	20.9	44.2	18.1	16.7	6.730	0.081
	未婚	19.6	38.0	26.6	15.8		

注:***,**分别表示 $P<0.001$、$P<0.05$。

在上述描述性分析的基础上,将以上通过显著性检验的因素(地区、性别、年龄、教育）纳入到无序多分类 Logistic 回归模型中，以农村劳动力转移就业目标类型作为被解释变量，以被解释变量中“创业型”为参照组，考察各因素对转移就业目标类型的影响程度，分析估计结果如表 5－34。

表 5－34　以创业型为参照组 Logistic 回归分析结果

	综合进取型			稳妥型			进取型		
	B	Sig.	Exp(B)	B	Sig.	Exp(B)	B	Sig.	Exp(B)
截距	1.546	0.165		3.453	0.000		0.742	0.538	
地区（徽州仙和村）									
含山汤徐村	-0.885**	0.016	0.413	-1.035**	0.001	0.355	-0.214	0.533	0.808
肥西周楼村	0.734**	0.034	2.083	-0.095	0.776	0.910	0.213	0.571	1.237
太和双钟村	-0.597**	0.043	0.550	-0.461*	0.069	0.631	-0.114	0.693	0.893
性别（女性）									
男性	-0.494*	0.059	0.610	-0.733**	0.002	0.480	-0.195	0.466	0.823
年龄（>50 岁）									
<20 岁	-0.927	0.324	0.396	-2.059**	0.017	0.128	0.236	0.828	1.266
21—30 岁	-0.813	0.347	0.443	-1.672**	0.033	0.188	0.222	0.830	1.249
31—40 岁	-1.089	0.206	0.336	-1.776**	0.023	0.169	-0.330	0.750	0.719
41—50 岁	-0.652	0.456	0.521	-0.650	0.412	0.522	0.303	0.773	1.354
教育（专科及以上）									
小学及以下	0.079	0.915	1.082	-0.035	0.956	0.966	-0.870	0.198	0.419
初中	0.053	0.937	1.054	-0.265	0.640	0.767	-0.408	0.484	0.665
高中、中专	0.187	0.801	1.205	-0.761	0.243	0.467	-0.248	0.707	0.781

注：括号内为各变量的参照组，***，**，*分别表示 $P<0.001$、$P<0.05$、$P<0.1$。

根据表 5－34，含山汤徐村、太和双钟村和徽州仙和村相比，更倾向于创业型就业目标，而肥西周楼村则更倾向于综合进取型就业目标。女性较之男性，更倾向于综合进取型、稳妥型就业目标，而男性更倾向于创业型就业目标。50岁以上的农村劳动力更倾向于稳妥型就业目标。

5.3.4 不同个体属性变量下转移就业方式决策类型的差异

表5－35展示了个体属性变量与农村劳动力转移就业方式决策之间的相互关系。由表5－35可知，地区、年龄、家庭人口数、教育、婚姻与转移就业方式决策有一定的相关性并通过了显著性检验，说明不同地区、年龄、家庭人口数、教育程度、婚姻状况农村劳动力之间，其转移就业方式存在显著差异。肥西周楼村与其他三个样本村相比，决策认知模糊型人数的比例较高，而高决策认知型的比例较低；年龄较大和最小者，决策认知模糊型的比例较大，决策认知明确型的比例越小，年龄越大，其对决策方式的认知程度越高；家庭人口越多，其对决策方式的认知程度越高；教育程度越高，其决策认知越明确，其对决策方式的认知程度反而越低；已婚者，其决策认知越明确，其对决策方式的认知程度越高。

表5－35 不同个体属性变量下转移就业决策方式类型的差异

单位：%

		决策认知模糊型	低决策认知型	决策认知明确型）	高决策认知型	卡方值	P值
地区	含山汤徐村	26.1	12.6	21.0	40.3	28.097**	0.001
	肥西周楼村	43.0	12.2	14.0	30.8		
	太和双钟村	26.6	14.5	18.4	40.4		
	徽州仙和村	21.6	15.6	17.5	45.4		
性别	男性	27.3	14.1	18.7	39.9	0.951	0.813
	女性	29.1	14.9	16.3	39.8		
年龄	<20岁	27.6	32.8	15.5	24.1	63.406***	0.000
	21—30岁	22.1	20.8	19.6	37.5		
	31—40岁	26.9	9.0	22.4	41.6		
	41—50岁	35.1	7.6	12.4	44.9		
	>50岁	35.5	6.5	3.2	54.8		

续表

		决策认知模糊型	低决策认知型	决策认知明确型)	高决策认知型	卡方值	P值
家庭人口数	<5	28.3	14.4	14.6	42.7	12.833**	0.046
	5—7	26.7	15.0	23.1	35.2		
	>7	26.5	5.9	23.5	44.1		
教育	小学及以下	35.7	5.8	4.5	53.9	78.678***	0.000
	初中	27.9	13.9	18.3	39.9		
	高中、中专	15.2	21.5	35.4	27.8		
	专科及以上	15.6	40.6	21.9	21.9		
婚姻	已婚	28.5	10.0	18.6	42.9	41.111***	0.000
	未婚	26.1	28.3	13.6	32.1		

注：***，**分别表示P<0.001、P<0.05。

在上述描述性分析的基础上，将以上通过显著性检验的因素（地区、年龄、家庭人口数、教育、婚姻）纳入到无序多分类 Logistic 回归模型中，以农村劳动力转移就业决策方式作为被解释变量，以被解释变量中“高决策认知型”为参照组，考察各因素对转移就业方式决策的影响程度，分析估计结果如表5－36。

表5－36 以高决策认知型为参照组 Logistic 回归分析结果

	决策认知模糊型			低决策认知型			决策认知明确型		
	B	Sig.	Exp(B)	B	Sig.	Exp(B)	B	Sig.	Exp(B)
截距	−0.829	0.345		−0.911	0.455		−2.604	0.050	
地区（徽州仙和村）									
含山汤徐村	0.309	0.292	1.363	0.101	0.784	1.106	0.424	0.194	1.528
肥西周楼村	1.067**	0.000	2.907	0.202	0.545	1.223	0.265	0.397	1.304
太和双钟村	0.297	0.176	1.346	−0.251	0.366	0.778	0.140	0.586	1.150
年龄（>50岁）									
<20岁	0.615	0.328	1.850	1.803**	0.048	6.069	3.150**	0.009	23.333
21—30岁	−0.046	0.922	0.955	0.995	0.217	2.704	2.293**	0.036	9.903
31—40岁	0.148	0.747	1.159	0.360	0.660	1.434	2.510**	0.022	12.310
41—50岁	0.174	0.700	1.191	0.362	0.659	1.437	2.083	0.059	8.031

续表

	决策认知模糊型			低决策认知型			决策认知明确型		
	B	Sig.	Exp(B)	B	Sig.	Exp(B)	B	Sig.	Exp(B)
家庭人口数(>7)									
<5	0.164	0.729	1.178	0.630	0.428	1.877	-0.299	0.568	0.741
5—7	0.420	0.383	1.522	0.816	0.309	2.261	0.303	0.568	1.355
教育(专科及以上)									
小学及以下	-0.062	0.924	0.940	-1.913**	0.004	0.148	-2.653**	0.000	0.070
初中	-0.126	0.840	0.882	-1.217**	0.024	0.296	-1.195**	0.042	0.303
高中、中专	-0.320	0.654	0.726	-0.492	0.422	0.611	0.184	0.773	1.202
婚姻(未婚)									
已婚	-0.179	0.516	0.836	-0.513	0.087	0.599	0.673**	0.044	1.960

注:括号内为各变量的参照组,***,**,*分别表示 $P<0.001$、$P<0.05$、$P<0.1$。

根据表5-36,肥西周楼村和徽州仙和村决策方式差异显著,相对于高决策认知型,肥西农村劳动力更倾向于决策认知模糊型;40岁以下农村劳动力与50岁以上农村劳动力决策方式差异显著,前者相比高决策认知型,更倾向于决策认知明确型,而20岁以下农村劳动力更倾向于低决策认知型;专科及以上农村劳动力比初中以下教育程度者,更倾向于低决策认知型和决策认知明确型;已婚者比未婚者更倾向于决策认知明确型。

5.3.5 不同个体属性变量下转移就业地的差异

表5-37展示了个体属性变量与农村劳动力转移就业地之间的相互关系。由表5-37可知,地区、年龄、教育、婚姻与转移就业地有一定的相关性并通过了显著性检验,说明不同地区、年龄、教育程度、婚姻状况农村劳动力之间,其转移就业地选择存在显著差异。肥西周楼村和徽州仙和村以市内就业为主,其次是邻省,含山汤徐村则是外省(除邻省)所占比例最高,邻省次之,太和双钟村是邻省所占比例最高,外省(除邻省)次之。年龄越大的农村劳动力,越倾向于市内就业,年龄越小的农村劳动力,更倾向于邻省就业,而外省(除邻省)就业的则以31—40岁之间的人比例最高。教育程度越低者,越倾向于市内就业,教育程度较高者,则倾向于邻省和市外省内就业,教育程度中等的农村劳动力,则更倾向于外省

（除邻省）。已婚和未婚者都更多地倾向于省外就业，而单个来看，已婚者更多倾向于市内，未婚者更多倾向于市外省内。

表 5－37 不同个体属性变量下转移就业地的差异

单位：%

		市内	市外省内	邻省	外省（除邻省）	卡方值	P 值
地区	含山汤徐村	2.7	0.0	31.9	65.5	379.067***	0.000
	肥西周楼村	53.8	2.9	35.1	8.2		
	太和双钟村	3.2	11.2	53.4	32.1		
	徽州仙和村	51.7	1.9	40.0	6.3		
性别	男性	31.0	5.2	42.5	21.3	0.987	0.804
	女性	30.5	3.9	42.5	23.2		
年龄	<20 岁	32.8	3.4	51.7	12.1	61.412***	0.000
	21—30 岁	26.0	8.0	44.7	21.2		
	31—40 岁	20.8	3.7	46.9	28.6		
	41—50 岁	45.3	1.8	32.3	20.6		
	>50 岁	48.4	6.5	41.9	3.2		
家庭人口数	<5	32.1	4.7	43.1	20.1	7.122	0.310
	5—7	29.7	5.5	41.8	23.1		
	>7	23.5	2.9	35.3	38.2		
教育	小学及以下	40.5	2.0	34.0	23.5	99.366***	0.000
	初中	31.5	3.9	42.9	21.6		
	高中、中专	16.5	2.5	53.2	27.8		
	专科及以上	15.6	37.5	40.6	6.3		
婚姻	已婚	32.0	3.3	41.5	23.1	18.991***	0.000
	未婚	25.7	10.4	45.4	18.6		

注：***，** 分别表示 $P < 0.001$、$P < 0.05$。

在上述描述性分析的基础上，将以上通过显著性检验的因素（地区、年龄、教育、婚姻）纳入到无序多分类 Logistic 回归模型中，以农村劳动力转移就业地作为被解释变量，以被解释变量中“外省（除邻省）”为参照组，考察各因素对转移就业地的影响程度，分析结果如表 5－38。

表 5－38　以外省（除邻省）为参照组 Logistic 回归分析结果

	市内			市外省内			邻省		
	B	Sig.	Exp(B)	B	Sig.	Exp(B)	B	Sig.	Exp(B)
截距	5.844	0.000		5.211	0.002		5.133	0.000	
地区（徽州仙和村）									
含山汤徐村	－5.805***	0.000	0.003	－21.807**		3.385 E－10	－2.710**	0.000	0.067
肥西周楼村	－0.316	0.425	0.729	0.340	0.638	1.404	－0.314	0.429	0.731
太和双钟村	－4.814***	0.000	0.008	－0.152	0.780	0.859	－1.445**	0.000	0.236
年龄（＞50 岁）									
<20 岁	－1.160	0.391	0.313	－2.514	0.124	0.081	－0.589	0.631	0.555
21—30 岁	－2.787**	0.019	0.062	－3.019**	0.026	0.049	－2.014*	0.066	0.133
31—40 岁	－3.988**	0.001	0.019	－3.554**	0.009	0.029	－2.527**	0.021	0.080
41—50 岁	－2.875**	0.015	0.056	－3.793**	0.007	0.023	－2.528**	0.021	0.080
教育（专科及以上）									
小学及以下	0.054	0.959	1.056	－3.071**	0.004	0.046	－1.135	0.175	0.321
初中	－0.855	0.390	0.425	－2.611**	0.003	0.073	－1.229	0.124	0.293
高中、中专	－2.280**	0.032	0.102	－3.970**	0.000	0.019	－1.626*	0.051	0.197
婚姻（未婚）									
已婚	0.307	0.422	1.360	－0.628	0.215	0.534	0.314	0.298	1.369

注：括号内为各变量的参照组，***，**，*分别表示 $P<0.001$、$P<0.05$、$P<0.1$。

根据表 5－38，从地区差异来看，含山汤徐村、太和双钟村与徽州仙和村有显著差异，肥西周楼村与徽州仙和村则没有显著差异，相对于外省（除邻省）就业的人数，含山汤徐村农村劳动力在市内就业、市外省内就业、邻省就业的倾向都远远不如徽州仙和村明显，太和双钟村农村劳动力则在市内就业、邻省就业的倾向不如徽州仙和村明显。从年龄差异来看，相比于 50 岁以上的农村劳动力，20—50 岁之间的农村劳动力在市内、市外省内、邻省就业的倾向不如 50 岁以上的农村劳动力。从受教育程度来看，相对于专科及以上学历的农村劳动力来说，较低学历者在市外省内就业的倾向不如较高学历者，高中、中专学历在市内、市外省内、邻省就业的倾向都不如专科及以上学历者。

5.4 农村劳动力转移就业空间决策过程的路径分析

理论上来说，动机不同，转移就业地和就业市场环境的认知有明显不同，进而影响到转移决策，使其带有很大的偏好性与倾向性。因此动机、环境认知、决策是农村劳动力转移就业空间决策的基本过程，分析三者之间的路径关系，将有利于深入认识该过程的作用机理。根据前面的分析，转移就业空间决策包括就业信息决策、就业途径决策、就业方式决策、就业目标决策、就业地决策的一个决策系统，从测量角度看，本研究只有决策方式是关于态度、偏好的测量，也只有决策方式采用李克特量表形式，由于数据限制，这里只构建关于动机—环境认知—决策方式的路径模型（图 5 -2）。

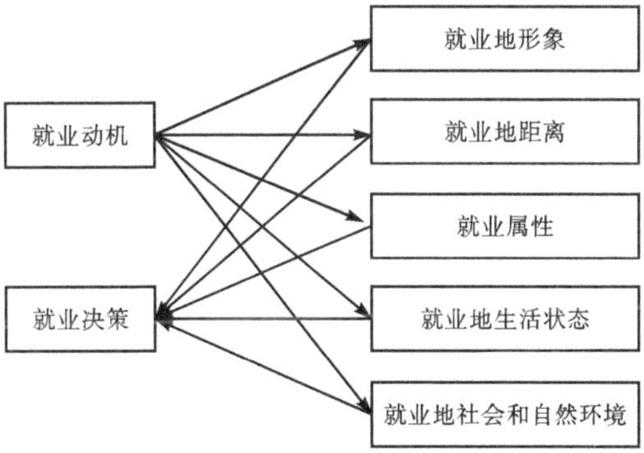

图 5 -2 转移就业空间决策路径模型构建

以四个样本村为案例地，在农村劳动力转移就业决策过程分析基础上，检验以下假设：①农村劳动力转移就业动机有明显差异，动机不同，农村劳动力对就业地的环境认知明显不同，假设农村劳动力转移就业动机越强烈，其对转入地的环境有更加清晰的认知。②农村劳动力对就业地的环境认知不同，直接影响其就业决策方式，假设农村劳动力对就业地的环境认知越正面，其转移决策方式也更为主动。

5.4.1 整体测量模型

分别对四个样本村转移就业方式空间决策的整体测量模型进行验证性因子分析(5－39),只有肥西周楼村的测量模型无法收敛,其他三个村的测量模型都得到了顺利收敛。分析标准化回归系数,在多数模型中,潜变量"就业强度"和"住房需求"的标准化系数比较低,因而将这两个值删除,之后各拟合指标都有较大改善。分析肥西周楼村的整体测量模型,发现"自然环境"和"社会环境"的标准化系数值异常,将两个值删除,模型能够顺利识别。为了比较四个村农村劳动力转移就业方式空间决策的差异性,将其他三个模型中的"自然环境"和"社会环境"的值都删除,模型都能够顺利识别。根据修正指数,对四个模型进行修正,得到最终的测量模型,其拟合度及组合信度和平均变异量抽取值如表 5－39 和 5－40。

修正后四个村整体测量模型的拟合度都有很大提高,说明数据可以作为进一步分析的依据。考察组合信度与平均变异量抽取值,大部分能够满足要求,但也有不少值偏低,特别是决策方式量表,各个村的值大部分都不能满足要求。

表 5－39　四个样本村整体测量模型的拟合度比较

拟合指标	绝对拟合指标				增值拟合指标			精简拟合指标	
	$\chi2/df$	GFI	RMSEA	AGFI	NFI	CFI	IFI	AIC	CAIC
理想数值	1－3	≥0.9	<0.1	≥0.9	≥0.9	≥0.9	≥0.9	越小越好	越小越好
双钟村	2.663	0.924	0.077	0.869	0.820	0.875	0.879	286.418	518.514
周楼村	2.020	0.905	0.077	0.835	0.805	0.884	0.891	241.370	452.892
汤徐村	1.586	0.890	0.070	0.815	0.823	0.922	0.927	210.571	395.748
仙和村	2.873	0.928	0.077	0.867	0.866	0.906	0.909	296.748	558.139

表 5－40　四个样本村验证性因子分析整体测量模型结果

	组合信度				平均变异量抽取值			
	双钟村	周楼村	汤徐村	仙和村	双钟村	周楼村	汤徐村	仙和村
家乡城镇 环境优良 经济发达	0.640	0.418	0.730	0.600	0.377	0.206	0.481	0.358
社会联系 距离接近	0.512	0.554	0.755	0.372	0.353	0.399	0.608	0.255
就业收入 就业技能 就业保障	0.585	0.525	0.435	0.764	0.325	0.274	0.236	0.520
便利性 基础服务	0.739	0.533	0.755	0.668	0.605	0.386	0.607	0.502
精神动机 发展动机 生存动机	0.604	0.674	0.740	0.504	0.342	0.411	0.492	0.289
明确决策 模糊决策	0.335	0.174	0.458	0.637	0.204	0.113	0.302	0.496

5.4.2　四个样本村路径系数比较

根据测量模型结果，将原理论模型中就业地自然和社会环境一值删除，考虑到决策方式的组合信度和平均变异量抽取值比较低，将明确决策和模糊决策直接作为内因变量，修正原始理论模型后如图 5－3。

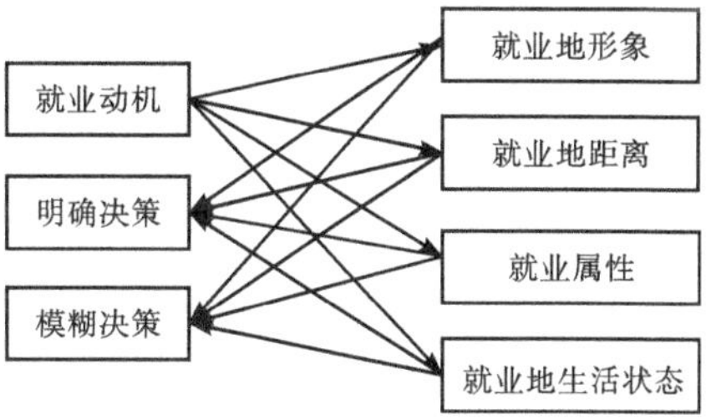

图5－3　转移就业空间决策路径模型修正

根据理论假设，在 AMOS 7.0 中建立初始模型，分别带入四个村的数据，计算估计值，发现模型都能得到很好收敛，但各项拟合指标不理想，根据 AMOS 输出报表的修正指数进行修正，发现各拟合指标明显改善（表

5-41),因此将此作为最终的结构模型。基于最大似然法(ML)对本研究的最终结构关系模型进行参数估计,进而可以判别结构模型中的假设关系是否成立。

表5-41　四个样本村路径模型拟合度比较

拟合指标		绝对拟合指标				增值拟合指标			精简拟合指标	
		$\chi2/df$	GFI	RMSEA	AGFI	NFI	CFI	IFI	AIC	CAIC
理想数值		1-3	≥0.9	<0.1	≥0.9	≥0.9	≥0.9	≥0.9	越小越好	越小越好
双钟村	原始模型	3.364	0.891	0.092	0.837	0.740	0.797	0.802	349.093	534.769
	修正模型	1.812	0.944	0.054	0.908	0.872	0.936	0.938	226.309	444.479
周楼村	原始模型	3.419	0.830	0.119	0.746	0.617	0.682	0.694	353.494	519.393
	修正模型	1.525	0.922	0.055	0.870	0.846	0.938	0.941	205.811	404.891
汤徐村	原始模型	2.385	0.823	0.108	0.734	0.700	0.792	0.801	270.819	421.984
	修正模型	1.606	0.886	0.072	0.817	0.811	0.915	0.919	210.456	380.516
仙和村	原始模型	5.226	0.844	0.116	0.766	0.701	0.738	0.743	498.056	688.159
	修正模型	2.814	0.924	0.076	0.870	0.859	0.902	0.904	297.004	534.632

表5-42　四个样本村动机—环境认知—决策方式路径系数比较

影响路径	标准化参数估计值			
	双钟村	周楼村	汤徐村	仙和村
就业动机对就业地形象	0.913***	0.650***	0.884***	0.903***
就业动机对就业地距离	0.853***	0.260*	0.593***	0.525*
就业动机对就业属性	0.687***	0.599***	0.776***	0.868***
就业动机对就业地生活状态	0.570***	0.372**	0.318**	0.493***
就业地形象对明确决策	-0.392*	0.040	0.464**	-0.366*
就业地形象对模糊决策	-0.293	0.244*	0.571**	-0.433*
就业地距离对明确决策	0.130	0.576***	0.094	-0.050
就业地距离对模糊决策	0.781***	0.285**	0.171	0.062
就业属性对明确决策	0.532***	0.395*	-0.439	0.587***
就业属性对模糊决策	0.230	-0.427*	-0.525*	0.330*
就业地生活状态对明确决策	0.220*	-0.186	0.242*	0.567***
就业地生活状态对模糊决策	-0.280**	0.159	0.251*	0.465***

注:***,**,*分别表示 $P<0.001$、$P<0.01$、$P<0.05$。

根据四个样本村动机—环境认知—决策方式的路径系数(表5-42,图5-4至5-7),可知:

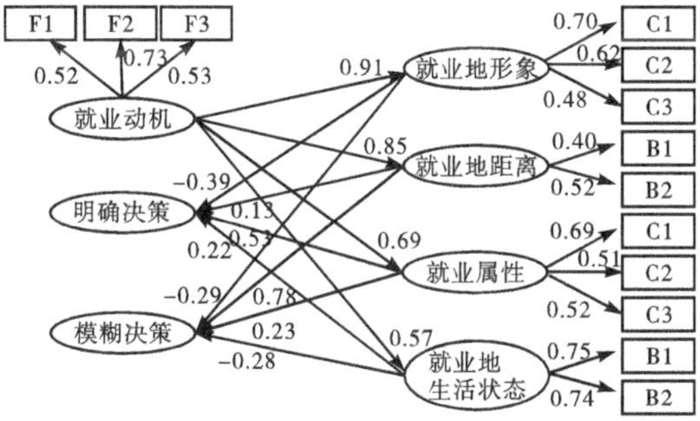

图5-4 双钟村转移就业空间决策路径模型参数

注:***,**分别表示P<0.001、P<0.01。

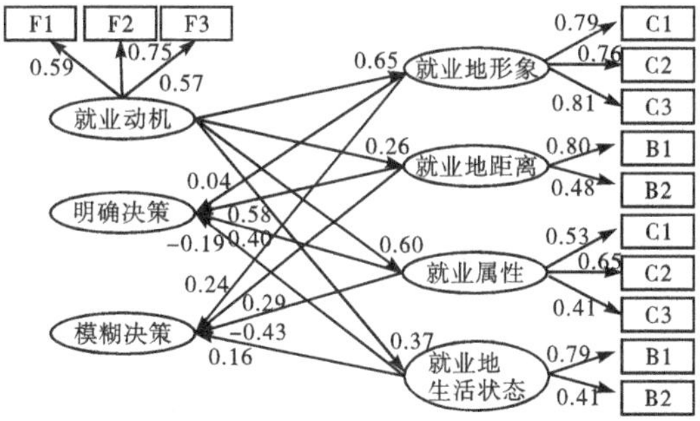

图5-5 周楼村转移就业空间决策路径模型参数

注:***,**分别表示P<0.001、P<0.01。

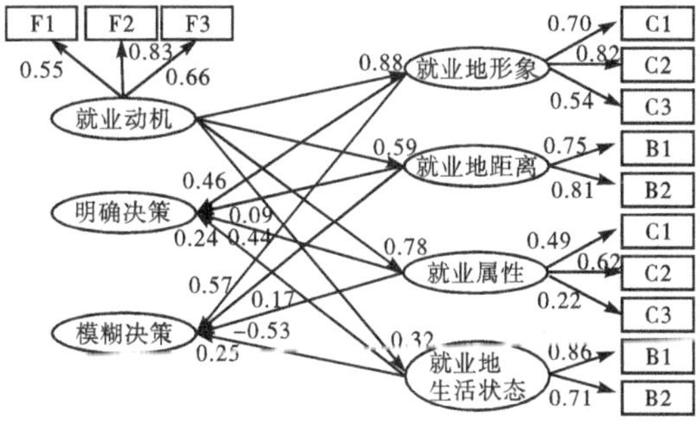

图5-6 汤徐村转移就业空间决策路径模型参数

注:***,**分别表示P<0.001、P<0.01。

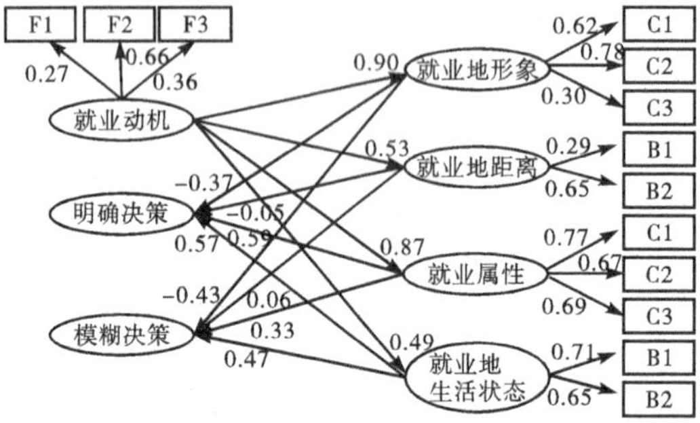

图5-7　仙和村转移就业空间决策路径模型参数

注：***，**分别表示P<0.001、P<0.01。

第一，四个样本村农村劳动力的就业动机对环境认知有显著正向影响，说明农村劳动力外出就业的动机越是强烈，其对就业地和就业环境的认知越是正向，因而就越会促使其外出打工。根据实际调研，近十几年来，“外出打工”毫无疑问已经成为农村劳动力心目中唯一的“出路”，不但新生代农民工一走出校门就开始外出打工，年龄较大者也出于“和子女在一起”“未成年子女长大”等原因，加入打工行列。这种明确的就业动机使农村劳动力对外界就业环境的认知越来越清晰，也越来越吸引他们外出。对比动机对就业地和就业环境不同功能感知的影响，就业动机对就业地形象、就业地距离、就业属性的影响要大于对就业地生活状态的影响。这说明，就业动机越强者，其首先通过就业地形象、距离、就业属性等影响就业决策，较早地对农村劳动力的就业决策行为起作用的。特别是农村劳动力在转移就业决策中，就业地形象、距离往往产生与就业属性共同重要的作用。对比四个样本村各系数的差异，发现肥西周楼村农村劳动力就业动机对就业地距离的路径系数明显较其他地区低，这说明，在其他地区，转移就业动机越强，农村劳动力对“距离接近”和“社会联系”的倾向越强，但在肥西周楼村，虽然两者也是正向关系，但强度并不是很大，说明就业动机对其就业地距离认知没有起到特别强的作用。

第二，就业动机通过就业地形象认知对决策方式的中介作用，在各样本村有较大差异。在肥西周楼村和含山汤徐村是正向作用，在太和双钟村和徽州仙和村则是负向作用。说明合肥、北京的就业形象分别对肥西周楼村和含山汤徐村农村劳动力的打工决策起到了正面影响，也就是说，这两个村农村劳动力现有打工目的地与其理想值较为吻合，对就业地的期望也较强地促进了其打工决策。而长三角、黄山等地的整体形象对双钟村和仙和村劳动力的打工决策则起到了一定的负面影响，说明这些地方与农村劳动力心目中理想的打工目的地还有一定距离，对就业地的期望越高，反而不利于其就业决策。

第三，就业动机通过就业地距离认知对决策方式的中介作用，在大部分样本村都呈现正向影响，说明对"距离近、社会联系强"的渴望越强，越有利于农村劳动力打工决策的形成。特别是在肥西周楼村，呈现非常显著的正向作用，说明这里的农村劳动力，对距离和社会联系的期望较强地促进了其就业决策。在太和双钟村，这种就业地距离认知对模糊决策的正向影响非常显著，但对明确决策的影响却并不显著，说明对就业地"距离近、社会联系强"的倾向更多地促进了模糊决策方式。在含山汤徐村和徽州仙和村则这种影响都不显著。

第四，就业动机通过就业属性认知对决策方式的中介作用，在大部分样本村都呈现正向影响。在太和双钟村和徽州仙和村尤其比较明显，说明这两个村农村劳动力对就业属性的认可程度越高，就业决策越明确。但是在含山汤徐村，却呈现负向影响，由于这里大部分劳动力以早点餐饮为职业，劳动强度大、劳动保障缺乏，因此对就业属性的认可度高并不促进其就业决策。在肥西周楼村，就业属性对明确决策有显著正向影响，对模糊决策有显著负向影响，这说明该村农村劳动力对就业属性的认可度高促使其就业决策考虑的更为明确主动。

第五，就业动机通过就业地生活状态认知对决策方式的中介作用，在大部分样本村都呈现显著正向影响，说明对就业地生活状态越是满意，越促进了其转移就业决策。特别是在徽州仙和村，就业地生活状态对明确决策和模糊决策都有非常显著的正向影响，说明对这里的农村劳动力来说，对就业地的生活状态要求较高，其满意度直接影响其就业决策。但在太和双钟村，就业地生活状态对明确决策有显著正向影响，对模糊决策有显著负向影响，说明这里的农村劳动力对就业地的生活状态的满意程度越高，其就业决策越明确主动，被动决策的意愿越低。

第六，分析环境认知对决策方式影响在各个样本村的差异，发现每个样本村的主导因素有很大不同:在太和双钟村,就业属性、就业地生活状态是促进其明确决策的重要因素,就业地距离是促使其模糊决策的重要因素,就业地形象则对其明确决策有不利影响,就业地生活状态则对其模糊决策有不利影响;在肥西周楼村,就业地距离和就业属性促进其明确决策,就业地形象和就业地距离促进其模糊决策,就业属性对其模糊决策有不利影响;在含山汤徐村,就业地形象、就业地生活状态对决策有显著正向影响,而就业属性对其模糊决策有不利影响;在徽州仙和村,就业属性和就业地生活状态对决策方式有显著正向影响,就业地形象对决策方式有显著负向影响。

5.5 本章小结

转移就业空间决策包括转移就业信息决策、转移就业途径决策、转移就业目标决策、转移就业方式决策、转移就业地决策五方面内容。农村劳动力就业的信息来源主要是“老乡、亲戚、朋友”,其次是“自己的就业经历”,而媒体等方式并不特别重要。个体亲缘网络是当前农村劳动力转移就业的基本途径,政府、企业、媒体的作用非常有限。农村劳动力转移就业目标呈现多样化,稳妥型比例最高,创业型、进取型、综合进取型等比例差不多。农村劳动力转移就业更多的是“随大流”或迫于形势,明确决策的得分不如模糊决策,高决策认知型和决策认知模糊型人数较多。就业地决策特征表现为:从就业地与调研地的距离看,邻省(特别是江浙沪)就业人数最多,其次是本市,然后是外省(除邻省),省内市外就业的人数最少;从就业地区域经济水平看,长三角地区是安徽省最为重要的打工区域,其次是京津唐和珠三角地区,省内主要有合肥等城市,但其影响力主要在本市;从就业地的集聚特征看,就业地向该村首位城市集中、向主要发达城市集中的特征非常明显。

不同环境认知功能类型,其转移就业信息、途径、目标、方式、就业地都存在显著差异。较倾向社会联系、对打工生活满意度高、对社会环境适应程度高的劳动力就业信息更倾向于媒体－亲缘型;对距离倾向高、收入保障和住房限制较强的劳动力就业途径更倾向于亲缘－自立型;对距离、社会联系倾向高、对社会自然环境适应性低的劳动力更倾向于综合进取型就业目标；对距离倾向高、收入保障限制强、就业地生活状态满意程度中等、适应性较弱的劳动力更倾向于决策认知模糊型；对经济环境倾向高、收入保障限制强、就业地生活状态满意度较高的劳动力更倾向于外省（除邻省）就业；密切联系型和距离接近型、社会自然环境适应度高的劳动力更倾向于市内就业。

个体属性差异对转移就业空间决策产生显著影响。家庭成员越多，未婚者，其就业信息对亲缘及媒体的依赖更强，教育程度越高，信息类型更多倾向于自身经历－亲缘型；年龄越大、教育程度越低者，就业途径对亲戚的依赖越大，而年纪越轻者，朋友的作用更强一些，教育程度越高，综合途径型的比例越大；女性、年龄越大、教育程度较低者，更多地持稳妥型就业目标，创业型就业目标则以31—40岁之间的人比例最大，持进取型、创业型就业目标的人以高中及以上学历者为多；年龄较大和最小者，决策认知模糊型的比例较大；年龄较大、家庭人口越多，其对决策方式的认知程度越高；教育程度越高，已婚者，其决策认知越明确；年龄越大、教育程度越低、已婚者，越倾向于市内就业；年龄越小的农村劳动力，更倾向于邻省就业，而外省（除邻省）就业的则以31—40岁之间的人比例最大；教育程度较高者，则倾向于邻省和市外省内，教育程度中等的农村劳动力，则更倾向于省外，未婚者更多倾向于市外省内。

通过四个样本村动机—环境认知—决策方式的路径分析，可得出以下结论：就业动机对环境认知有显著的正向影响，动机越是强烈，其环境认知越是正向，就业动机对就业地形象、就业地距离、就业属性的影响要大于对就业地生活状态的影响；就业动机通过就业地形象认知对决策方式的中介作用，在各样本村的主导因素则有所不同。

6 安徽省农村劳动力转移就业时空路径

农村劳动力转移就业时空路径是农村劳动力伴随转移就业过程形成的一系列活动轨迹。通过对各样本村劳动力转移就业时空路径的分析，探讨时空路径类型，总结其空间进入特征、节律特征、空间流动特征。进而分析个体属性、就业动机、环境认知、空间决策对农村劳动力转移就业时空路径的影响。

6.1 农村劳动力转移就业时空路径地域差异

为了解各样本村农村劳动力转移就业的基本时空特征，将各村农村劳动力转移就业历程的空间数据进行汇总分析。发现各样本村打工地都有相对集中的趋势。根据他们对不同地点的集聚程度差异，按照其相对于原转移村落的位置关系，对这些就业地进行一定程度的合并（长三角指江苏、浙江、上海，南方包括福建、广东、广西、湖南、湖北、云南、贵州等南方地区，北方包括北京、河北、山西、山东、辽宁、吉林、黑龙江、陕西、甘肃等东北、华北、西北地区），进而得到图6－1至6－4。从图中可以看出各村劳动力转移就业时空路径的基本趋势。显然，经过20年的外出就业历程，四个村都已形成了特有的就业空间取向，形成了以一个或两个重要就业地为核心的辐射范围广泛的转移就业空间。

太和双钟村形成了以长三角为首要就业地，南方、本省发展迅速的就业空间。从图6－1可知，2003年之后，双钟村农村劳动力向长三角地区转移的人数开始迅速增多，至2011年已远远超过到南方、北方和本省的人数，从而使长三角地区成为双钟村最重要的转移就业地。但进一步分析发现，双钟村向长三角地区转移，并不集中于一个城市，而是分别集中于温州、无锡、杭州、上海、苏州等地。其在南方和本省两个地区的分布，总量虽然不多，但却各自形成了深圳、合肥两个集聚点。因此，从整体上

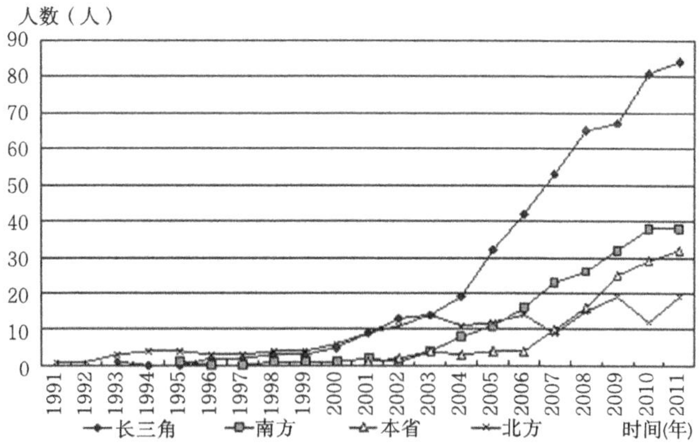

图 6－1 双钟村农村劳动力转移就业历程

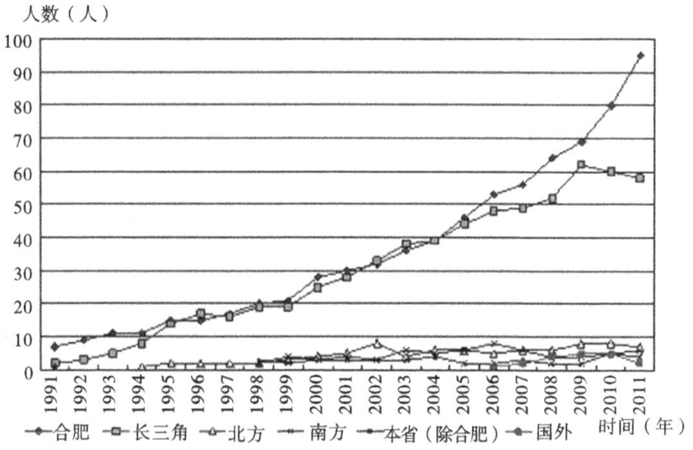

图 6－2 周楼村农村劳动力转移就业历程

看，太和双钟村农村劳动力外出转移就业地的空间特征，表现在向东南和正南方向集聚，形成了如高更和等[188]所揭示的“簇团”式分布。从双钟村劳动力打工空间的初始进入来看，其在向北方向的郑州、济南、北京，向南方向的深圳，向东南方向的湖州、绍兴等都有较早进入，而深圳方向的长三角发达城市则是逐步发展起来的，最后，凭借长三角发达城市群的共同吸引，这里成为双钟村最重要的转移就业地。值得一提的是，2006年以后，本省就业地逐渐成长为双钟村的又一重要转移就业地，其速度已超过南方和北方等地区。特别是合肥市，2008 年以来已经成为双钟村转

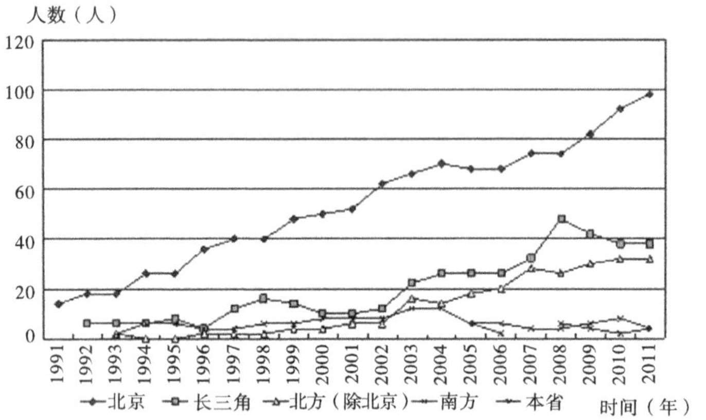

图 6 - 3　汤徐村农村劳动力转移就业历程

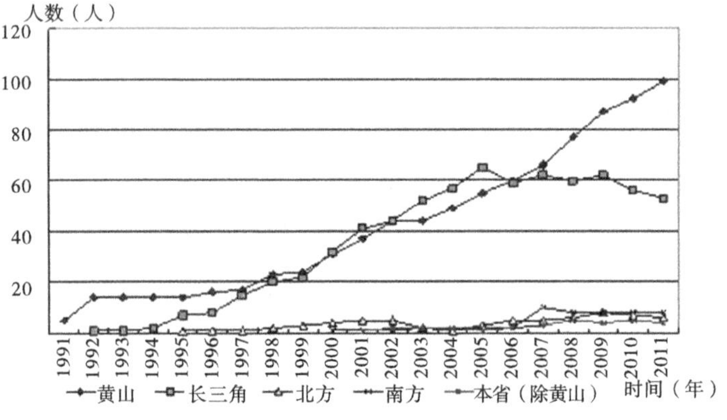

图 6 - 4　仙和村农村劳动力转移就业历程

移就业的七大"簇团"地之一。而这种安徽省其他城市成为重要转移就业目的地的情况，在其他三个样本村还没有出现。

肥西周楼村形成了合肥和长三角地区两大转移就业目的地（图 6 - 2）。1991 年以来，两者一直保持基本一致的发展速度，打工人数相差不多，但从 2006 年开始两者的发展速度差距开始变大，2009 年之后，到长三角地区打工的人数开始下降，而到合肥的打工人数则快速攀升。显然，合肥作为家乡城市，又是安徽省省会，对肥西周楼村的农村劳动力是一个重要的吸引中心。但长期以来，由于安徽省经济发展滞后于长三角地区，因此在距离吸引与经济吸引的较量中，形成了合肥与长三角地区两个转移就业集聚中心。随着近年安徽省加快大城市特别是合肥市的经济发展与城市建设，其经济增长速度有了很大提高，合肥市的经济区位优势开始显著增强，对周边农村劳动力的吸引能力也越来越强，逐渐成为超越长三角地区的劳动力集聚中心。对周楼村劳动力在长三角地区的打工地进一步分析，发现存在上海、宁波、苏州三个“簇团”，其中上海的打工人数上升很快。除合肥和长三角之外，其他几个地区对周楼村农村劳动力的吸引能力都很弱，呈现分散、人数少的特点，但2006年以来出现的“出国务工”现象值得关注。这些农村劳动力都是在中介的组织下，到西亚、北非等国家从事建筑业，年收入大概是国内的5—6倍。这说明合肥地区的劳动中介组织比较发达，已开始组织一定规模的国际劳工输出，另一方面也说明当前农村劳动力转移就业的经济趋向非常明显，其对外部世界的认知也开始涉及国外地区。

含山汤徐村形成了北京一个首要打工目的地和长三角、北方地区两个成长型的次级打工目的地（图6－3）。20世纪80年代末期以来，汤徐村开始有人到北京打工，主要从事餐饮、建筑等行业，这种传统在20世纪90年代得到强化，目前仍然对本地劳动力产生很强的吸引力。北京是中国的首都，有着规模很大的常住人口和巨大的客流量，同时北京城市建设发展很快，从而对餐饮、建筑等行业劳动力数量较多的需求，而这些行业劳动强度较大，吸引不了本地劳动力，安徽农村劳动力是对当地这些行业劳动力短缺的重要补充。与其他主要就业目的地（如长三角、珠三角发达城市）相比，北京的生活成本相对较低，收入相对较高。另外，虽然汤徐村离合肥、南京两个城市比较近，但由于交通、社会联系的原因，都没有形成对北京的替代效应，因此，“北京优势论”继续得到强化。从其他两个成长型的次级打工目的地来看，长三角虽然总体吸引人数较多，但比较分散，只在上海、无锡等城市有一定的集聚，北方地区人数增长较快，集中于青岛、长治等地区，主要还是受北京强吸引力作用下的一种补充。

徽州仙和村形成了黄山一个首要打工目的地和长三角一个次级打工目的地（图6－4）。从发展过程看，长三角作为与黄山地区地缘接近、社会联系广泛的地区，20世纪90年代初就与家乡城市黄山一起成为仙和村重要的打工目的地。两者的发展历程基本一致，重要程度不相上下。

但从2007年开始，两者对打工者的吸引力在发生变化，出现了大量回流农村劳动力。这主要是因为徽州区作为黄山市的重要工业中心，近年招商引资力度加大，工业增长迅速，从而对劳动力产生了很强的吸引力，这种趋势在2008年后表现得非常明显。从仙和村劳动力到长三角打工的空间特征来看，主要是集中于杭州、宁波、上海、湖州四个城市。这四个城市从位置上看，都与黄山比较接近。从社会联系来看，这些地区自古就是黄山与长三角联系的重要节点，因此，这些地方成为徽州仙和村农村劳动力转移就业的重要目的地。

6.2 农村劳动力转移就业时空路径类型

对762位农村劳动力打工时空路径的空间特征进行分析，可以得出农村劳动力外出打工主要有六种类型：第一种命名为“稳定型”，这一类型的农村劳动力，外出打工地点比较稳定，从开始外出打工就一直在某地；第二种命名为“逐步稳定型”，这一类型的农村劳动力，虽然开始地点变动比较频繁，但后来逐步稳定，打工模式也逐步趋稳；第三种命名为“漂泊不定型”，这一类型的农村劳动力，外出打工地点则一直不稳定，总处于不断变化之中；第四种命名为“回流型”，这一类型的农村劳动力，在打工初期离开家乡所在市，但后期却回到本市打工，带有明显的回流趋向；第五种命名为“逐步开拓型”，这一类型的农村劳动力，打工初期主要在家乡城镇或城市，随着打工历程的积累，则逐步开始离开家乡所在市，到外省市打工；第六种命名为“断续型”，这一类型的农村劳动力，打工过程并不是一直连续的，可能打工几年，又在家务农几年，再外出打工，时空路径断断续续，带有明显的兼业特征。为了更明确每一个路径的类型，对每种类型的时空间特征进行界定（表6-1）。根据表6-1，对762份打工历程类型进行逐一判定，然后统计四个样本村农村劳动力转移类型的频数及频率，得到表6-2，进而统计各类型劳动力的社会人口属性表6-3（由于逐步开拓型人数太少，因此这里不做统计），作为各类型特征分析的依据。

表 6-1 农村劳动力转移就业时空路径类型划分

类型	时空特征
稳定型	一直在一地打工
逐步稳定型	不是一直在一地打工,但近些年,稳定在一地打工 5 年以上
漂泊不定型	外省市打工地超过两地,最近在一地稳定时间不超过 5 年
回流型	以前在外省市打工,近年回到本市内打工
逐步开拓型	开始打工在本市,后逐步到外省打工
断续型	打工过程不连续,有些年份回家务农

表 6-2 各样本村农村劳动力转移类型的频数及频率

单位:人(%)

类型	双钟村	周楼村	汤徐村	仙和村	总计
稳定型	118(61.46)	95(56.21)	84(47.19)	149(66.82)	446(58.53)
逐步稳定型	9(4.69)	5(2.96)	40(22.47)	3(1.35)	57(7.48)
回流型	2(1.04)	33(19.53)	2(1.124)	21(9.42)	58(7.61)
逐步开拓型	2(1.04)	13(7.69)	0(0)	0(0)	15(1.97)
漂泊不定型	49(25.52)	17(10.06)	40(22.47)	5(2.24)	111(14.57)
断续型	12(6.25)	6(3.55)	12(6.74)	45(20.2)	75(9.84)

表 6-3 农村劳动力转移类型的社会人口统计特征

单位:人(%)

		总和	稳定型	逐步稳定型	回流型	漂泊不定型	断续型
性别	男性	498(66.2)	289(66.3)	35(61.4)	45(77.6)	76(68.5)	41(54.7)
	女性	254(33.8)	147(33.7)	22(38.6)	13(22.4)	35(31.5)	34(45.3)
年龄	<26 岁	201(26.4)	133(30.0)	5(8.8)	10(17.2)	46(41.4)	5(6.7)
	26—40 岁	339(44.6)	173(39.0)	40(70.2)	30(51.7)	42(37.8)	48(64.0)
	>40 岁	220(28.9)	138(31.1)	12(21.1)	18(31.0)	23(20.7)	22(29.3)
教育	小学及以下	133(17.9)	78(18.0)	10(18.2)	7(12.3)	24(22.2)	14(18.7)
	初中	520(70.0)	298(68.8)	42(76.4)	47(82.5)	66(61.1)	53(70.7)
	高中及以上	90(12.1)	57(12.2)	3(5.4)	3(5.3)	18(16.7)	8(10.7)
婚姻	已婚	602(80.3)	328(75.0)	54(98.2)	52(91.2)	84(75.7)	70(93.3)
	未婚	148(19.7)	109(25.0)	1(1.8)	5(8.8)	27(24.3)	5(6.7)
职业	建筑业	260(34.5)	154(35.0)	9(16.4)	29(50.0)	38(34.2)	21(28.0)
	制造业	264(35.1%)	161(36.6)	14(25.5)	14(24.1)	36(32.4)	37(49.3)
	服务业	229(30.4%)	125(28.4)	32(58.2)	15(25.9)	37(33.3)	17(22.7)

6.2.1 稳定就业型

稳定型就业人数和比例是六种类型中最高的,百分比达到58.53%。从其社会属性特征来看,其在性别、年龄、教育、婚姻、职业上的特征,与总劳动力的特征几乎是一致的。说明这类劳动力,代表了整体转移劳动力的基本特征,也说明大部分农村劳动力外出打工具有较强的地区惯性。农村劳动力外出打工,都希望能稳定在一地打工,一旦他们进入外出打工的行列,只要觉得还比较满意,一般都会继续下去。同时也表明,初次打工地、打工行为往往影响其后来的打工模式。

从地区差异来看,徽州仙和村和太和双钟村该类型比例较高,说明这两地的农村劳动力对稳定的要求更为强烈,而汤徐村该类型比例较低,但该村逐步稳定型比例却远远大于其他地区,说明该地区农村劳动力在一开始就固定于某一地打工的倾向较小,但经过初期的流动就业,最后稳定于一定地区的倾向很强。

通过表6-4分析各村主要打工地的人数及比例,稳定型就业劳动力的打工空间特征(如图6-5)。可知,稳定型劳动力在各村重要打工地的人数比例比平均比例一般要高,其中在各村第一打工地的人数比例比平均比例高。这说明,和一地区平均就业空间特性相比,稳定型就业类型具有更强的集中于特定打工地的趋势。显然,稳定型就业本身就具有较强的时空间惯性,这四个地区,经过长期的打工过程,已形成一定的空间趋向性,而稳定型就业则对这种空间趋向起到强化的作用。

表6-4 各样本村主要打工地人数及比例

		人数(人)	占地区总人数比例(%)	稳定型人数(人)	占地区总稳定型人数比例(%)
双钟村	长三角	84	43.75	52	44.068
	珠三角	37	19.271	25	21.187
	本省	32	16.667	23	19.492
周楼村	合肥	95	56.213	55	57.895
	长三角	58	34.32	26	27.368

续表

		人数(人)	占地区总人数比例(%)	稳定型人数(人)	占地区总稳定型人数比例(%)
汤徐村	北京	98	55.056	56	66.667
	长三角	38	21.348	14	16.667
	京津唐	26	14.607	8	9.524
仙和村	黄山	99	44.395	76	51.007
	长三角	53	23.767	45	30.201

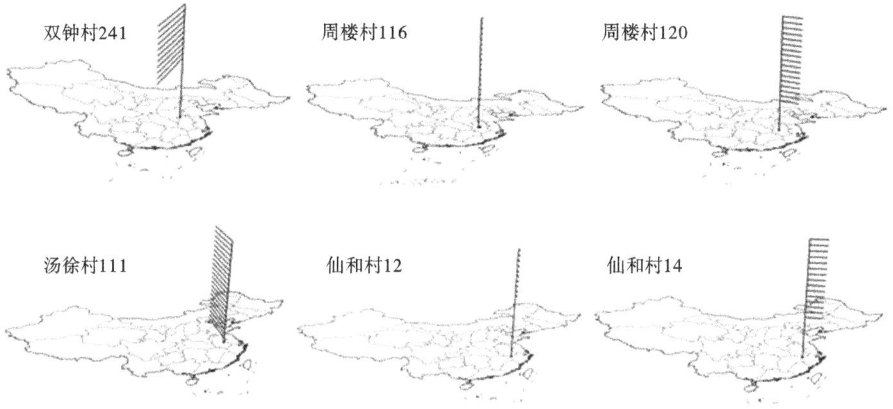

图6-5 稳定型劳动力转移就业时空路径示意图

注:图中序号表示样本采集的序号(下同)。

该模式的时空制约因素包括:①空间依赖是制约其空间扩展的重要原因,这部分劳动力的对外开拓能力较低,他们更多依赖于前人在该地形成的传统就业模式,到别处发展的愿望不强;②该类型劳动力外出决策并未对外界就业环境进行深入考察与分析,也并非寻求“最大收益”,他们外出的动机主要来源于原居地的推力,只要打工地的收入较高于在家乡务农收入,他们的打工行为就会继续下去,这可以认为是一种“就业期望”制约。

6.2.2 逐步稳定就业型

该类型人数较少,总共只有57例,占总调研人数的7.48%。从他们的人口学统计特征来看,相比于平均值,该类型劳动力女性比例较大,年轻人比例小、中年人比例大、高学历人群少、从事服务业人数多。该类型可以说是稳定就业类型的一种特例，它与其他类型的不同主要在打工初期，由于对外界环境不熟悉，以及自身能力的限制，往往表现为经常转换打工地和职业，但经过几年的流动性就业，则逐步稳定于在某一地打工，职业也比较固定。

该类型的就业时空特征如图6－6：①该类型劳动力的打工地往往不是所在村首位打工目的地，由于他们往往有一个在外漂泊的经历，因此，他们并不固守所在村已形成的打工模式；②该类型劳动力中年比例大，因此打工经历长，其所经历的打工空间范围也较大。

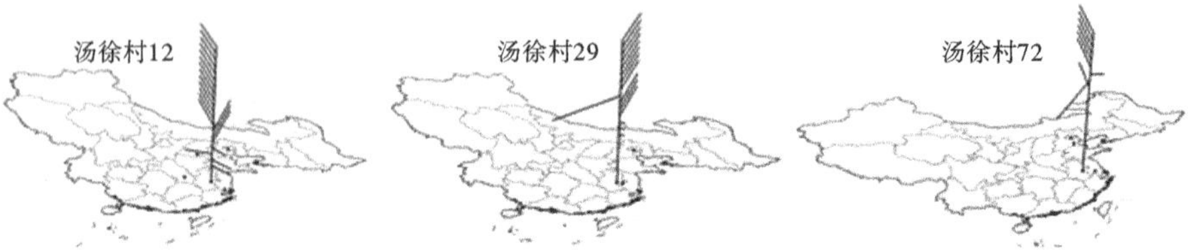

图6－6　逐步稳定型劳动力转移就业时空路径示意图

四个样本村，该就业类型主要集中于汤徐村。在这里，以北京为目的地、以早点餐饮为主要职业的打工模式在20世纪90年代初就形成了，农村劳动力具有向省外较远打工目的地开拓的传统，在打工初期经历较多的地点选择是其对较远打工地的一个适应过程。

该模式时空制约因素包括：①空间盲目性和依赖性共同存在。受经济约束（工资是影响该类型劳动力职业转换的首要原因），这种类型农村劳动力在打工初期表现为较强的流动性，说明初期具有较大的空间盲目性，对外在就业环境的不熟悉成为其初次转移不成功的原因。后期逐步稳定，因此又具有较强的空间依赖性。②人力资源制约。学历不高、职业固定、正值中年是该类劳动力就业空间扩展的重要人力约束，这部分人家庭负担重，需要在不高的职业起点上迅速找到稳定的职业，维持家庭开支，因此，大部分人流动的时间不长，即走向稳定。

6.2.3　漂泊不定就业型

漂泊不定型就业人数占有的比例为14.57%，是仅次于稳定型就业的类型。说明虽然大部分农村劳动力希望稳定在一地从事某种职业，但由于农村劳动力外出就业存在的工资、工作强度、对打工地的适应性等问题，其流动性仍比较大。这种类型劳动力，男性、年轻人、受教育程度高者、未婚者比例高。很显然，具有这些社会属性的劳动力就业具有更大的自由度，对就业的期望值也较高，因此其流动的程度也比较高。

该就业类型时空路径特征如图 6－7：①该类型劳动力年龄相对较小，因此打工历程大多不是太长，但其所涉及的空间却比较大，就业时空路径呈现短小、零散、范围广的特点；②该类型劳动力长期固定在一地的情况比较少，大部分经常变换就业地，呈现跳跃式空间特征；③由于年轻、未婚比例大，因此该类型劳动力对本村已形成的固定空间模式有较大突破，往往不是在该村首要转移就业地打工。

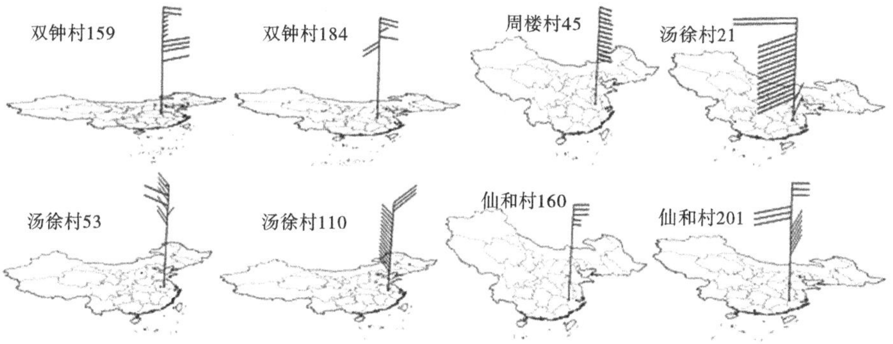

图 6－7 漂泊不定型劳动力转移就业时空路径示意图

四个村该类型劳动力的数量有很大差异：太和双钟、含山汤徐两个村相对较多，特别是双钟村，该类型劳动力占该村样本数的 25%。这两个村由于附近都没有强大的就业吸引中心，外省就业地则成为首要目的地，使得农村劳动力外出打工具有更强的流动性。但是汤徐村形成了以北京为首要目的地的就业模式，而双钟村则只形成了几个城市“簇团”式就业中心，因此，太和双钟村农村劳动力的流动趋势更强。肥西周楼村和徽州仙和村该类型人数较少，这两个村都是以家乡城市作为转移就业首要目的地的，因此他们具有更多的空间依赖性。相比之下，仙和村农村劳动力该类型人数最少，说明该村劳动力的外出流动趋向最弱。

该模式时空制约因素包括:①空间依赖以及由此而产生的社会联系仍是影响该模式劳动力流动的重要原因,家乡附近城市有没有较多就业机会对劳动力形成漂泊就业模式有很强影响。②对比不同类型劳动力初次外出就业地转换的原因,只有该类型劳动力选择"希望到别处发展"的人数较多,可以认为这是一种"对外开拓"制约。③"工资不理想""劳动强度大"仍是该类型劳动力最为重要的就业地转换的原因,显然,对工资、劳动强度的不满足,造成其转变就业地,可以称之"劳动属性"制约。

6.2.4 回流就业型

回流就业类型人数不多,只有58例,占总调研人数的7.61%。说明目前安徽省大部分劳动力固定于原有就业模式,由外省市回流本市虽然是一个趋势,但不是主流。从这58位回流型劳动力的社会属性来看,男性、中年、已婚、从事建筑业者较多,说明农村劳动力回流主要受到年龄增长以及家乡城市发展的影响。

该类型在四个样本村有很大差异,太和双钟村和含山汤徐村只有两例,说明这两个村庄所在城市市域经济不发达,没有形成对劳动力回流的吸引力。肥西周楼村和徽州仙和村则有较多回流劳动力,特别是周楼村回流人数较多,说明合肥、黄山这两个城市对劳动力已形成了一定的吸引力,这与这两个城市近些年的经济发展有很大关系。

该就业类型时空路径特征如图6-8:①从回流时间来看,平均回流时间是2007年,显然这个时间与安徽省城市发展的情况有着密切的关系,与图6-2、图6-4的周楼村和仙和村劳动力转移空间路径变化的时段特征也吻合,说明城市的发展带来劳动力回流,使这两地农村劳动力转移就业的目的地越来越集中于家乡城市。②这一类劳动力在外省市打工的地点比较稳定,并没有呈现流动性很强的特征,而且大部分回流劳动力都是从该村第二重要的目的地转向第一重要目的地,说明农村劳动力外出打工对就业地往往产生一种空间依赖,只有当其他打工地具有较强吸引力时,才会改变打工地。

该类型时空制约因素包括:①对家乡的依恋心理是该类型的重要时

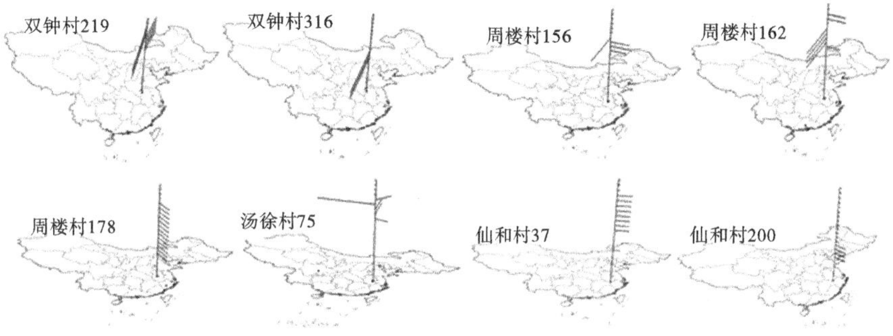

图6－8　回流型劳动力转移就业时空路径示意图

空制约因素，这些劳动力在外地打工并没有达到理想化的期望值，在家乡城市经济状况好的时候，受距离优越性的指引，很容易就会回流。②家庭因素是该类型的重要时空制约因素，从该类型劳动力放弃初始工作的原因看，家庭因素是仅次于工资的第二大原因，说明家庭是农村劳动力回流的重要因素。

6.2.5　逐步开拓就业型

逐步开拓型就业人数比例偏少，占1.97%，说明农村劳动力外出打工，由近及远，逐步开拓的倾向并不强，同时也由于该类型界定为“开始打工在本市，后逐步到外省打工”。而从调研样本情况来看，由于安徽省省内一直是劳务输出地，一开始就外出打工的情况比较多，因此开始在本市，后逐步向外开拓的比较少。

四个样本村只有肥西周楼村该类型较多，这是因为合肥作为省会城市，一开始就对周边农村形成一定的吸引力，而后期由于受到外界更高工资等的吸引，逐步离开原就业地。在太和双钟村和含山汤徐村，则大部分劳动力一开始就外出打工，在本市的很少。在仙和村，虽然开始在本市的有很多，但大部分较稳定，由本市逐步到外地的较少。

该类型劳动力打工地的空间范围是从家乡城市逐步向外围拓展的，因此空间上是个渐进的过程(图6－9)。从时间上来看，这种类型劳动力向外拓展的时间特征并没有明显的规律性，有些劳动力在家乡打工2—3年即开始到外地打工，有些则在家乡城市打工3年以上或更长的时间才开始到省外去。显然,劳动力打工地点的转换受多种因素的影响,具有很大的随意性。

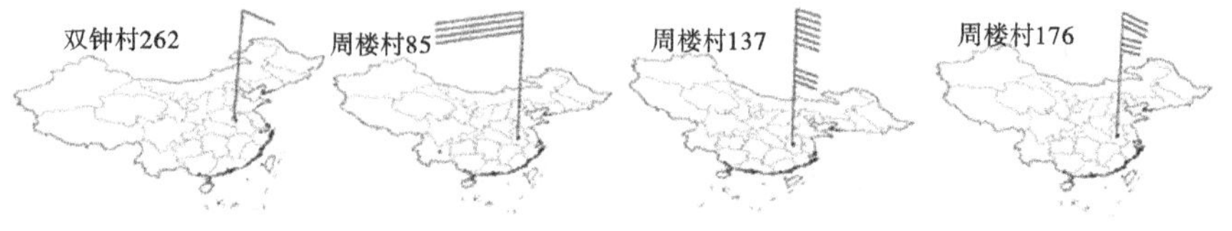

图6-9　逐步开拓型劳动力转移就业时空路径示意图

该类型时空制约因素包括:①就业属性对该类型劳动力就业地转换产生重要制约,工资不理想、不喜欢该工作是其放弃初始就业地的最重要原因;②空间的逐步拓展表明该类型劳动力有着对家乡的依恋,但由于受工作属性的影响,促使其逐步向更远的外省市寻找工作。

6.2.6　断续就业型

断续就业类型人数不多,有75例,占总调研人数的9.84%。说明虽然外出打工已是大部分农村劳动力的常态行为,但是,仍有部分劳动力不是一直连续不断地在外打工的,原因主要是家庭原因以及对工作的不满意,从而使这部分劳动力转移就业具有一定的兼业性质。分析这种类型劳动力的社会人口属性,发现具有女性、已婚、从事制造业者较多等特征,而年轻人的打工过程一般很少有中断的现象。

该类型劳动力的外出就业时空特征如图6-10:①打工路径空间不连续,大部分劳动力在连续打工一段时间后,有较长的间断期,一般3—5年不等,后又继续打工;②打工空间范围较广,大部分劳动力外出到离家乡较远的地方打工,后因为某种原因不能持续,只好中断打工历程;③在外打工的流动性并不是很强,也就是说该类型劳动力也不是频繁转换打工地点,而是开始稳定于某地打工,后停止一段时间,再继续在一地打工。

四个样本村徽州仙和村该类型人数最多,说明该村农村劳动力外出打工兼业现象比较突出,农村劳动力对外出打工还呈现审慎态度。其他村该类型人数较少,周楼村最少,说明这些村庄劳动力外出打工已成为常态,如果不是确实家中有事或其他原因,都会选择外出打工。

该类型时空制约因素包括:①家庭原因是该类型的重要制约,从放弃

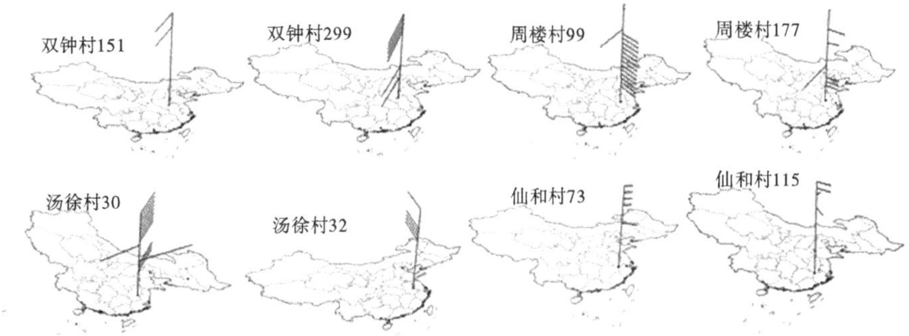

图 6－10 断续型劳动力转移就业时空路径示意图

初始工作的原因看，只有该类型将“家里有事”作为第一原因，其他类型都将“工资低”作为第一原因，该类型许多是女性，由于受生育的影响，很多人在生育期选择回家生育，小孩稍大之后再继续外出打工；②就业属性是第二制约因素，由于该类型以制造业为主，很多人受工资和工作强度的制约，选择暂时回乡务农，待有好的时机再外出；③空间限制是第三制约因素，由于该类型劳动力大部分是在外地打工，“对当地生活的不习惯”和“希望到别处发展”是其放弃原有打工地的重要原因。

6.3 农村劳动力转移就业时空路径特征

6.3.1 空间进入特征

6.3.1.1 空间进入的时间特征

农村劳动力初始打工时间反映了农村劳动力对外出打工这种就业方式的认可时间，一地区平均初始打工时间则反映这个地区农村劳动力对打工全面接受的阶段。对四个样本村劳动力第一次打工的时间和年龄进行分析，得到表 6－5。由表 6－5 可知：四个村劳动力的平均初始打工时间为 2003 年，不同年龄段劳动力的平均初始打工时间，则分别是 2001 年（>40 岁）、2002 年（26—40 岁）、2008 年（<26 岁）。这说明，对于安徽省农村劳动力来说，21 世纪初期，不论是哪个年龄段的劳动力，对外出打工的接受度都已经很高，形成了全面外出打工的基本格局。而这一时期

就是农村劳动力从心理和行为上全面接受打工这一特有就业方式的时期。不同样本村平均初始打工时间则反映不同地区对外出打工接受的时间差异，由表6-5可知，周楼村、汤徐村、仙和村的平均初始打工时间在2001—2003年，而双钟村则较迟，为2006年。可见，汤徐村劳动力较早全面接受外出打工这种就业形式，而双钟村则接受的时间较迟。进一步分析不同年龄段劳动力打工时间可知，四个村26岁以下劳动力的初始打工时间都差不多，而在26—40岁年龄段则有较大差距，仙和村和双钟村明显比周楼村和汤徐村要迟，>40岁年龄段则是双钟村最迟。

表6-5　各样本村劳动力初始打工时间与年龄

		双钟村	周楼村	汤徐村	仙和村	四村平均
初始打工时间（年）	平均	2006	2002	2001	2003	2003
	<26岁	2008	2008	2007	2008	2008
	26—40岁	2005	2001	1999	2003	2002
	>40岁	2004	2001	1999	2000	2001
初始打工年龄（岁）	平均	26	28	23	26	26
	<26岁	19	19	18	19	19
	26—40岁	27	24	20	25	24
	>40岁	40	36	33	36	36

农村劳动力的平均初始打工年龄反映农村劳动力进入城市就业市场的人力资源特征，四个样本村平均初始打工年龄为26岁。以此为参照，汤徐村劳动力的初始打工年龄较低（23岁），而周楼村劳动力的初始打工年龄较高（28岁）。<26岁年龄段的农村劳动力，外出打工的初始年龄各村都差不多，都在19岁左右，这说明新生代农村劳动力基本上是离开学校就进入打工行列，而且整体受教育程度偏低，大部分仍然是初中学历。26—40岁年龄段的农村劳动力，汤徐村劳动力外出初始打工年龄较低，只有20岁，和<26岁年龄段的差不多，而双钟村初始打工年龄较高，为27岁，这说明汤徐村中年劳动力较早接受外出打工这种就业形式，大部分农村劳动力，在初高中毕业后就立刻走上打工行列。而双钟村中年劳动力接受外出打工这种就业形式的时间比较迟，农村劳动力接受完基础教育后，并不是一下子就进入城市劳动力市场的。>40岁年龄段的劳动力，也表现出这样的特征，汤徐村劳动力初始打工年龄较小，而双钟村

年龄较大。

6.3.1.2 空间进入的区域特征

将农村劳动力初始打工的地区分布和最终打工的地区分布进行比较,可以得到表6-6。由表6-6可知:①从太和双钟村初始打工地区分布看,长三角是最重要的地区,珠三角、本省、华北则是三个次要打工目的地,相比较最终打工人数则可发现,太和双钟村到长三角打工的人数有所增加、到华北地区打工的人数则大幅下降,其他两个地方则没有什么变化。说明对双钟村来说,长三角作为打工目的地的重要性越来越高,而华北地区的地位在下降。②肥西周楼村打工地分布变化非常显著,初始打工目的地中,合肥和长三角地区的人数相差不多,但从最终打工地来看,更多的人将合肥市作为打工目的地,而将长三角地区作为打工目的地的人数减少很多。这说明,对周楼村劳动力来说,合肥作为打工目的地的重要性大大提升,而长三角的地位在下降。③含山汤徐村打工地的变化在于,长三角的地位在下降,而华北地区的地位在上升,北京仍然是最重要的打工地。④徽州仙和村打工地的变化在于,黄山作为打工目的地的地位大大提升,而长三角的地位急剧下降,打工人数从108人降到53人。

表6-6 农村劳动力初始打工地与最终打工地人数

		初始打工人数(人)	占地区总人数比例(%)	最终打工人数(人)	占地区总人数比例(%)
双钟村	长三角	78	40.625	84	43.75
	珠三角	38	19.792	37	19.271
	华北	26	13.542	16	8.333
	本省	34	17.708	32	16.667
周楼村	合肥	72	42.604	95	56.213
	长三角	71	42.012	58	34.32
汤徐村	北京	94	52.809	98	55.056
	长三角	54	30.337	38	21.348
	华北(除北京)	16	8.989	26	14.607
仙和村	黄山	81	36.323	99	44.395
	长三角	108	48.43	53	23.767

初始打工地与最终打工地的差异反映了农村劳动力对外界就业环境

变化的反应。整体来说，存在两种情况：第一种情况可以称为初始打工地强化现象，就是最终打工地对初始重要打工目的地是不断强化的，太和双钟村和含山汤徐村属于这种情况，长三角、北京分别是两者最初的首要打工地，最终两地的吸引力越来越强，形成了较强的流动惯性。第二种情况可以称之为初始打工地转移现象，初始最为重要的打工目的地地位不断下降，而被其他打工目的地所替代。肥西周楼村和徽州仙和村属于这种情况，原因是这两地的家乡城市合肥与黄山不断壮大，对劳动力的吸引力加大，劳动力基于离家近的原因选择转变打工目的地，从而使其他打工目的地的地位下降。

6.3.1.3 初始工作行业特征

考察农村劳动力所从事的主要行业（表6-7），建筑行业如建筑砖瓦工、水电工、钢筋工、建筑工程管理等，室内装潢行业所涉及的水电工、瓦工、木工等，驾驶、车辆维修等行业，这些行业对体力要求较大，有些具有一定技术含量，工作地点不稳定，将之统一归为建筑业类。另一类主要在各类加工制造业工厂和企业上班，工作地点比较固定，技术含量一般，收入也比较稳定，这些归到制造业类。最后一类统称服务业，包括各种零售餐饮业、批发业、销售、保安、家政、清洁等，这类行业对体力、技术要求都比较灵活，收入也有很大差异。

表6-7　样本村劳动力初始打工和最终打工行业

		初始打工人数（人）	占地区总人数比例（%）	最终打工人数（人）	占地区总人数比例（%）
双钟村	建筑业	66	34.38	51	26.563
	制造业	70	36.46	97	50.521
	服务业	56	29.17	42	21.875
周楼村	建筑业	70	41.42	79	46.746
	制造业	60	35.50	48	28.402
	服务业	39	23.08	39	23.077
汤徐村	建筑业	50	28.09	34	19.101
	制造业	26	14.61	38	21.348
	服务业	102	57.30	102	57.303

续表

		初始打工人数（人）	占地区总人数比例（%）	最终打工人数（人）	占地区总人数比例（%）
仙和村	建筑业	92	41.26	96	43.049
	制造业	76	34.08	81	36.323
	服务业	55	24.66	46	20.628
总计	建筑业	278	36.48	260	34.121
	制造业	232	30.45	264	34.646
	服务业	252	33.07	229	30.052

据表6－7，从四个样本村整体来看，农村劳动力打工行业呈现建筑业、制造业、服务业三足鼎立的局面，初始打工行业和最终打工行业并没有太多变化。但初始打工行业更倾向于建筑业和服务业，最终打工行业则更倾向于制造业。从四个样本村来看，则有较大差异：太和双钟村农村劳动力打工行业的变化与整体倾向一致，但程度要远远大于平均水平，有半数的劳动力最终选择了制造业，该地劳动力开始外出打工时，从事三种类型职业的人数相差不多，但经过一段时间的打工经历，许多人从建筑业和服务业转向制造业，原因是该职业更为稳定，不需要四处漂泊；随着时间的推移，肥西周楼村从事建筑业的人数则有很大提高，而从事制造业的人数有较大幅度的下降，从事服务业的人数比例不多，这主要受工资水平的影响，在合肥从事制造业的工资低于建筑业，而劳动强度也很大，因此，劳动力更多选择建筑业；含山汤徐村初始职业选择时即将服务业作为最重要职业，而后期这种趋势一直没有变过，该地劳动力主要在北京等地从事早点等餐饮服务业，该行业劳动强度大，但收入较好，能够满足劳动力对较高工资的追求，在其他行业中，汤徐村初始就业中建筑业比例较大，但后期下降了，制造业比例则有所上升，原因是汤徐村劳动力主要在北京等地从事室内装潢等行业，该行业由于劳动强度大、竞争激烈，在北京这样的成熟市场收入上升较慢，造成一些劳动力转向其他行业；徽州仙和村农村劳动力在初始打工行业和最终打工行业比例相差不多，人数比例呈现是建筑业最多、制造业其次、服务业最少，但建筑业和制造业人数有增多的趋势，原因是黄山市城市建设与工业企业的发展，带来较多的就业机会。

6.3.1.4 初始打工途径

从四个样本村总体打工途径(表6－8)来看,有两个基本特征:①“老家亲戚、朋友”是最重要的打工途径,位居第二的则是“自己直接找的”,而通过“政府部门”找到工作的人数最少;②与最终打工途径相比,农村劳动力初次找工作更多地依靠“老家亲戚、朋友”,但随着劳动力在外打工经历的增加,依靠自己寻找工作的情况增多了。这两个特征在每个样本村都存在,这说明,在目前的社会经济背景下,农村劳动力转移的基本途径还根植于原有居住地区,但劳动力在外的打工经历,使得他们对原居地的依赖逐渐减少,自己单独寻找工作的能力大大增加。对于不同样本村来说,对打工途径的依赖程度有所不同:含山汤徐村和肥西周楼村对“老家亲戚、朋友”的依赖最大,而“城里亲戚、朋友”在这两地也占有较大比例,说明亲戚、朋友网络对这两地劳动力的外出打工非常重要。含山汤徐村劳动力主要是到远离家乡的北京打工,而且以餐饮服务业、室内装潢业为主,家乡亲戚成为其行业和地区联系的基本媒介。肥西周楼村以合肥和长三角地区为主要打工目的地,以建筑业和制造业为主,亲戚朋友成为其工作的重要联系人。徽州仙和村劳动力打工途径中,“自己直接找的”在四个村中占的比例最大,该村劳动力以黄山和长三角地区为主要打工目的地,以建筑业和制造业为主,其外出打工对亲戚朋友的依赖性不如其他几个村,较多的是依靠自己。太和双钟村劳动力的打工途径中,“中介公司”和“企业招工”占的比例较大,该村以长三角为主要打工地,以制造业为主要行业,其工作来源较多的依赖中介和企业。

表6－8　样本村初始打工途径和最终打工途径

打工途径		老家亲戚、朋友	城里亲戚、朋友	原来同事、老板	中介公司	报纸网络等新闻媒介	企业招工	政府部门	自己直接找的
双钟村	初始人数	98	9	4	15	7	12	1	47
	比例(%)	50.78	4.66	2.07	7.77	3.63	6.22	0.52	24.352
	最终人数	84	7	7	13	8	19	2	52
	比例(%)	43.75	3.646	3.65	6.77	4.17	9.9	1.04	27.08

续表

	打工途径	老家亲戚、朋友	城里亲戚、朋友	原来同事、老板	中介公司	报纸网络等新闻媒介	企业招工	政府部门	自己直接找的
周楼村	初始人数	100	8	3	8	2	3	0	46
	比例(%)	58.82	4.71	1.76	4.71	1.18	1.76	0	27.059
	最终人数	86	6	6	4	3	1	0	59
	比例(%)	52.121	3.636	3.64	2.42	1.82	0.61	0	35.76
汤徐村	初始人数	102	12	4	2	2	2	0	48
	比例(%)	59.3	6.98	2.33	1.16	1.16	1.16	0	27.907
	最终人数	92	8	6	2	2	2	0	58
	比例(%)	54.118	4.706	3.53	1.18	1.18	1.18	0	34.12
仙和村	初始人数	84	9	7	4	5	10	2	101
	比例(%)	37.84	4.05	3.15	1.8	2.25	4.5	0.9	45.495
	最终人数	72	11	8	6	5	10	3	111
	比例(%)	31.858	4.867	3.54	2.65	2.21	4.42	1.33	49.12
总计	初始人数	384	38	18	29	16	27	3	242
	比例(%)	50.73	5.02	2.38	3.83	2.11	3.57	0.4	31.968
	最终人数	334	32	27	25	18	32	5	280
	比例(%)	44.356	4.25	3.59	3.32	2.39	4.25	0.66	37.18

6.3.1.5 初始打工放弃原因

农村劳动力外出转移就业存在较大的流动性,其工作地和工作性质可能经常变换,探讨其放弃原有工作的原因将能把握农村劳动力在就业过程中受到的各种制约与限制。分析调研劳动力初次打工放弃的原因,得到表6-9。

表6-9 样本村劳动力初始打工放弃原因

	初始工作放弃原因	工资不理想	劳动强度大	不喜欢该工作	受歧视	不习惯当地生活	希望到别处发展	人际关系不好处	家里有事	其他	没有放弃
双钟村	频数(人)	73	27	8	2	7	17	0	23	33	11
	频率(%)	36.32	13.43	3.98	1	3.48	8.46	0	11.44	16.42	5.47
周楼村	频数(人)	37	5	9	0	2	9	3	15	6	78
	频率(%)	22.56	3.049	5.49	0	1.22	5.49	1.83	9.146	3.66	47.56

续表

初始工作放弃原因		工资不理想	劳动强度大	不喜欢该工作	受歧视	不习惯当地生活	希望到别处发展	人际关系不好处	家里有事	其他	没有放弃
汤徐村	频数(人)	32	18	10	6	2	20	2	24	22	32
	频率(%)	19.05	10.71	5.95	3.57	1.19	11.9	1.19	14.29	13.1	19.05
仙和村	频数(人)	26	8	6	3	10	11	2	43	42	73
	频率(%)	11.61	3.571	2.68	1.34	4.46	4.91	0.89	19.2	18.75	32.59
总计	频数(人)	168	58	33	11	21	57	7	105	103	194
	频率(%)	22.19	7.662	4.36	1.45	2.77	7.53	0.92	13.87	13.61	25.63

根据结果(将“没有放弃”和“其他”除外)可知,“工资不理想”是农村劳动力放弃初始工作的最重要原因,其次是“家里有事”,再次是“希望到别处发展”。这说明,就业属性、家庭、就业地是影响农村劳动力外出打工的三个最基本要素,就业属性影响最大,其次是家庭因素,最后是就业地因素。不同样本村这些因素对劳动力外出打工的影响程度不同:太和双钟村“工资不理想”的作用强度最大,而其位于第二的因素是“劳动强度”,说明就业属性是影响双钟村劳动力放弃初始职业的最重要因素,两者的影响力接近50%;肥西周楼村初始打工“没有放弃”的比例较大,说明该村劳动力职业和就业地的稳定性较强,其“不喜欢该工作”的重要性相对于其他地区较大,说明该地劳动力对就业属性有较强的选择性;含山汤徐村初始打工“劳动强度大”“家里有事”等因素的比例较高,说明该村劳动力外出打工受劳动强度和家庭的制约较强;徽州仙和村劳动力初始打工“工资不理想”“劳动强度大”“希望到别处发展”的比例较低,而“家里有事”的比例是四个村中最高的,说明仙和村农村劳动力就业的转换主要受家庭因素影响。

6.3.2 节律特征

6.3.2.1 就业地和原居地间的流动节律

农村劳动力在就业地和原居地之间的流动节律反映两地之间的空间关系以及农村劳动力的工作性质、家庭阶段等特征。通过在农村劳动力时空路径调研中“每年回家次数”题项,获取农村劳动力在就业地和原居地之间流动节律的基础数据。分析该数据，认为存在四种类型（表6－10）。

表6－10　各样本村劳动力流动节律类型

流动节律类型		春节型	节假日型	休息日型	每日型
双钟村	频数（人）	185	7	0	0
	频率（%）	96.35	3.65	0	0
周楼村	频数（人）	96	12	61	0
	频率（%）	56.8	7.1	36.09	0
汤徐村	频数（人）	170	6	2	0
	频率（%）	95.51	3.37	1.12	0
仙和村	频数（人）	130	9	34	50
	频率（%）	58.3	4.04	15.25	22.42
总计	频数（人）	581	34	97	50
	频率（%）	76.25	4.46	12.73	6.56

第一种类型农村劳动力每年回家次数小于3次（包含3次），这种类型的农村劳动力打工地离家乡比较远，只有在春节时才回家，“春节”“家乡”成为劳动力进行情感交流、信息交流的最重要时间和空间节点，根据其回家时间特征称之为“春节”节律类型。该类型占总人数比例最大，达到76.25%，说明目前安徽省农村劳动力外出流动就业仍是主流，大部分农村劳动力还是远离家乡打工，定居地和就业地的不统一是该类型的最大特征。对比不同样本村，发现太和双钟村和含山汤徐村该类型比例非常高，都超过了95%，说明这两个村是典型的外出流动就业类型。而肥西周楼村和徽州仙和村两地该类型比例只有60%不到，说明这两个村已有较多农村劳动力转向其他节律类型。

第二种类型农村劳动力每年回家次数在4—10次之间，一般是在节假日时间回家，这类劳动力打工地点一般离家乡不是特别远，但也不是非常近，往往在周边省份或省内城市，由于受家庭（老人、孩子）的牵绊，他们往往在节假日回家，还有些农村劳动力打工地离家较近，但由于已经全家外出打工，因此回家次数也较少，统称为“节假日”节律类型。这种类型在各个样本村都有，但数量都不多，只有7、8例，占总人数的4.46%，说明这种类型不是农村劳动力外出就业的主要形式。

第三种类型农村劳动力每年回家次数大于10次，但也不是天天回家，这类农村劳动力，他们的打工地往往就在家乡城市，但是受时间、交通、成本等的限制，他们也不能住在家里，只有在休息日的时候，经常回家，称之为“休息日”节律类型。这种类型总共有97例，占总人数的12.73%，仅次于“春节型”，说明该类型已有较多的人数，将是未来农村劳动力转移的重要趋势。另外，不同样本村差异很大，太和双钟村没有这一类型的农村劳动力，含山汤徐村只有两例，这两地都是以外省市为重要打工目的地的，受距离限制，他们回家的次数都较少。肥西周楼村和徽州仙和村这种类型较多，特别是肥西周楼村，有61例，占其总人数的36.09%，这两个地方劳动力都是以家乡城市作为主要打工城市，由于家乡与打工地的空间距离，大部分劳动力还是居住在打工地，平常则经常穿梭于两地之间。

第四种类型农村劳动力每天都回家，基本上属于就地转移型。这种类型劳动力，家乡离城市较近，在交通许可的情况下，他们采取每天回家的打工方式，称之为“每日”节律类型。在四个样本村中，只有徽州仙和村有该类型，而且人数较多，有50例，占仙和村调研人数的22.42%，说明该地劳动力转移有很多人是就地转移的，这得益于徽州区在近年来成为黄山市重要的工业区，带来大量制造业就业机会，导致大量农村劳动力可以就地转移。

整体来看，农村劳动力在就业地与原居地之间的流动节律首先受空间距离的限制，呈现不同的节律特征。在远距离情况下，基本呈现一年一度的“春节型”节律，在近距离情况下，呈现“节假日型”“休息日型”、甚至“每日型”。这时，农村劳动力的流动节律则可能还要受到家庭、工作等的限制。在家乡还有老人、小孩的情况下，农村劳动力在两地之间的流动频率加大，而当全家都外出打工，家乡直系亲属较少的情况下，频率则大大降低。工作情况也影响到流动节律，有些工作本身有时段特征，在比较忙的时候，农村劳动力回家乡的频率就会降低。

6.3.2.2 不同就业地间的流动节律

农村劳动力在不同就业地之间的流动是劳动力个体对社会经济环境的理性反应过程，反映农村劳动力转移就业的时代背景、区域社会经济条件的发展演变和劳动力个体特性。

从四个样本村劳动力转移就业时空路径的总体流动节律来看，有这样的特征：①21世纪初是安徽省农村劳动力全面进入打工状态的时期。

这主要根据26—40岁之间的劳动力和大于40岁的劳动力的初始打工时间(分别在2002和2001年)(表6－5),以及各调研地农村劳动力在各打工地人数的变化情况(图6－1至6－4)得出。就是说此时,大部分农村劳动力已从心理上和实践上全面接受了“外出打工是获得收入的最重要方式”这一观念,年纪较大者外出打工已没有太多犹豫,年轻者则一到劳动年龄就进入打工行列。②2006—2007年间是安徽省本地就业目的地市场快速发展时期。这主要是根据肥西周楼村和徽州仙和村农村劳动力在这一时间段主要就业地人数的变化情况得出。就业目的地市场的发展与其经济发展和就业增长的速度与水平有关,合肥市经济的快速发展和黄山徽州区工业的发展显然对周边农村劳动力产生了很强的吸引力。但其吸引力的大小却有所不同,从调研情况看,合肥除了对附近的周楼村已产生重要吸引外,对安徽省其他市也已产生一定的吸引力(如对太和双钟村),说明合肥已经逐步成为安徽省的重要打工目的地。但黄山除了对仙和村,对其他地区还没有产生较强吸引力,这说明黄山市作为打工目的地,其吸引范围还只在黄山市域。可见,从农村劳动力转移就业的整体节律特征可以看出就业目的地的社会经济发展状态。③春节是农村劳动力信息交流、社会联系的重要节点。春节作为中国最重要的传统节日,本是维系家庭联系的重要日子,在当前劳动力外出务工情况下,则又成为劳动力就业空间转换的重要节点。农村劳动力往往在这时交流外出就业信息,对以前的就业行为进行评价,并进行来年就业决策。

从样本村农村劳动力转移就业个体时空路径来看,受多种因素的影响,其在不同转移就业地之间的流动节律呈现不同的特征。①大部分农村劳动力外出打工在就业地之间的流动性并不是很强,而是呈现相对稳定的状态,这可以从前面的类型分析中得出。这主要受两个因素的影响,一个因素是空间进入的制约,从农村劳动力进入非农就业市场的途径来看,农村劳动力进入的就业空间往往从老乡、亲戚、朋友已进入的就业空间入手,从而使其自身的流动性受到很大限制。从几个样本村的情况来看,该村现有就业空间与十多年前的就业空间有很大的继承性。另一个因素是农村劳动力外出务工求稳心态的制约,农村劳动力外出务工的根本目标是获得更多的收入,但其并不是在充分考察外界就业市场条件下作出的最佳选择，而往往是在老乡、亲戚的带领下，作出的适应性选择，一旦进入劳动市场，受其自身能力的制约，其寻找更好就业的途径有限，因此，他们往往滞留于原有打工路径，表现出较强的求稳心态。②受就业属性、家庭、就业地三大因素的制约，农村劳动力外出打工也具有较强的流动性。将劳动力外出打工路径中所有“放弃该工作的原因”做一个统计，发现就业属性因素是造成农村劳动力转移就业地的最重要因素，其中“工资不理想”（频度225，频率33.23%）、“劳动强度大”（频度89，频率13.15%）、“不喜欢该工作”（频度57，频率8.42%）都是影响劳动力更换就业地的重要原因。其次，“家里有事”（频度151，频率22.30%）是劳动力转移就业地的第二重要因素，主要包括结婚、生孩子、未成年子女上学、照顾老年人等原因，往往造成劳动力打工过程中断或更换就业地。再次，“希望到别处发展”（频度89，频率13.15%）也是影响农村劳动力就业地转换的重要原因。这说明，农村劳动力对就业地有一定的选择性，他们渴望了解更多的打工地。

6.3.3 空间流动特性

6.3.3.1 具有明显的空间指向

从农村劳动力打工涉及的空间尺度来看，目前安徽省农村劳动力已涉及市、省内（市外）、邻省、省外（除邻省）、国外五个空间尺度，除了省内（市外）、国外目前打工人数较少之外，其他三个地域都已成为农村劳动力重要的就业目的地，可以认为是农村劳动力就业的三类空间指向。

第一类是近距离家乡城市倾向。由于土地、户口等原因，中国农村劳动力外出就业具有很大的不彻底性，其主要经济属性转移到城市，但其社会属性仍然停留在农村。因此，中国农村劳动力转移就业对家乡的依赖非常强，这使得他们在转移就业决策时尽可能离家近。家乡城市由于收入比农村高很多，离家又近，往往会成为农村劳动力的重要转移就业地，称之为家乡城市指向。四个样本村中，肥西周楼村和徽州仙和村都是以这种类型为主。

第二类是中等距离邻省发达城市倾向。由于安徽省周边特别是长三角地区经济发达，就业机会多，因此对安徽省内农村劳动力具有很大的吸引力。农村劳动力外出打工的根本目标是获取较高的收入，但是受环境认知的限制，他们很难在全国范围内进行最优地点选择，长三角地区由于离安徽比较近，社会联系多，信息来源快，和省内经济差距大，因此成为安徽省农村劳动力的重要转移就业地，称之为邻省经济发达城市指向。四个样本村，太和双钟村将长三角地区作为首要转移就业地，其他三个样本村都将其作为次要转移就业地。总体来看，长三角地区是安徽省农村劳动力的最重要打工目的地。

第三类是远距离大城市倾向。对于距离较远地区来说，就业地必须具有非常强的吸引力，才可能长期吸引劳动力，这往往只有全国性大城市才具备这样的优势。它们首先以其所拥有的城市形象对劳动力产生较强的吸引性，如北京作为首都，深圳作为改革开放的先锋城市，都对安徽省农村劳动力产生了较强吸引力。其次，他们在发展过程中产生的大量就业机会满足了农村劳动力的就业需求，如北京城市转型中产生的大量服务业岗位，深圳在改革开放初期产生的大量制造业岗位。因此，这些地方也可能成为安徽省农村劳动力重要转移就业地，称之为全国性大城市指向。含山汤徐村就是以这种类型就业为主，太和双钟村虽在90年代有这种趋势，但近些年这种趋势却在消退，原因在于和长三角地区相比，珠三角的经济地位在全国有下降的趋势。

6.3.3.2 具有很强的粘性特征

对农村劳动力转移就业来说，所谓“空间粘性”，就是对原有打工地，或老乡、亲戚打工地的一种依赖，这种依赖将会对农村劳动力在不同打工目的地之间的空间转换产生一定的阻碍作用。这种“空间粘性”主要包括三种情况：①对家乡城市的“粘性”，由于中国农村劳动力转移的不彻底性，其很多社会属性滞留于家乡，因此，家乡城市如果能满足其提高收入的需求，就会对其转移到其他地区产生较强的阻碍作用，或者在家乡城市劳动收入大幅提高，以至于和其他省外城市相差不多时，农村劳动力就会形成较强的回流趋势。这种情况在肥西周楼村和徽州仙和村都比较明显。②对老乡、亲戚打工地的“粘性”，由于农村劳动力外出打工过程的信息来源主要是通过老乡、亲戚这种形式，因此，农村劳动力开始进入劳动力市场时主要是依赖该地原已形成的就业空间，只有当他感到该种就业方式不能适应或其他地方有更好的发展时，他才会作出转换就业地的选择。③对原有打工地的“粘性”，无论是家乡城市还是省外城市，农村劳动力一旦在一地打工一段时间，逐步积累了工作经验，有了一定社会交往圈，他们就对该地产生一定的依赖性，只有在“工资较低”“工作强度大”“家里有事”或一些外界因素影响的情况下，才会转换就业地。

因此，受制于空间摩擦、职业和社会联系，农村劳动力转移就业产生了较强的“空间粘性”。这种“粘性”最终表现为农村劳动力转移就业空间节点呈现出集中或相对集中的特征。从四个调研地来看，周楼村、汤徐村、仙和村都有最集中的打工目的地，其就业人数都接近调研总人数的一半，另外，一般每个村都有次一级打工集中地，往往形成了“簇团”的形式，而太和双钟村则在长三角地区以及深圳、合肥等地形成了较多的“小簇团”。

6.3.3.3 家乡是重要节点

历史上长期的农耕经济形成了中国农村聚族而居的生活传统，家族成为中国农村基本的社会组织。随着外出打工越来越成为农村劳动力重要的经济活动方式，农村劳动力逐步从土地上解脱出来。然而他们在城市生活却面临着社会保障、户口、子女教育等一系列问题，农村的土地集体所有则成为他们不愿放弃的最终保障。因此，对于农村劳动力来说，家乡已不再像过去一样是其所有社会经济活动的空间，而成为其进行家庭、社会、经济联系的重要节点空间。大部分人在家待的时间不长，却在这里实现其与家庭和家族的最基本联系。虽然他们在外打工，却仍然保持“农村人”身份，家乡就是其社会地位形成的起始之地，也是他们获取基本保障的地方。因此，他们也不断保持着与这里的经济联系，而家乡也成为他们获取打工信息的重要地点。

从四个样本村来看，除了徽州仙和村有较多的人每天都回家，形成了就地转移的方式之外，其他三个村都只有在春节这样的传统节日才会有短暂的团聚，这是他们进行家庭、社会、经济联系的最重要形式。

6.3.3.4 社会经济地理位置是就业地差异的重要原因

对于以外出务工为主要就业方式的农村劳动力输出地区来说，其社会经济地理位置就是其与经济中心的空间关系。所谓“经济中心”，这里是指农村劳动力预期的打工目的地，就是相对于农村劳动力所在农村的各级城市，根据第六章3.3.1节的空间指向，主要包括全国性大城市、邻省发达城市、家乡城市三个层次。而经济中心与劳动力输出地的空间关系，则可以用空间距离、交通距离、信息距离三种距离来表示。显然，每个农村劳动力输出地，其与全国性大城市、邻省发达城市、家乡城市之间的空间距离、交通距离以及信息距离与农村劳动力转移就业的空间特性密切相关，是农村劳动力转移就业地区差异形成的重要原因。

对于安徽省来说，和周边省份特别是长三角地区相比，一直是欠发达省份，省内城市劳动力收入低很多。因此，农村劳动力是选择家乡城市，还是选择邻省发达城市，或全国性大城市，取决于他们在这些地方打工的平均收益和获得这种收益所要付出的“距离成本”之间的权衡。如果他们能够在外省市获得较高收入，其收益远大于他们所付出的远离家乡带来的压力，他们就会选择到外省市打工；如果他们在家乡城市也能获得较高收入，而其付出的“距离成本”却要小很多，他们就会选择家乡城市打工。从四个样本村农村劳动力转移就业的地区差异可知，双钟村和汤徐村所在家乡城市经济发展水平较差，就业机会较少，对其形成不了强大的吸引力，因此他们的重要打工目的地主要在邻省发达城市甚至全国性大城市。而周楼村和仙和村由于所在家乡城市的经济发展水平较高，就业机会较多，特别是近几年的经济发展冶状况较好，使其所在家乡城市与外省市发达城市的收入水平差距在缩小，因此对劳动力的吸引作用大大加强，形成了以家乡城市为主要打工目的地的空间指向。

6.4 农村劳动力转移就业时空路径影响因素

不同属性的农村劳动力经过动机形成、环境认知、空间决策最后实现转移就业行为，产生的时空间活动轨迹就被称为农村劳动力转移就业时空路径。个体属性、动机、环境认知、空间决策是影响农村劳动力时空路径的基本因素。通过绘制样本村不同个体属性特征、动机类型、环境认知类型、空间决策类型劳动力打工时空路径图，可以探讨不同因素下农村劳动力时空路径的特征差异。进而通过计算各样本村不同个体属性特征、动机类型、环境认知类型、空间决策类型劳动力在该村首要打工目的地的打工人数与该类劳动力总数的比重，以及该类劳动力打工城市数量与该类劳动力总数的比重，可以探讨不同因素对农村劳动力时空路径空间集聚性和空间拓展特性的影响。

6.4.1 个体属性对转移就业时空路径的影响

6.4.1.1 性别差异下转移就业时空路径

根据表 6－11 和图 6－11、6－12，不同性别农村劳动力转移就业时空路径差异主要表现为：①女性进入全面打工的时间普遍比男性迟。如果将当年打工路径数达到最终打工路径数的四分之一作为全面进入打工的时间节点。那么，根据调研数据，太和双钟村、肥西周楼村、含山汤徐村、徽州仙和村四个村男性劳动力全面进入打工状态的时间分别为 2003 年、1996 年、1994 年、1997 年，而女性则分别为 2005 年、2001 年、1997 年、2000 年，比男性要迟三年左右，考虑到女性外出打工总人数只有男性的二分之一，男女之间进入劳动力市场的时间差距事实上比三年要长。②女性开始涉及的打工范围较小，但最终所涉及的范围与男性相差不大。从首要打工地人数占总人数的百分比来看，男性明显比女性高，说明男性对该村首要打工地的依赖更为明显，而打工地数量占总人数的百分比则女性比男性普遍高，说明虽然女性打工人数比较少，但其所涉及的就业空间并不比男性窄。③女性打工受家庭因素影响大。对安徽省大部分农村地区来说，男性外出打工成为就业主流，女性在照顾家庭中的作用更为凸显。一般来说，在生育期、孩子求学期等家庭生活阶段，女性往往表现出以家庭为中心的特性，女性外出打工则成为家庭经济生活的附属品。同时，女性的外出就业，往往有追随男性（丈夫）的特征。这些原因造成了女性打工路径表现出空间范围广、打工时间比男性迟、断续性等特征。

表 6－11 不同性别劳动力转移就业的集聚与空间拓展

	首要打工地人数占总人数的百分比		打工地数量占总人数的百分比	
	男性	女性	男性	女性
双钟村	52.54	38.60	27.97	43.86
周楼村	56.52	54.72	18.26	26.42
汤徐村	59.65	43.64	14.91	20.00
仙和村	65.45	44.07	14.55	20.34

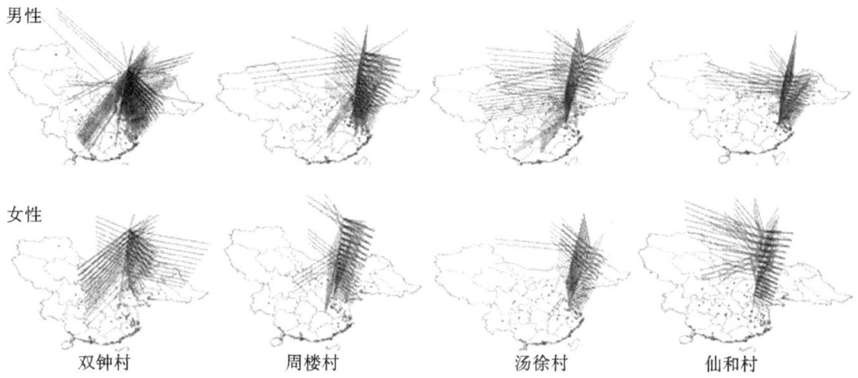

图6－11 不同性别劳动力转移就业时空路径汇总示意图

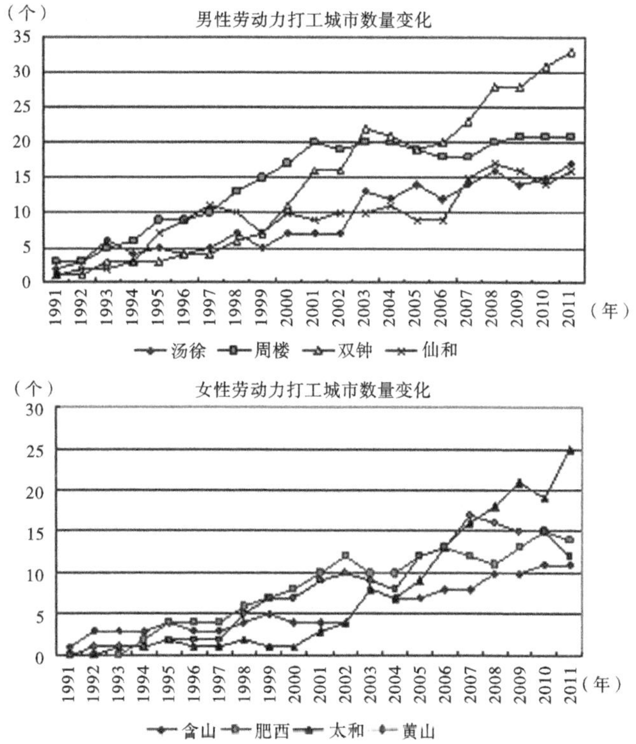

图6－12 不同性别劳动力打工城市数量变化

6.4.1.2 年龄差异下转移就业时空路径

从第六章3.1.1节可知，年龄不同，外出打工的初始时间和年龄有很大差异。从表6－12、图6－13，可见年龄对农村劳动力转移就业路径有较大影响。

表6－12 不同年龄劳动力转移就业的集聚与空间拓展

	首要打工地人数占总人数的百分比			打工地数量占总人数的百分比		
	<26岁	26—40岁	>40岁	<26岁	26—40岁	>40岁
双钟村	36.84	60.42	60.00	23.68	12.50	17.5
周楼村	51.72	62.71	53.85	27.59	22.03	23.08
汤徐村	45.24	43.28	51.35	32.14	38.81	45.95
仙和村	48.78	45.57	89.80	24.39	21.52	8.163

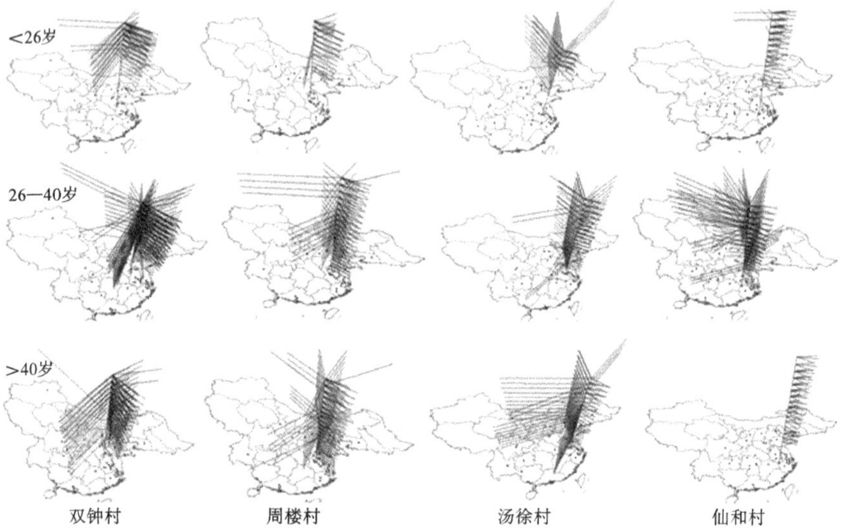

图6－13 不同年龄劳动力转移就业时空路径汇总示意图

（1）年龄较大者，更多的倾向于该村的首要就业目的地。统计2011年各样本村不同年龄段农村劳动力在首要就业目的地的人数占总调研人数的比例，<26岁年龄段的农村劳动力该比例较低，而另两个年龄段的农村劳动力该比例较高。在徽州仙和村，>40岁年龄段的农村劳动力该比例甚至达到89.80%。说明年轻人希望尝试更多的打工地，其打工空间范围比年长者大。年龄较大者则在多次打工经历中，形成了较为稳固的就业模式，“求稳”心态明显。

(2)总体来说,年龄较轻者比年长者的打工空间范围大。使用打工地数目与打工人数的比值来测度农村劳动力打工的空间范围,该比值越大,说明打工的空间范围越大。根据统计,四个样本村<26岁年龄段的农村劳动力该比值普遍较高,但在太和双钟村,该比值却随着年龄增长而增高。对于太和双钟村农村劳动力来说,初始就没有形成唯一重要打工目的地,年纪较长者外出打工的空间范围初始较广,长三角和珠三角的发达城市都是他们的主要目的地。但随着这些城市经济发展的差异逐步显现,农村劳动力的打工范围开始向一些城市集中,年轻人则遵循了年长者已经形成的就业模式,因此其打工空间范围相对缩小。但对于其他三个样本村,则形成了一个特别重要的打工目的地,而且这个目的地对劳动力的吸引力在不断增强,因此,年纪较长者继承并加强了原有打工模式,年纪较轻者则不断尝试新的打工目的地。

(3)除了<26岁年龄段的劳动力外,其他年龄段的劳动力都在20世纪90年代末期开始大规模进入外出打工行列,21世纪初则形成了较为稳定的打工队伍。说明这个时期是“外出打工”这个就业模式深入人心的时期,安徽省大部分地区形成了以外出务工为主的就业模式,就业目的地则因各地社会经济地理位置不同而有所差异。而对于到了劳动年龄的年轻人来说,则一离开课本就进入打工队伍。他们往往先追随年长者,在他们打工经验基础上,拓展打工空间和打工路径。

6.4.1.3 教育程度差异下转移就业时空路径

为了分析教育程度对农村劳动力就业目的地选择的影响,计算了2011年各样本村不同受教育程度劳动力在该村首要打工地打工的人数与该类劳动力总数的比重和不同受教育程度劳动力打工城市数量与该类劳动力总数的比重(表6-13),结合图6-14得出:①教育程度越低的劳动力,其对该地首要打工地的依赖更为强烈。由表6-13可知,肥西周楼村和徽州仙和村小学及以下教育程度者首要打工地人数与总人数的百分比都在70%以上,说明对该目的地有很强的依赖性,而高中及以上教育程度者,该比例则大大下降,太和双钟村和徽州仙和村表现得特别明显。②教育程度越高的劳动力,其打工空间范围更为广阔,这在含山汤徐村和徽州仙和村表现得都非常明显,高中及以上教育程度者,其打工地数量比其他劳动力要高一些。这说明,教育程度的提高,增加了劳动力的人力资本,对固有打工目的地的依赖有所下降,扩大了其打工空间范围。

表 6－13　不同文化程度劳动力转移就业的集聚与空间拓展

	首要打工地人数占总人数的百分比			打工地数量占总人数的百分比		
	小学及以下	初中	高中及以上	小学及以下	初中	高中及以上
太和双钟村	59.26	45.30	34.29	51.85	29.06	45.71
肥西周楼村	70.83	54.84	53.33	33.33	18.55	33.33
含山汤徐村	52.38	55.56	55.56	21.43	12.04	27.78
徽州仙和村	87.88	56.52	21.05	15.15	13.91	47.37

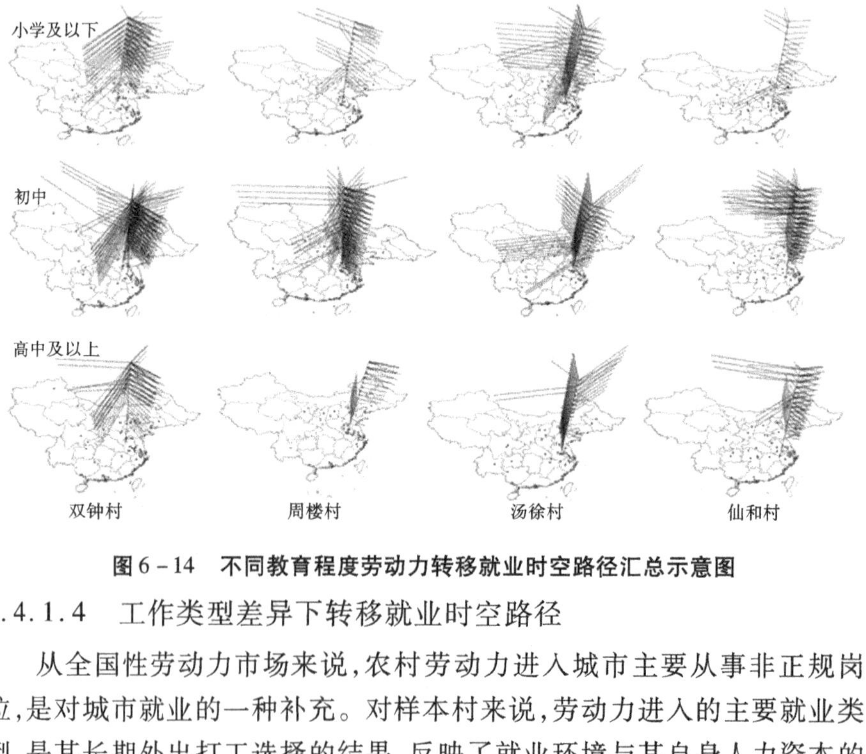

图 6－14　不同教育程度劳动力转移就业时空路径汇总示意图

6.4.1.4　工作类型差异下转移就业时空路径

从全国性劳动力市场来说,农村劳动力进入城市主要从事非正规岗位,是对城市就业的一种补充。对样本村来说,劳动力进入的主要就业类型,是其长期外出打工选择的结果,反映了就业环境与其自身人力资本的结合状况。

根据表 6－14 和图 6－15、6－16,可以得出:太和双钟村从事建筑业人数较少，但涉及空间范围很广，在长三角和珠三角地区都有较多分布；肥西周楼村从事建筑业人数较多，主要集中于合肥市，其次是长三角地区，涉及空间范围较广；含山汤徐村从事建筑业人数较少，但集中于北京市，涉及空间范围很小；徽州仙和村从事建筑业人数较多，集中于黄山市，在长三角地区虽有广泛分布，但人数很少。

根据表6－14和图6－15、6－17，可以得出：太和双钟村从事制造业人数较多，特别在2004年后有大幅提升，其所涉及的空间范围也很广，且比较集中于长三角地区；肥西周楼村从事制造业的人数较少，空间范围集中于合肥市，长三角地区也有所涉及；含山汤徐村从事制造业的人数较少，其空间范围分散，不集中；徽州仙和村从事制造业的人数较少，其空间范围不集中，并且近几年有明显缩小趋势。

根据表6－14和图6－15、6－18，可以得出：太和双钟村从事服务业的人数很少，但所涉及的空间范围很广，分布也非常分散，没有集中的趋势；肥西周楼村从事服务业的人数很少，涉及的空间范围也较小，集中于合肥市和长三角地区；含山汤徐村从事服务业的人数很多，占调研劳动力总数的比重很大，但其所涉及的空间范围很小，集中于北京市，长三角地区也有一定分布；徽州仙和村从事服务业的人数很少，涉及的空间范围也较小，分布比较分散。

表6－14　不同职业劳动力转移就业的集聚与空间拓展

	首要打工地人数占总人数的百分比			打工地数量占总人数的百分比		
	建筑业	制造业	服务业	建筑业	制造业	服务业
太和双钟村	48.00	55.34	26.83	50.00	28.16	63.41
肥西周楼村	58.97	52.08	57.50	21.79	18.75	22.50
含山汤徐村	76.47	23.53	57.41	14.71	26.47	11.11
徽州仙和村	77.38	37.25	41.94	15.48	21.57	35.48

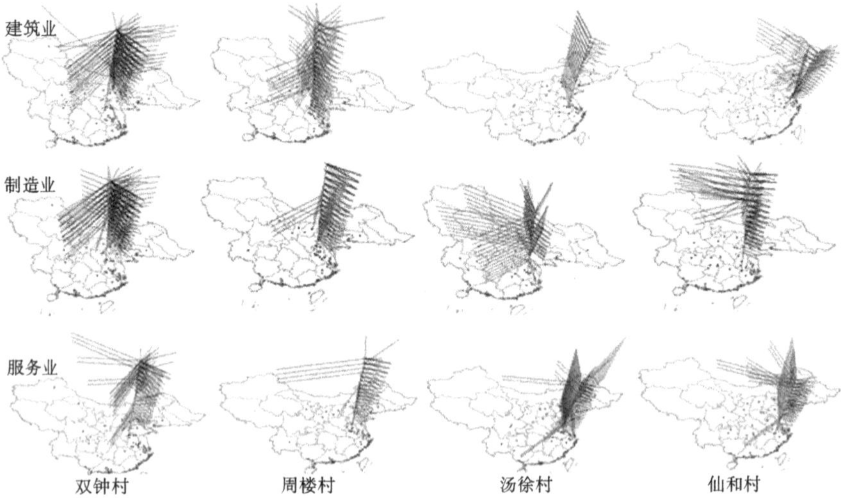

图 6－15　不同工作类型劳动力转移就业时空路径汇总示意图

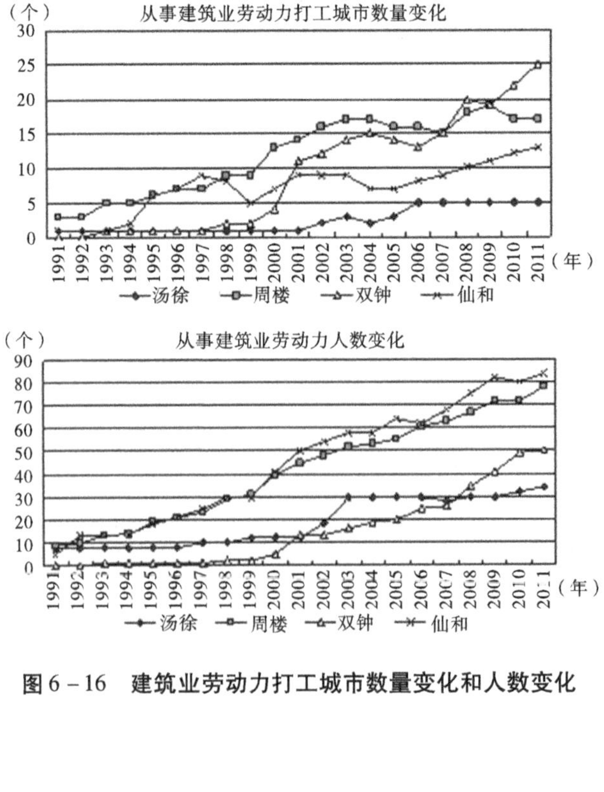

图 6－16　建筑业劳动力打工城市数量变化和人数变化

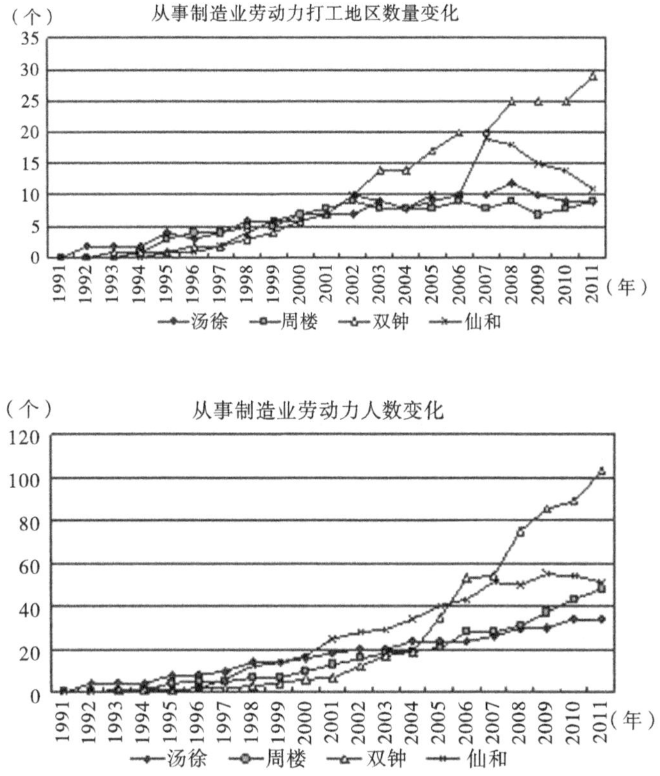

图6－17　制造业劳动力打工城市数量变化和人数变化

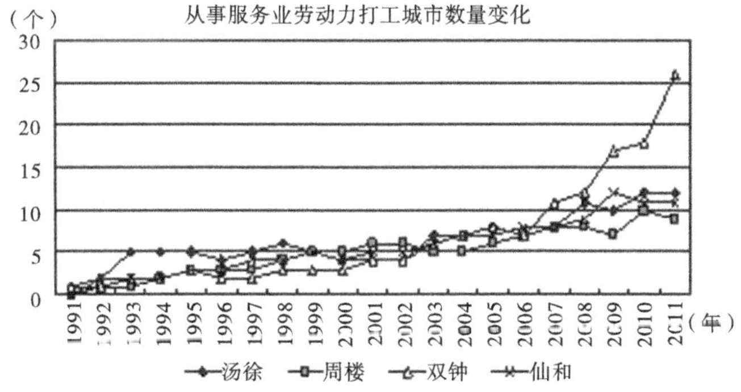

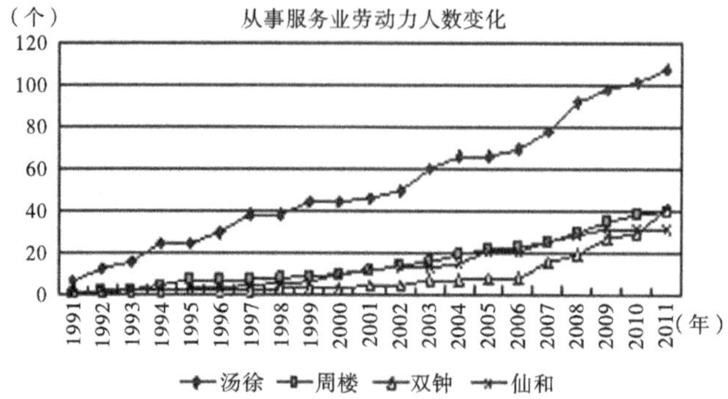

图6－18　服务业劳动力打工城市数量变化和人数变化

总体而言，太和双钟村形成了制造业为主的就业模式，集中于长三角地区，其他类型就业模式则形成了非常广泛的空间范围。长期以来，双钟村农村劳动力向珠三角、长三角地区进行了广泛的劳务输出，但并没有形成一个单一重要的打工目的地，随着中国制造业中心的逐渐发展，2004年后，长三角地区逐渐成为该地区劳动力最为重要的打工目的地，制造业也成为该村劳动力重要的就业途径。肥西周楼村和徽州仙和村形成了建筑业为主的就业模式，空间上则较为集中于市域范围。两者的共同点在于本市经济发展对其劳动力转移就业影响很大，突出地表现在建筑业就业需求增加很快，因而造成很多劳动力就近就业。制造业在这两个城市也有较快发展，是年轻劳动力的重要就业方向，但长三角地区制造业就业工资相对较高，有较大竞争力，因此形成制造业从业人员分布范围广泛的格局。含山汤徐村形成了服务业为主的就业模式，其空间范围则非常集中于北京市，形成了独特的远距离单一目的地单一职业类型的模式。由于行政区划、交通、自然环境等因素，该村成为南京、合肥、芜湖、马鞍山等城市影响的盲点地区，该村较早形成了远距离大城市就业模式，并且弥补了城市就业市场的不足，形成了以餐饮为主的服务业就业模式。

6.4.2　就业动机对转移就业时空路径的影响

根据本书第四章1.2节，将农村劳动力转移就业的动机分为三类，分别命名为动机强烈类型、生存动机型、动机适中型，它们在生存动机、发展动机、精神动机的得分上是逐步下降的。根据表6－15、图6－19，对于不同动机类型的劳动力,其转移就业时空路径表现为以下特征:①转移动机强烈程度,影响其打工的集聚性和打工空间范围。据统计,太和双钟村、肥西周楼村、含山汤徐村三个样本村农村劳动力对核心打工地的倾向性是随着动机强烈程度下降而下降的,同时其打工的空间范围则相应上升,说明对这里的劳动力来说,外出打工的意向越强烈,越倾向于向该地的首要打工地集中,打工的空间范围越小,这也说明这些地区的首要打工地对农村劳动力有较强的正向吸引作用。而对于徽州仙和村来说,农村劳动力对核心打工地的倾向性是随着动机强烈程度下降而上升的,其空间范围则相应变小。对比两种不同打工倾向,徽州仙和村农村劳动力在黄山市域打工基本上是属于“离土不离乡”类型,而长三角地区对其有较强的吸引力,因此打工动机强烈的农村劳动力更倾向于其他地区打工。其他三个地区的首要打工地都是需要离开家乡居住,要实现“离土又离乡”的转化,因此只有动机强烈、打工地吸引力强的情况下,其趋向性才会强烈。②从打工历程来看,动机越强烈的劳动力,较早涉及较广的空间范围,而动机较为适中的劳动力,开始涉及的空间范围不广,但在近几年则有很大扩展。这种趋势在肥西周楼村和徽州仙和村比较明显。这说明外出打工动机强烈的劳动力,外出拓展的意愿更强,其涉及的空间范围较早地拓展,而动机适中者,则往往处于被动状态,往往在其他人带动下进行空间拓展,其拓展的时间滞后。

表 6-15 不同动机劳动力转移就业的集聚与空间拓展

	首要打工地人数占总人数的百分比			打工地数量占总人数的百分比		
	动机强烈型	生存动机型	动机适中型	动机强烈型	生存动机型	动机适中型
双钟村	61.18	47.17	46.94	38.82	45.28	44.90
周楼村	76.47	40.35	50.82	19.61	28.07	24.59
汤徐村	58.62	56.67	50.00	15.52	16.67	17.31
仙和村	39.06	57.14	77.78	21.88	23.81	17.46

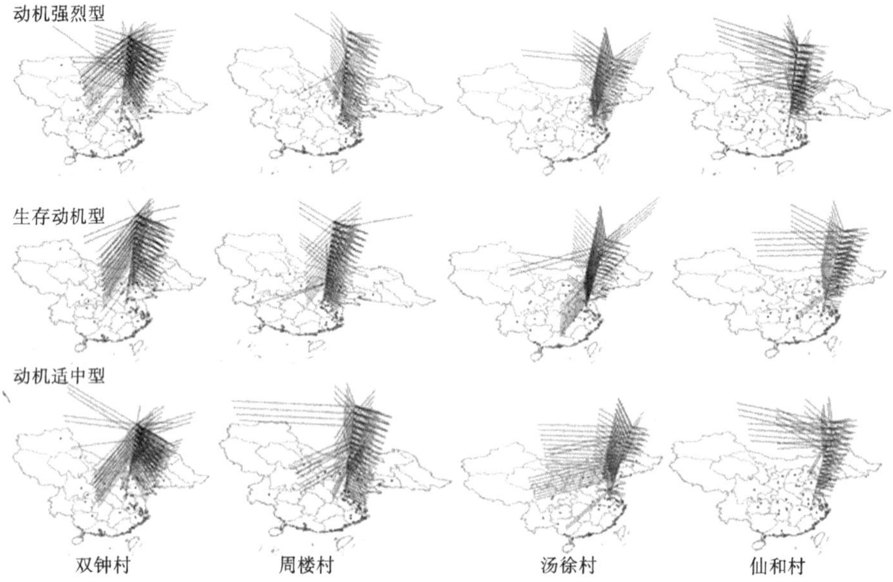

图 6－19　不同动机劳动力转移就业时空路径汇总示意图

6.4.3　环境感知对转移就业时空路径的影响

6.4.3.1　形象感知差异下转移就业时空路径

根据本书第四章 3.1 节，将农村劳动力就业地形象认知分为经济环境吸引型、距离吸引型、中等综合吸引型、高等综合吸引型四种类型。从表 6－16、图 6－20 可知：

表 6－16　不同形象认知劳动力转移就业的集聚与空间拓展

	首要打工地人数占总人数的百分比				打工地数量占总人数的百分比			
	高等综合吸引型	经济环境吸引型	距离吸引型	中等综合吸引型	高等综合吸引型	经济环境吸引型	距离吸引型	中等综合吸引型
双钟村	48.72	50.00	48.65	34.61	34.62	55.00	62.16	51.92
周楼村	35.30	62.50	48.00	71.42	35.29	37.50	25.33	28.57
汤徐村	64.10	54.55	35.00	58.82	14.10	27.27	25.00	20.59
仙和村	34.21	76.67	68.83	39.13	23.68	16.67	20.78	39.13

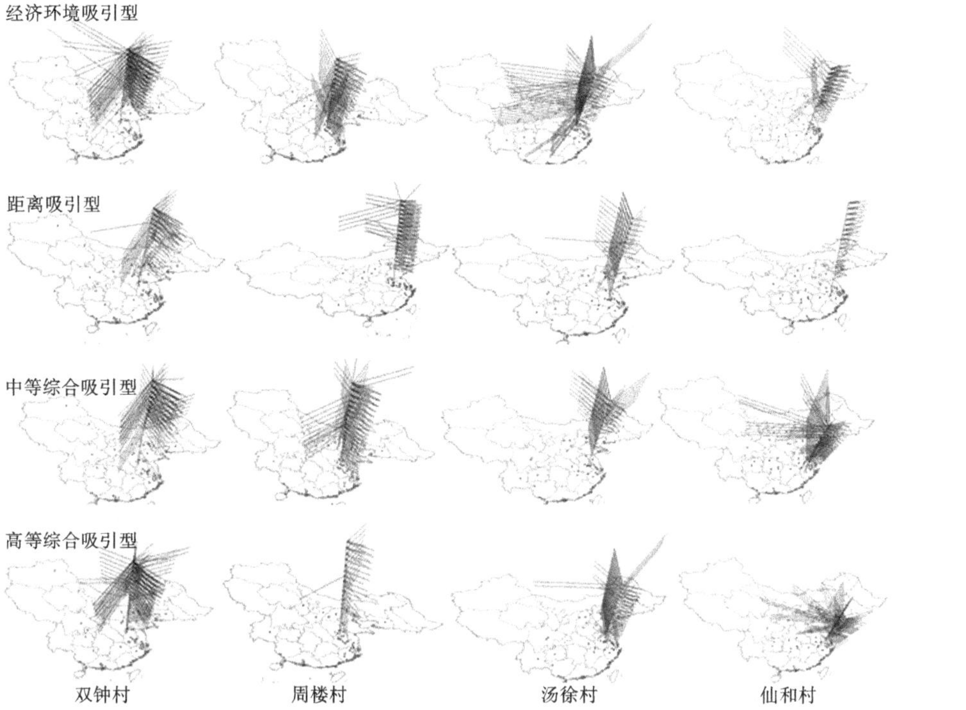

图6-20 不同形象认知劳动力转移就业时空路径汇总示意图

(1)距离吸引型较之经济环境吸引型农村劳动力,更倾向于在该村首要打工地打工,肥西周楼村和徽州仙和村表现非常明显,这说明对以家乡城市为首要打工地的农村地区来说,对打工地距离的认知与偏好是影响其选择打工地区的重要因素。而在含山汤徐村,则表现为经济环境吸引型劳动力更倾向于首要打工地,该村是以远离家乡的北京作为首要打工地的,这进一步说明,对打工地的形象认知影响劳动力打工地的选择。

(2)含山汤徐村和肥西周楼村高等综合吸引型劳动力较之中等综合吸引型劳动力明显倾向于该村首要打工地,而太和双钟村和徽州仙和村则是中等综合吸引型劳动力更倾向于该村首要打工地,这说明,含山汤徐村和肥西周楼村的劳动力,认为北京和合肥作为打工目的地,其就业形象是比较理想的,符合其对打工目的地的倾向,而长三角地区对于太和双钟村劳动力、黄山对于徽州仙和村劳动力,就业形象并不是特别理想,只是出于和其他就业目的地比较的原因,才成为该村首要打工目的地。

(3)经济环境吸引型劳动力较早进行空间拓展,其所涉及的空间也比较广泛,距离吸引型劳动力空间拓展的时间较迟,空间范围也不如经济环境吸引型广泛,考虑到前者在各样本村的比例较大,而后者较少,这说明农村劳动力外出打工主要是受到就业地良好的经济环境条件的吸引,其空间拓展时间较早而范围较广,而距离是次要因素,它往往限制劳动力到更广阔的空间中打工。

(4)含山汤徐村和太和双钟村两地的中等综合吸引型劳动力空间拓展的时间较迟,肥西周楼村和徽州仙和村空间拓展的时间则较早,但他们后期所涉及的空间范围都较为广泛,含山和肥西两地的高等综合吸引型劳动力空间拓展的时间早但最终空间拓展的范围较小,而太和双钟村和徽州仙和村两地的高等综合吸引型劳动力进入空间拓展的时间较迟但最终空间拓展的范围较广。这说明对就业地形象期待高,与本村重要打工地吻合往往会促进其打工,但其空间拓展受限,如本村重要打工地形象不太理想,则会限制其打工进入,但可以促进其空间拓展。对就业地形象期待一般的劳动力,有利于其打工空间范围的扩展,但较远距离的打工则进入较迟。

6.4.3.2　距离感知差异下转移就业时空路径

根据本书第四章3.2节,将就业地距离感知分为密切联系型、距离接近型、社会联系型三种类型。根据表6－17、图6－21,可知:①密切联系型劳动力相对于距离接近型和社会联系型劳动力来说,更倾向于在该村首要打工地打工,这说明该村首要打工目的地满足了农村劳动力在距离和社会联系上的要求,使得对距离和社会联系有较高渴求的劳动力更倾向于在这里打工。但是在含山汤徐村,由于是以远距离就业地为首要打工地,因此更看重社会联系。在徽州仙和村,就地转移是主体,因此距离接近型劳动力更倾向于首要打工地。总体来说,对就业地距离的认知情况对就业路径有很大影响。②从打工地数量扩展来看,除了含山汤徐村,其他几个样本村都表现出社会联系型劳动力比距离接近型、密切联系型更为广阔的特征,这说明对距离、社会联系的倾向越是强烈,农村劳动力打工空间的拓展越是受到限制。一般来说,距离和社会联系是农村劳动力外出打工考虑的两个重要的限制因素,社会联系是当前农村劳动力外出务工最为重要的就业途径，而距离对这种途径的实现起到了加强或限制的作用。③从农村劳动力打工空间的拓展时间来看，含山汤徐村和太和双钟村距离接近型劳动力、太和双钟村和徽州仙和村社会联系型劳动力都表现为拓展时间较迟。含山汤徐村和太和双钟村以远距离目的地为首要打工地，因此对距离近有较强倾向的劳动力进入打工的时间较迟，而相对于含山汤徐村和肥西周楼村，太和双钟村和徽州仙和村两个样本村劳动力外出打工对社会联系的依赖不强，呈现相对更为松散的状态，造成这两地社会联系型劳动力进入打工的时间较迟。

表6－17　不同距离认知劳动力转移就业的集聚与空间拓展

	首要打工地人数占总人数的百分比			打工地数量占总人数的百分比		
	密切联系型	距离接近型	社会联系型	密切联系型	距离接近型	社会联系型
双钟村	51.69	44.90	36.73	38.20	40.82	48.98
周楼村	62.83	53.33	28.00	15.93	33.33	52.00
汤徐村	50.00	33.33	70.97	15.91	16.67	14.52
仙和村	56.52	72.92	44.00	15.22	18.75	44.00

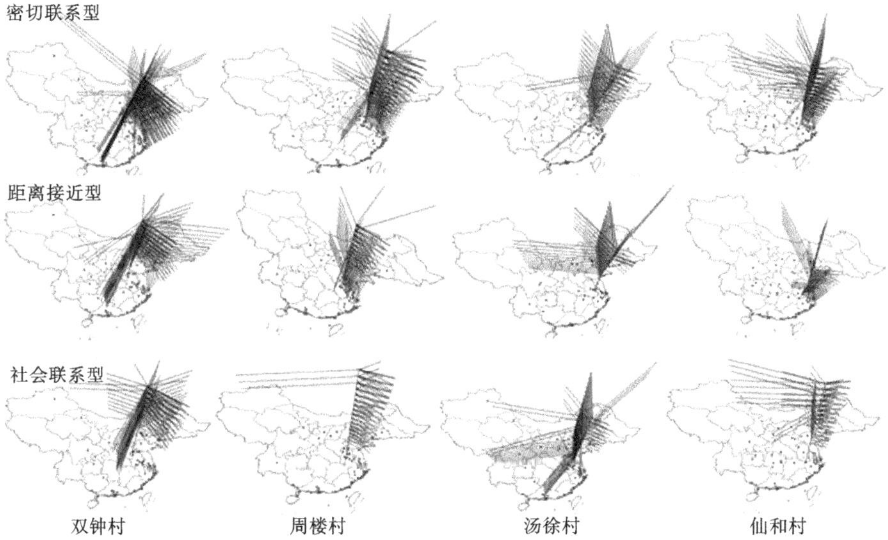

图6－21　不同距离认知劳动力转移就业时空路径汇总示意图

6.4.3.3 就业属性感知差异下转移就业时空路径

根据本书第四章3.3节，将农村劳动力就业属性感知分为高满意型、强度限制型、收入保障限制型三种类型。根据表6-18、图6-22可知：①收入保障限制型比高满意型劳动力更倾向于该村首要打工目的地，这说明对就业属性环境的正向认知越低，越趋向本村首要打工目的地（除太和双钟村），而就业属性环境的正向认知越高（除肥西周楼村），其打工空间范围越广。农村劳动力对外界就业属性的认知来自于其自身直接经历和亲戚朋友的间接经历，对就业属性的正向认知越高，增加了其打工的信心，有利于其扩展打工空间，对本村首要打工目的地的依赖较弱。②对太和双钟村来说，首要打工目的地不是单一城市，因此在农村劳动力的就业属性正向认知不强的情况下，对首要打工目的地的依赖心理不强，而受劳动强度限制，该村农村劳动力更倾向于长三角地区，说明对劳动强度的不满使农村劳动力更容易聚集于长三角地区。对于肥西周楼村来说，合肥市是一个较为满意的打工目的地，但也存在收入保障方面的缺陷，因此这两个类型劳动力中以合肥为打工目的地的比例都较大。③根据其打工空间的进入与拓展来看，强度限制型劳动力在各样本村都较早进行空间的开拓，高满意型劳动力空间开拓的时间普遍不如强度限制型早，但其最终空间拓展范围却比强度限制型高。这说明劳动强度是影响农村劳动力打工空间变化的重要原因。

表6-18 不同就业属性认知劳动力转移就业的集聚与空间拓展

	首要打工地人数占总人数的百分比			打工地数量占总人数的百分比		
	高满意型	强度限制型	收入保障限制型	高满意型	强度限制型	收入保障限制型
双钟村	43.08	52.94	36.37	46.15	41.18	43.64
周楼村	57.33	50.00	58.50	21.33	25.00	26.42
汤徐村	53.33	52.17	63.16	18.89	19.57	15.79
仙和村	47.17	66.67	63.24	28.30	15.56	19.12

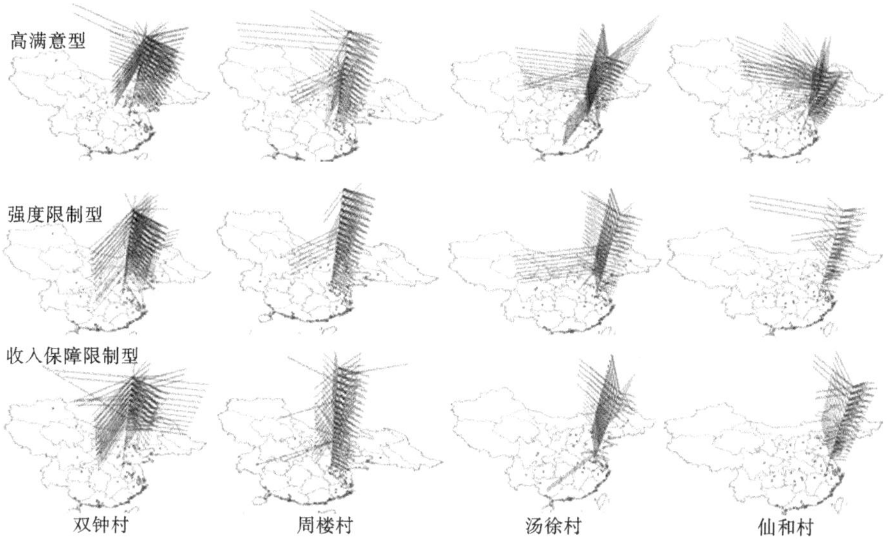

图6-22 不同就业属性认知劳动力转移就业时空路径汇总示意图

6.4.3.4 生活状态感知差异下转移就业时空路径

根据本书第四章3.4节,将农村劳动力对就业地生活状态的感知分为高生活满意型、服务欠缺型、住房限制型、中等生活满意型四种类型,这四种类型劳动力对就业生活状态的满意程度是逐步下降的。根据表6-19、图6-23,可知:①除肥西周楼村外,对就业地生活状态满意程度越低的劳动力,在本村首要打工地打工的比例越高,这说明农村劳动力对本村首要打工地的打工生活的满意程度不是很高。然而在肥西周楼村,对就业地生活状态满意度高的农村劳动力,在本村首要打工地打工的比例较高,这说明合肥作为打工目的地,农村劳动力对在这里的生活状态满意程度较高。②在肥西周楼村和太和双钟村,农村劳动力对就业地生活状态满意程度较低类型的劳动力,其打工的空间范围较为广泛。说明在这两个村庄,对就业地生活状态的不满,促使了农村劳动力形成更为广阔的打工空间。但在徽州仙和村,农村劳动力对就业地生活状态满意程度较高类型的劳动力,其打工的空间范围较为广泛,说明该村劳动力在较为广阔的打工空间的满意度高于在本地。③从农村劳动力打工范围的扩展看,高生活满意型劳动力较早进行打工空间拓展,其打工的空间范围也较为广阔；太和双钟村和徽州仙和村服务欠缺型劳动力打工空间拓展的时间较迟；含山汤徐村和徽州仙和村住房限制型劳动力所涉及空间范围较小；含山汤徐村和徽州仙和村中等生活满意型劳动力所涉及空间范围较小。

表6－19　不同生活状态认知劳动力转移就业的集聚与空间拓展

	首要打工地人数占总人数的百分比				打工地数量占总人数的百分比			
	高生活满意型	服务欠缺型	住房限制型	中等生活满意型	高生活满意型	服务欠缺型	住房限制型	中等生活满意型
双钟村	37.50	50.00	52.94	48.84	38.75	43.33	58.82	58.14
周楼村	58.21	74.47	30.00	45.83	22.39	21.28	46.67	41.67
汤徐村	44.12	63.16	62.5	61.54	19.12	21.05	25.00	13.46
仙和村	51.67	42.31	70.21	68.75	26.67	26.92	17.02	21.88

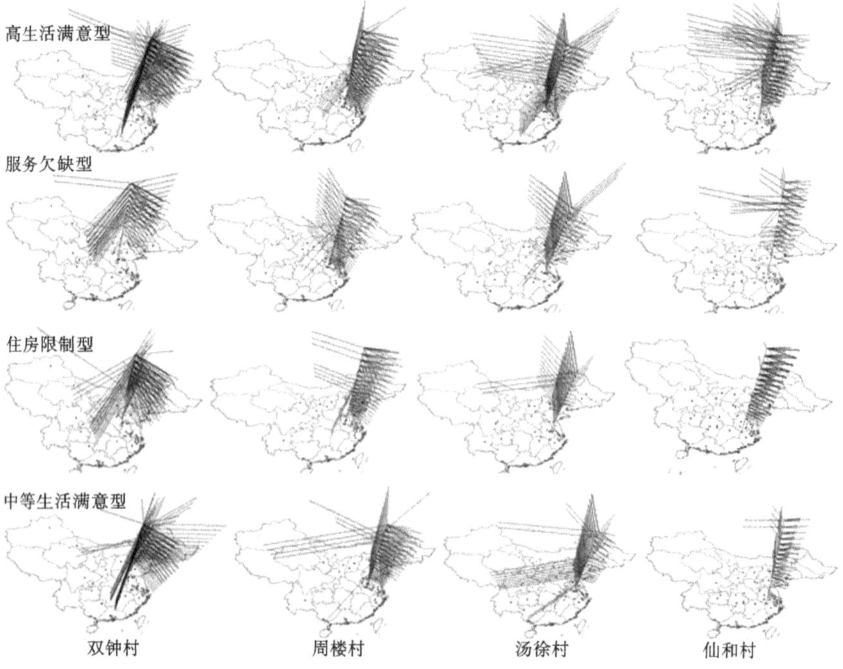

图6－23　不同生活状态认知劳动力转移就业时空路径汇总示意图

根据以上分析，农村劳动力对就业地生活状态的感知影响到其打工的集聚程度和空间范围，这主要取决于对该村首要打工目的地和其他目的地生活状态满意程度的对比。

6.4.3.5　社会和自然环境感知差异下转移就业时空路径

根据本书第四章3.5节，将农村劳动力对就业地社会和自然环境的感知分为低适应型、中等适应型、弱社会适应型、高适应型四种类型，其对就业地社会和自然环境的适应程度是逐步增加的。根据表6－20、图6－24可知：①从就业地的适应程度对其打工地集聚性的影响程度而言，含山汤徐村以北京为首要打工地，打工地社会和自然环境与家乡相差较大，因此越是低适应型的劳动力，其打工地越集中于北京，肥西周楼村以家乡城市为首要打工地，因此越是高适应型的劳动力，其打工地越集中于合肥，徽州仙和村也有这样的趋势。②从就业地的适应程度对其打工空间范围的影响来看，含山汤徐村适应程度低的劳动力，比较集中于北京，集聚程度高，相应其打工空间较小，肥西周楼村适应程度高的劳动力，集中于合肥，因此其打工空间也较小。太和双钟村适应程度低的劳动力，则有较为广阔的打工空间，说明该村打工空间范围广阔，与本地社会和自然条件差异较大，大部分农村劳动力对就业地环境的适应程度低。徽州仙和村适应程度高的劳动力，其打工空间范围广，从徽州区打工的主要地区黄山和江浙一带来看，社会和自然环境都有较大联系，因此其适应度高的劳动力多，该类型劳动力的空间范围也较广。③从打工地空间范围的拓展来看，高适应型劳动力显然较早进行空间拓展，并且其空间范围较为广阔，低适应型劳动力空间拓展的时间较迟，其空间范围相对较窄。

表6－20　不同社会和自然环境认知劳动力转移就业的集聚与空间拓展

	首要打工地人数占总人数的百分比				打工地数量占总人数的百分比			
	低适应型	中等适应型	弱社会适应型	高适应型	低适应型	中等适应型	弱社会适应型	高适应型
双钟村	34.48	48.57	53.13	39.66	68.97	60.00	34.38	56.90
周楼村	31.58	35.29	53.85	71.05	52.63	41.18	23.08	15.79
汤徐村	68.75	51.72	50.00	54.17	15.63	15.52	25.00	18.75
仙和村	—	52.63	71.43	56.72	—	17.54	20.00	25.37

注：徽州仙和村低适应型劳动力人数太少，因此不进行统计。

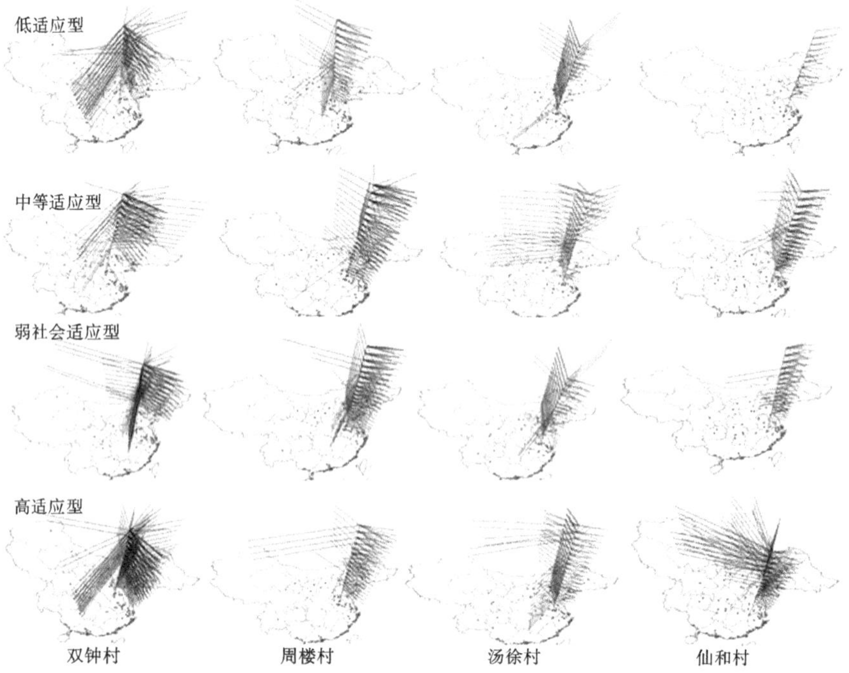

图 6－24　不同社会和自然环境认知劳动力转移就业时空路径汇总示意图

可见，就业地适应程度对打工集聚性、空间范围、空间拓展的影响受到该村与主要打工地之间的位置关系以及社会和自然环境关系的影响。

6.4.4　空间决策对转移就业时空路径的影响

6.4.4.1　就业途径决策差异下转移就业时空路径

根据本书第五章 1.2.2，将农村劳动力转移就业途径分为亲缘朋友型、亲缘－自立型、综合途径型三种类型，不同类型劳动力的外出打工途径对亲戚朋友的依赖性是逐步降低的，对自己、企业等的依赖程度则逐步提升。由表 6－21、图 6－25 可知：①打工途径越依赖于亲戚朋友的，越集中于首要打工地，这在太和双钟村、肥西周楼村、含山汤徐村都表现得比较显著，只有在徽州仙和村，亲缘－自立型就业途径的劳动力该比例最高。显然，对亲戚朋友的依赖是造成农村劳动力打工目的地局限于某一特定地点的重要原因。②四个样本村不同就业途径劳动力打工空间范围的扩展则不太相同,太和双钟村和肥西周楼村三种就业途径劳动力的打工空间范围扩展基本一致,都是围绕几个主要方向逐步扩展。含山汤徐村则明显表现为综合途径型劳动力的空间范围比其他类型广泛的多,徽州仙和村则表现为亲缘朋友型劳动力的打工空间范围最大。这说明,在含山汤徐村,亲缘朋友使其打工空间范围较为集聚于某些特定地点,而在徽州仙和村,亲缘朋友则是带动劳动力外出拓展打工空间的重要方式。

表 6-21　不同就业途径劳动力转移就业的集聚与空间拓展

	首要打工地人数占总人数的百分比			打工地数量占总人数的百分比		
	亲缘朋友型	亲缘-自立型	综合途径型	亲缘朋友型	亲缘-自立型	综合途径型
双钟村	51.56	48.61	44.64	40.63	36.11	35.71
周楼村	63.33	53.75	46.88	25.00	25.00	28.13
汤徐村	71.43	52.08	45.00	14.29	12.50	25.00
仙和村	46.55	75.68	42.11	31.03	12.16	18.42

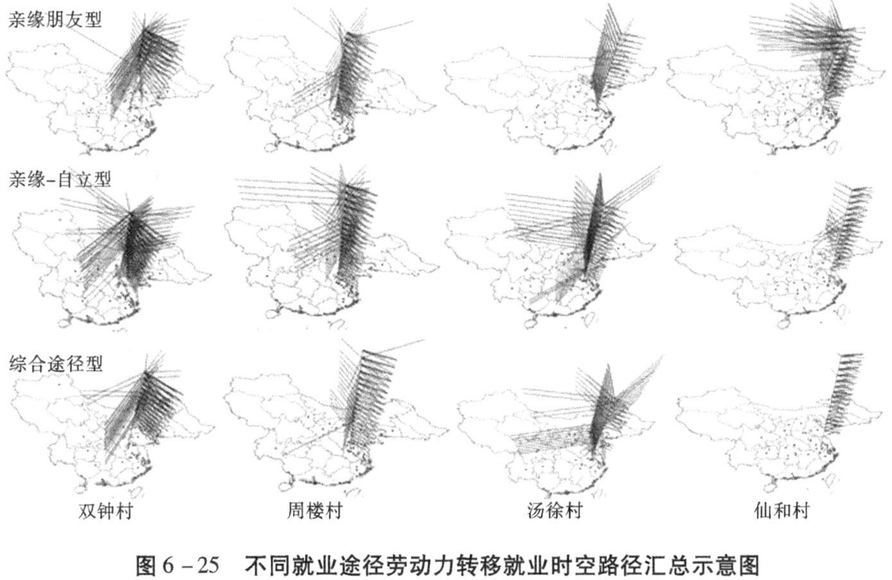

图 6-25　不同就业途径劳动力转移就业时空路径汇总示意图

6.4.4.2 就业方式差异下转移就业时空路径

根据本书第五章1.4.2,将农村劳动力转移就业方式分为决策认知模糊型、决策认知明确型、低决策认知型、高决策认知型四种类型。根据表6－22、图6－26可知:①决策认知模糊型劳动力打工目的地比决策认知明确型更倾向于该村首要打工地,其所涉及的空间范围则相对较小。模糊型就业方式的农村劳动力外出务工更多的是“随大流”,对打工环境的具体情况并没有考虑太多,因此他们对打工地的选择往往也跟随本村打工的主流,而向其他打工地拓展的意愿不强。②高决策认知型劳动力打工目的地比低决策认知型更倾向于该村首要打工地,其所涉及的空间范围也相对较小。低决策认知型劳动力对外出打工没有太多考虑,其外出往往随意性很大,表现为空间范围分布比较广,而高决策认知型劳动力对外出打工决策考虑较多,但并不完全主动明确地认知外部就业环境,因此其打工更多的是跟随主流,其打工空间范围不广。③从各种类型劳动力打工路径的演化来看,决策认知模糊型劳动力进入打工行列较早,其打工空间也较早地进行了拓展,这说明,对外出就业环境的深入考虑阻碍了农村劳动力外出行为的发生,大部分农村劳动力对外出就业环境并不是明确认知的。低决策认知型劳动力进入打工行列的时间较迟,而高决策认知型劳动力较早的进入外出打工行列,其打工空间的拓展也较早。这说明对外出就业决策的认知情况影响劳动力的决策行为,对外出打工决策有较多认知者,比那些认知程度低的劳动力外出就业的趋向更为明确。

表6－22 不同就业方式劳动力转移就业的集聚与空间拓展

	首要打工地人数占总人数的百分比				打工地数量占总人数的百分比			
	决策认知模糊型	决策认知明确型	低决策认知型	高决策认知型	决策认知模糊型	决策认知明确型	低决策认知型	高决策认知型
双钟村	46.67	42.11	34.48	50.68	44.44	52.63	62.07	42.47
周楼村	54.79	66.67	30	62.26	20.55	29.17	35	24.53
汤徐村	68.18	52.38	37.5	52.63	18.18	16.67	37.5	15.79
仙和村	69.77	57.14	43.48	56.00	18.60	25.00	26.09	21.33

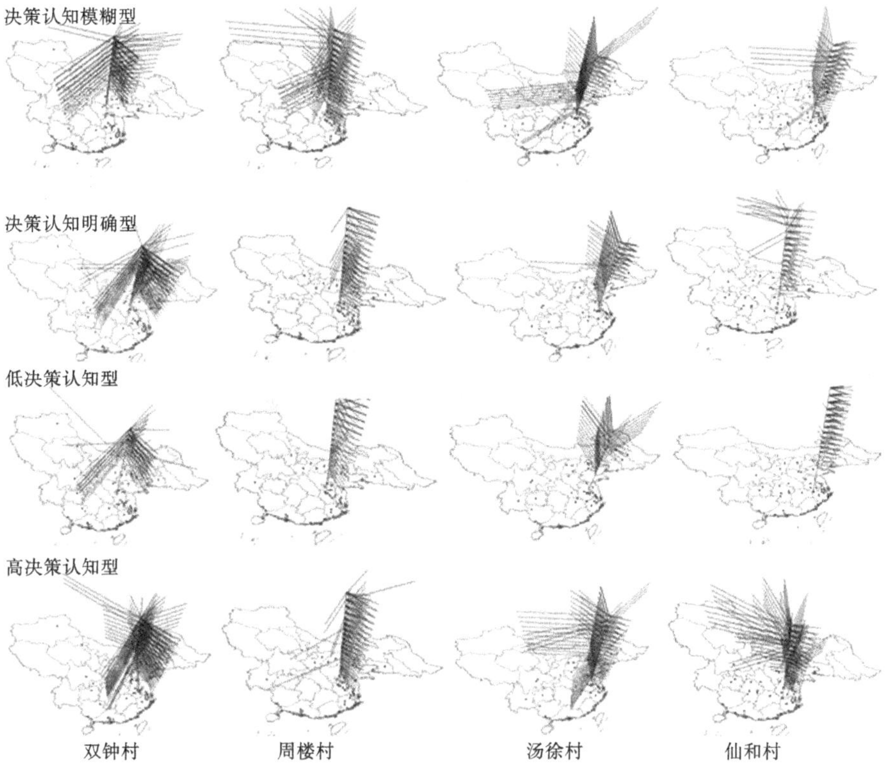

图6－26　不同就业方式劳动力转移就业时空路径汇总示意图

6.4.4.3　就业目标差异下转移就业时空路径

根据本书第五章1.3.2，将农村劳动力转移就业目标分为稳妥型、进取型、创业型、综合进取型四种类型。由表6－23、图6－27可知：①稳妥型目标的农村劳动力对本村首要打工目的地的倾向较高，相比而言，综合进取型劳动力的倾向要低。这说明，就业目标的进取型越强，其对首要打工目的地的依赖越低，越倾向于其他就业目的地就业。在样本村不同就业目标类型中，肥西周楼村和徽州仙和村稳妥型就业目标的劳动力对首要打工地的倾向最强，说明这两个村市域经济的发展，促使农村劳动力更依赖本市打工地，大大降低了向外省市务工的进取性。而含山汤徐村进取型和创业型两种就业目标类型的劳动力，其对首要打工目的地的倾向也比较强，因为对于汤徐村劳动力来说，其首要打工目的地本身就远离家乡，只有较强进取心和创业期望的人，才会执著于远距离就业，其返乡的前提往往也只有在家乡工作有较为优厚的待遇和发展前途的情况下。②从打工空间范围来看，稳妥型就业目标劳动力的打工空间范围明显不如综合进取型广。这种趋势在含山汤徐村、肥西周楼村、太和双钟村都比较明显，说明打工目的的进取性强，会促使其打工空间有扩展的趋势。③从打工空间范围的时间演化来看，稳妥型劳动力的打工空间范围呈现稳步扩大的趋势，而其他三种类型劳动力在最初几年是扩大的，但在2003年左右以后，则基本呈现稳定的波动状态，只有太和双钟村一直是扩大的。考虑到稳妥型劳动力的数量比较多，这种趋势反映了对单一的样本村来说，劳动力打工的空间拓展具有一定的阶段性，大部分劳动力的打工空间是依赖本村原有打工空间逐步扩展的，但具有拓展性的打工空间变化往往是一些“先锋”打工者首先开始的，造成该村打工空间快速扩展，但之后就呈现逐步稳定的状态。随着社会经济环境的变化，这种空间会再次发生扩展或萎缩，呈现出阶段性变化特征。

表6－23　不同就业目标劳动力转移就业的集聚与空间拓展

	首要打工地人数占总人数的百分比				打工地数量占总人数的百分比			
	综合进取型	稳妥型	进取型	创业型	综合进取型	稳妥型	进取型	创业型
双钟村	41.67	50.00	43.24	50.00	36.11	36.00	54.05	57.14
周楼村	65.67	48.39	50.00	49.09	25.37	29.03	33.33	29.09
汤徐村	44.44	61.53	72.73	38.46	18.52	15.38	11.36	23.08
仙和村	70.11	54.17	42.86	42.10	18.39	37.50	38.10	18.42

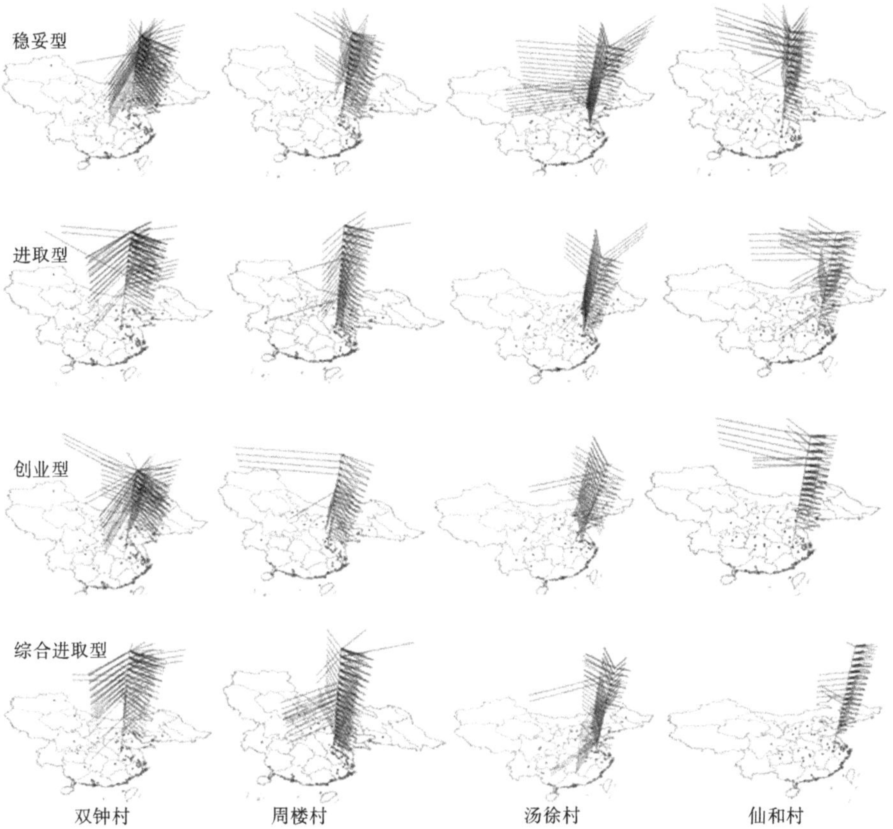

图 6－27　不同就业目标劳动力转移就业时空路径汇总示意图

6.5　本章小结

经过 20 年的外出就业历程，四个村都各自形成了以一个或两个重要就业地为核心的辐射范围广泛的转移就业空间。其个体转移就业时空路径可分为稳定型、逐步稳定型、漂泊不定型、回流型、逐步开拓型、断续型六种类型。转移就业时空路径特征包括空间进入特征、就业节律特征、空间流动特性。空间进入特征表现在：21 世纪初期是安徽农村劳动力全面接受打工就业方式的时期，最终打工地是对原打工地集聚性的加强或减弱，初始打工行业倾向于建筑业和服务业，最终打工行业则更倾向于制造业;初次找工作更多地依靠"亲戚、朋友",但随着打工经历增加,依靠自己寻找工作的情况增加了;就业属性、家庭、就业地是影响农村劳动力外出打工的三个最基本要素。就业节律特征表现在:农村劳动力在就业地和原居地之间的流动节律呈现"春节型""节假日型""休息日型""每日型"四种类型,2006—2007年间是安徽省内就业目的地市场快速发展时期,春节是农村劳动力信息交流、社会联系的重要节点。空间流动特征表现在:农村劳动力转移就业具有明显的空间指向,其空间流动具有很强的粘性特征,家乡是其家庭、社会、经济联系的重要节点,社会经济地理位置是农村劳动力转移就业地区差异形成的重要原因。

通过对不同类型农村劳动力转移就业时空路径的时空特征进行分析,可知动机、环境认知、空间决策、个体属性对时空路径产生显著影响。外出打工的动机越强烈,较早涉及较广的空间范围,越倾向于向该地的首要打工地集中,最终打工的空间范围相对较小。对就业地形象期待高,与本村重要打工地吻合,对距离和社会联系有较高渴求,对就业属性环境的正向认知越低的劳动力,更倾向于首要打工地,空间拓展受限。农村劳动力生活状态认知对时空路径的影响,取决于对该村首要打工目的地和其他目的地生活状态满意程度的对比;就业地适应程度对时空路径的影响则受该村与主要打工地之间的位置关系以及社会自然环境差异的影响。打工途径越依赖于亲戚朋友的,越集中于首要打工地;决策认知模糊型、高决策认知型、稳妥型目标的农村劳动力对本村首要打工目的地的倾向较高,打工空间范围相对较小。女性进入全面打工的时间普遍比男性迟,女性开始涉及的打工范围较小,但最终所涉及的范围与男性相差不大;年龄较大者,更多的人倾向于该村的首位目的地,年龄较轻者比年长者的打工空间范围大;教育程度越低者,其对该地首要打工地的依赖更为强烈,教育程度越高的劳动力,其打工空间范围更为广阔;建筑业就业的劳动力更倾向于家乡城市,制造业就业的劳动力较倾向于长三角地区,服务业就业的劳动力更倾向于远距离大城市。

7 农村劳动力转移就业空间行为形成机制

农村劳动力转移就业是农村劳动力在当前社会经济状态下，出于自身利益的需求并考虑自身现实，对现实可达的就业地进行认知，作出决策，产生转移就业行为的过程。首先，对中国的农村劳动力来说，改革开放使他们从原来较为封闭的农村环境进入一种开放的环境中，而大量的就业机会来源于城市非农业，因此，农村劳动力转移就业首先面临的是不同城市和城市工作环境的选择，农村劳动力根据其感受到的在家乡所在地与预期就业地工作之间的收益和成本比较，根据收益最大化原则，作出是否转移的决定的。而这种收益成本的比较，则是通过不同地域的社会经济差距体现出来，家乡所在地与预期就业地的平均收入、就业机会等的差距直接影响农村劳动力的转移就业。其次，农村劳动力要实现由在家乡务农到就业地从事第二、三产业的职业和就业地转换，必须要获取足够信息，通过切实可行的途径，才能达到转移就业的目标，这期间就业信息、就业途径、交通、家乡与就业地的位置等成为重要的影响因素，是农村劳动力动机产生、环境认知、空间决策的基础。再次，农村劳动力个体不同，对转移就业的期望和目标有很大差异，对就业地和就业信息的反应也很不同，从而直接制约其转移就业。

因此，农村劳动力是在个体属性约束下，通过交通信息途径，对就业地社会经济差距进行认知，作出转移就业决策，产生转移就业行为的（图7-1）。其中，社会经济差距是农村劳动力转移就业的根本动因，交通信息途径是农村劳动力转移就业的推动因素，个体属性差异是农村劳动力转移就业的约束性因素。社会经济地理位置的不同，造成了农村劳动力空间行为过程的地域差异。

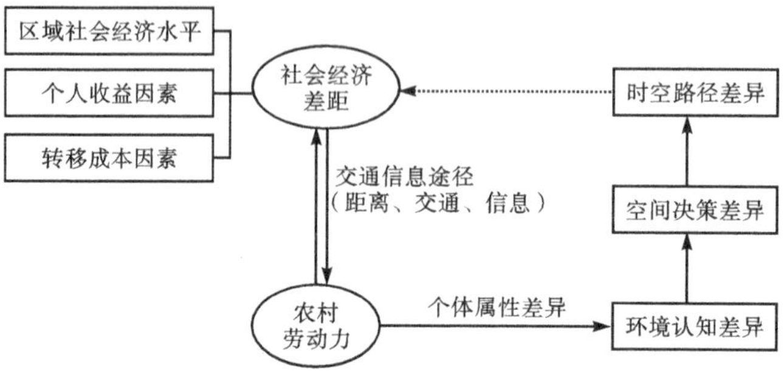

图 7－1　农村劳动力转移就业空间行为过程的形成机制

7.1　农村劳动力转移就业空间行为的影响因素

7.1.1　社会经济因素

社会经济因素是影响劳动力转移就业的宏观结构性因素，可以从区域社会经济水平、个人收益、转移成本三方面考察。

区域社会经济水平包括城市化水平、产业集群成长、经济增长要素、投资状况、地区间人均收入差距、自然环境条件、文化科技水平等，是一地区社会经济发展的总体水平，在农村劳动力眼里，就是其预期就业地的整体形象。本研究中使用"就业地形象"概念对其进行了测度，得出"工商业发达"得分值最高，其次是"自然环境和科技"，从类型看则是"经济环境吸引型"和"中等综合吸引型"比例较高，说明农村劳动力首先选择的是工商业发达的大中城市。事实上，长三角、珠三角发达的工商业城市，北京等全国性特大城市，合肥等省内发达城市是安徽省农村劳动力转移就业的主要方向。这些就业地区域经济水平的变化也导致农村劳动力打工趋向的变化，如 20 世纪 90 年代以后，长三角的经济地位逐步超过珠三角，2006 年前后，安徽省内工商业城市的发展，都对农村劳动力转移就业的空间趋向产生了深刻地影响。因此，加速省内中心城市的发展，增加就业机会是引导农村劳动力转移就业空间有序发展的重要途径。

个人收益因素是指农村劳动力个体在转移过程中实际获得的收益，包括务工收入、工资水平、城市就业机会、社会生活服务等。本研究使用

"劳动收入""劳动技能"等就业属性感知和"基础服务""便利性"等生活状态感知指标,对其所获得的收益进行测度。可得出农村劳动力对转移就业的收入满意程度较低,对劳动技能有较高倾向,对基础服务较为满意,对便利性的满意程度很高。说明以收入为基本目标的农村劳动力转移就业,对就业收入有较高期望,对就业技能有很强的敏感性,在生活环境方面较为容易满足。

转移成本因素是指农村劳动力在转移过程中需要付出的经济利益和心理成本,如城市就业风险、务工成本、社会自然环境的适应性等。本研究使用"劳动强度""劳动保障"等就业属性感知指标、"住房需求"等生活状态感知指标、"社会环境""自然环境"等社会自然环境感知指标,对其转移就业所付出的成本进行测度。可得出除了"自然环境"得分较高外,农村劳动力在这些转移成本因素上的得分值都较低,说明劳动强度、劳动保障、住房、社会适应性是制约农村劳动力转移就业的重要成本因素。因此,这些问题的逐步解决,将会大大促进农村劳动力的转移就业。

7.1.2 交通信息途径

社会经济因素虽然是农村劳动力转移就业的根本动因,但农村劳动力转移就业往往并不是在掌握所有信息情况下的理性选择,就业信息必须通过一定的途径,使农村劳动力对其产生较为明确的认知,才会促使转移就业的实现。因此,交通信息途径是农村劳动力转移就业信息获取、就业实现的基本要素。本研究使用打工途径、就业信息来源、就业地距离感知量表,对农村劳动力就业信息、途径进行测度。

从信息来源和就业途径来看,"老乡、亲戚、朋友"是农村劳动力获取信息、实现就业的基本途径。随着农村劳动力外出就业空间的推进,"自己"成为仅次于亲缘网络的重要途径,而政府、企业、媒体的作用非常有限。这种方式不但使农村劳动力转移就业有了较为清晰和有力的路径,还成为农村劳动力延续传统亲缘网络关系的重要依托。农村劳动力在每年的春节及平时的电话、网络沟通中,进行着就业信息的传播,维持着原居地世代形成的社会网络关系。但这种方式也导致地域、职业限制,农村劳动力转移就业选择的余地不大,带有很强的粘性特征。

根据农村劳动力就业地距离感知量表，得到农村劳动力转移就业对“距离接近”和“社会联系”都有很强烈的倾向，但对“社会联系”的倾向不如“距离接近”，只有对“乡亲、熟人”的倾向较高。这进一步说明社会联系对农村劳动力打工具有重要影响，但同时也说明距离是农村劳动力转移就业的重要限制性因素。农村劳动力对转移就业地的选择往往是发达工商业城市和家乡城市之间权衡的结果。如果外省市工商业城市的收入水平远远高于家乡城市，劳动力选择外出流动就业，如果两者收入差距缩小，劳动力回流趋向、定居就业的趋势则增强。

7.1.3 个体属性差异

农村劳动力通过交通信息途径，对社会经济差距产生环境认知，进而产生转移就业决策，形成时空路径。由于个体属性差异，农村劳动力在信息选择、环境认知等方面，有很大差距，个体属性差异也造成农村劳动力转移就业动机和目标有很大不同，从而形成了不同的时空路径。

个体属性差异首先对转移就业环境产生不同的认知，进而影响到转移就业行为。研究结果表明，年龄、文化程度、职业对农村劳动力环境认知产生显著影响，21—40岁年龄段、文化程度较高、从事服务业的农村劳动力对就业地的环境认知更为正向，从而有利于其转移就业。个体属性差异影响转移就业途径、目标，进而影响其转移决策。年龄越大、女性、教育程度较低者，信息来源、就业途径对亲戚的依赖越大，更多地持稳妥型就业目标，对决策方式的认知程度较高，越倾向于市内就业。个体属性不同，其打工的制约因素不同，最后其就业时空路径也有较大差异。女性、年龄较大、教育程度越低的劳动力，对该地首要打工地的依赖更为强烈，打工空间范围受限，建筑业就业者更倾向于在家乡城市就业，制造业就业者较倾向于在长三角地区就业，服务业就业者更倾向于在远距离大城市就业。

总之，由于个体属性差异，农村劳动力转移就业受到来自家庭、人力资本等的不同约束，使同一村落的不同劳动力群体产生了不同的转移就业空间行为。

7.2 各样本村农村劳动力转移就业空间行为机制

7.2.1 太和双钟村

太和双钟村位于安徽省西北部,远离省内省外重要发达城市,其所属的阜阳市经济发展水平低,是一个剩余劳动力众多的农业地区。因此,家乡“推力”大,是四个村打工动机最为强烈的一个村。另外,阜阳市位居中部咽喉地区,对外交通发达,其打工空间初始时在南、北、东南方向都有扩展,但在2003年后,向长三角方向扩展加速,2006年后本省就业地扩展加速,最后形成较为分散的打工空间,以温州、杭州、无锡、上海等城市最为集中,其次是深圳等地,省内合肥等地区就业人数也不断上升,但家乡城市就业人数很少。

根据该村农村劳动力对转移就业地的环境认知,家乡城镇对其吸引力弱,他们对距离接近和社会联系的倾向预期就业地的经济、环境对他们有较强的综合吸引力,省会城市和省内其他地级市对其有一定吸引力,对就业属性非常满意的劳动力数量较少,对劳动收入、劳动保障、劳动强度不是太满意的劳动力较多,对就业地生活状态满意的劳动力较多,对就业地社会和自然环境的适应性较低。结合该村劳动力实际就业空间及其职业特点,发现他们对就业地的环境认知与实际就业空间一致,虽然他们对打工地生活比较满意,但以制造业、建筑业为主的职业特性,造成他们对就业状态不是很满意,加之对就业地的社会自然环境适应性较低,因此他们还是希望在距离家近的地方打工。

虽然亲缘作用也是该村劳动力转移就业的重要信息来源和途径,但亲缘影响相对不如其他村,媒体和文化水平对该村就业信息影响较大,该村就业途径较广,企业、中介、媒体起了一定作用。该村劳动力对转移就业认可度较高,就业决策较为慎重、明确,全面接受“打工”就业方式的时间较迟,初始打工年龄较高。稳妥型打工目标人数比例高,创业、进取精神较强,回乡和留城的倾向都不强,是典型的“春节型”流动节律特征。

显然，就业地离家较远，空间较为分散，制造业、建筑业为主的职业，造成该村劳动力转移就业过程中表现出亲缘作用较弱、就业途径较广、留城倾向不强、流动性较强等特征。

7.2.2 肥西周楼村和徽州仙和村

肥西周楼村位于安徽省中部，家乡城市合肥市是安徽省省会，经济较为发达。徽州仙和村位于安徽省南部，家乡城市黄山市经济发展水平一般，但仙和村离市区和该市工业区较近。两个村都较早形成家乡城市和长三角两个重要转移目的地，开始两个目的地都保持基本一致的发展速度，但在2007年后，两个村到家乡城市就业的人数逐渐超过长三角，家乡城市成为本村首位打工城市，而在长三角则形成了几个打工"簇团"，肥西周楼村形成了上海、宁波、苏州三个打工"簇团"，徽州仙和村形成了杭州、宁波、上海、湖州四个打工"簇团"。

根据两个村农村劳动力对转移就业地的环境认知，两者都主要考虑就业地经济、环境、距离共同产生的综合吸引力，对家乡城镇的倾向都较强，对社会联系和距离接近的倾向都较高，他们对劳动保障的认知水平都较低。对收入不满的劳动力多，对就业地社会和自然环境的适应性都很高。不同之处在于肥西周楼村对就业属性的满意程度较高，徽州仙和村高满意型劳动力数量则较少，肥西周楼村对就业地居住、医疗等基础服务满意度不高，对就业地房价有较多期望，徽州仙和村对居住的满意度最低，对打工地房价期望值低，对定居就业的期望不高。结合两个村劳动力实际就业空间及其职业特点，发现他们对就业地形象的认知特点与实际情况相符，反映了在家乡有较强替代打工目的地情况下，距离的作用极大地增强，但是两个村劳动力对就业的收入和居住条件都不是很满意，说明省内就业目的地在收入和居住条件等方面还有待提高。两个村也存在一些差异，肥西周楼村有较强的城市定居意愿，而徽州仙和村则较弱，因为肥西周楼村离合肥市有较远的距离，而徽州仙和村距离周边的工业中心大约5千米，因此很多人是住在家里，其对定居城市的期望并不高。

两个村劳动力的空间决策和时空路径表现出一些共同的特征，如距离对就业信息影响较大、亲缘和自身是就业的基本途径、稳妥型目标人数多、对转移就业认可度很高、稳定型时空路径比例高、“春节型”节律人数较少，“休息日”节律类型人数较多。反映了家乡城市就业类型更加关注距离，就业目标和时空路径方式求稳心态明显，对家乡的空间粘性较大等特征。由于两个村打工动机、打工路径，和家乡城市、长三角城市关系的差异，两个村也有一些差异，如在徽州仙和村，媒体对就业信息的影响明显，企业招工在就业途径中有较强作用，打工决策认知更为明确，涉及的打工地比较广泛，有较多“每日型”节律类型等。说明在较强打工动机、家乡城市经济较弱情况下，农村劳动力打工有更为广阔的空间、打工决策更为清晰。

7.2.3 含山汤徐村

含山汤徐村位于安徽省中部，周边有南京、合肥、芜湖、马鞍山等省内外中心城市，但该市对外交通通达度较低，家乡城市巢湖市市域经济不发达，是一个农业劳动力众多的农业大市。该村劳动力外出就业动机以城市的经济“拉力”为主，对提高自身社会地位的渴望强烈。20世纪90年代以来，该村形成了北京为核心的单一打工空间，并且这种集聚趋势一直在强化。2003年后，长三角的上海、无锡，北方的青岛、长治等地打工人数逐步成长，但集聚的态势不强，省会及家乡城市的影响力一直很弱。

根据该村农村劳动力对转移就业地的环境认知，就业地经济、环境的吸引力很强，省内城市、家乡城镇吸引力很弱，对社会联系和距离接近的倾向较低，对就业保障有较高的认知、对就业强度有较高耐受力，收入符合预期，生活满意型劳动力数量多，对就业地社会和自然环境的适应性比较适中。结合农村劳动力实际打工空间与职业收入情况，发现他们对就业地就业形象的认知与实际就业空间一致，呈现单一的北京为主的打工空间和早餐餐饮为主的职业特征，较高的打工收入使他们对工作及生活的满意度较高，因此他们对距离接近的倾向较低，回乡及留城的倾向都较低。

该村劳动力全面接受“打工”就业方式的时间较早，平均初始打工年龄最小，服务业作为最主要职业得到不断强化。亲缘、职业对就业信息影响明显，亲缘信息和自身就业经历获得信息是就业的基本途径。对就业决策较为慎重、明确，创业型和进取型比例高，留城倾向较低。逐步稳定型和漂泊不定型就业比例较大，“春节型”节律人数多。显然，远距离单一就业目的地，较为集中的职业类型，使亲缘在转移就业中的作用加强，“候鸟式”特征明显，而北京作为首都，过高的进入门槛使农村劳动力留城倾向很低，服务业就业模式则使该村农村劳动力不满足于制造业、建筑业等职业，创业精神和进取精神都较强。

7.3 本章小结

农村劳动力是在个体属性的约束下，通过交通信息途径，对就业地社会经济差距进行认知，作出转移就业决策，产生转移就业行为。社会经济差距是农村劳动力转移就业的根本动因：长三角、珠三角发达的工商业城市，北京等全国性特大城市，合肥等省内发达城市是安徽省农村劳动力转移就业的主要方向；以收入为基本目标的农村劳动力转移就业，对就业收入有较高期望，对就业技能有很强的敏感性，在生活环境方面较易满足；劳动强度、劳动保障、住房、社会适应性是制约农村劳动力转移就业的重要成本因素。交通信息途径是农村劳动力转移就业的推动因素：“老乡、亲戚、朋友”是农村劳动力获取信息、实现就业的基本途径；社会联系对农村劳动力打工具有重要影响，距离是农村劳动力转移就业的重要限制性因素。个体属性差异是农村劳动力转移就业的约束性因素：农村劳动力转移就业受到来自家庭、人力资本等的不同约束，使同一村落的不同劳动力群体产生了不同的转移就业空间行为。

不同样本村农村劳动力转移就业表现出不同的空间行为特征。太和双钟村：就业地离家较远，空间较为分散，制造业、建筑业为主，造成该村劳动力转移就业过程中表现出亲缘作用较弱、就业途径较广、留城倾向不强、流动性较强等特征；肥西周楼村和徽州仙和村：家乡城市就业类型更加关注距离，就业目标和时空路径方式求稳心态明显，对家乡的空间粘性较大等特征；含山汤徐村：远距离单一就业目的地，较为集中的职业类型，使亲缘在转移就业中的作用加强，“候鸟式”特征明显，留城倾向很低，创业精神和进取精神都较强。

8 研究结论、创新点与展望

8.1 研究结论

在阐述地理认知、行为空间和空间行为、时间地理学等理论的基础上，认为农村劳动力转移就业是农村劳动力在个体属性的约束下，通过交通信息途径，对就业地社会经济差距进行认知，作出转移就业决策，产生转移就业行为的。其空间行为过程包括动机、环境认知、空间决策和时空路径四个基本环节。通过对安徽省四个样本村的实地调研，使用因子分析、聚类分析、单因素方差分析、多项 Logistic 回归模型、结构方程模型，ArcGIS 空间分析等方法，分析了安徽省农村劳动力转移就业空间行为过程各环节的基本特征与它们之间的相互作用关系。

农村劳动力转移就业动机有三个维度，生存动机是最基本动机，其次是发展动机，精神动机目前还不是重要动机。转移就业环境认知包括就业地形象、就业地距离、就业属性、就业地生活状态、就业地社会自然环境认知五个方面，离家近的大中型工商业城市是农村劳动力转移就业最倾向的地方，就业属性、住房、就业地社会环境是影响其就业的重要感知因素。转移就业空间决策包括转移就业信息决策、途径决策、目标决策、方式决策、就业地决策五方面内容。农村劳动力在目标多样化、“随大流”的状态下，通过亲缘网络，选择距离较近的发达城市就业，形成集聚性较强的打工空间。转移就业时空路径是农村劳动力对家乡和就业地社会经济环境差异进行反应的结果，具有较强空间粘性、在两地之间有节律流动的特征，可分为稳定型、逐步稳定型、漂泊不定型、回流型、逐步开拓型、断续型六种类型，四个样本村都已形成了以一个或两个重要就业地为核心的辐射范围广泛的转移就业空间。

农村劳动力转移就业动机对环境认知和时空路径产生显著影响，动机越是强烈,其环境感知功能特征越是正向,越早进行空间开拓,越倾向于向该地的首要打工地,打工的空间范围则相对越小。农村劳动力转移就业环境认知和空间决策之间存在着显著的相互影响关系:自身经历-亲缘型信息来源、亲缘-朋友型就业途径、决策认知明确型和高决策认知型、省内市外就业的农村劳动力,多项环境感知功能特征项的得分较高,目标稳妥型农村劳动力在环境感知功能特征得分上相比偏低。农村劳动力转移就业环境认知和空间决策对时空路径产生一定影响:对就业地形象期待高、与本村重要打工地吻合、对距离和社会联系有较高渴求、对就业属性环境的正向认知越低的劳动力,更倾向于首要打工地,空间拓展受限;打工途径越依赖于亲戚朋友的、决策认知模糊型、高决策认知型、稳妥型目标的农村劳动力对本村首要打工目的地的倾向较高,其打工空间范围相对较小。

个体属性差异对农村劳动力转移就业空间行为过程产生重要影响:21—40岁年龄段、文化程度较高、从事服务业的农村劳动力对就业地的环境认知更为正向;教育程度较高、31—40岁之间的农村劳动力信息类型更多倾向于自身经历-亲缘型,就业途径更多依赖朋友,同时持进取型、创业型就业目标的人较多,越倾向于邻省和市外省内就业;女性进入全面打工的时间普遍比男性迟,年龄较大者、教育程度越低的劳动力更多倾向于该村首位就业目的地,打工空间范围相对较小;从事建筑业者更倾向于家乡城市,从事制造业劳动则倾向于长三角地区,从事服务业劳动力则倾向于到远距离的大城市就业。

根据以上分析,总结出农村劳动力转移就业空间行为的形成机制:社会经济差距是农村劳动力转移就业的根本动因,交通信息途径是农村劳动力转移就业的推动因素,个体属性差异是农村劳动力转移就业的约束性因素。该研究将在实践层面为实现不同地区、不同类型农村劳动力的有效转移提供现实依据,从而有利于城市与区域人口管理。

8.2 研究创新点

提出农村劳动力转移就业空间行为过程研究框架,有助于对农村劳动力转移微观行为进行研究。农村劳动力转移研究多从宏观层面展开，以经济学、社会学理论为核心理论。本书从农村劳动力微观个体层面，提出农村劳动力转移就业空间行为的研究框架，界定了空间行为过程的动机、环境认知、空间决策、时空路径等概念体系，并进行了实证研究，显然有利于农村劳动力转移就业研究的理论创新。

各种定量方法的综合运用，推动了认知、决策、路径等行为研究的定量化。农村劳动力转移就业空间行为是一个从心理过程到行为过程的复杂过程，通过问卷、访谈等方法，采用 SPSS、AMOS、ArcGIS 等分析工具，对其各环节及其关系进行了定量化研究，一方面使农村劳动力转移就业行为研究中有关态度、偏好、认知的研究有一个量度的标准，一方面使微观心理过程研究与宏观行为过程研究得到有机结合。

探讨了中观经济地理位置差异对农村劳动力转移空间特性的影响。对农村劳动力转移的地域差异研究，学者们多从宏观区域角度进行。本书探讨了在同一省内，宏观社会经济背景基本一致的条件下，与不同等级"经济中心"空间关系不同的样本村，其转移就业空间特性的差异。从而使农村劳动力转移区域研究的视角从宏观转向中观和微观尺度。

8.3 研究展望

研究尺度和范围扩展：本研究以安徽省四个典型样本村为案例，对农村劳动力转移就业空间行为过程进行了实证研究，但研究结论是否能够概括安徽省全省农村劳动力转移就业行为的基本特征，还需要进一步在全省范围内进行研究验证。本研究只探讨了流出地农村劳动力转移就业行为，对安徽省内及其他流入地的研究，有待进一步扩展。

研究内容扩展：本研究对农村劳动力转移就业空间行为过程各环节的讨论局限于现有测度方法和实证，随着质性方法的广泛运用，可拓展其基本内涵的研究，如环境认知研究可以不只有地理属性信息的认知，还有地理空间信息的认知，时空路径的研究将不只局限于家乡和就业地之间的空间路径，还有农村劳动力在就业地工作与生活的时空路径，等等。

研究方法扩展：本研究主要采用问卷方式获取数据，在质性方法的运用方面还不充分，时空路径技术的运用也只限于三维可视化。今后可以进一步拓展质性方法在本研究中的应用，从而使研究更契合客观实际，更能反映其微观作用机理。对时空路径的研究也可以加入一些时空预算等空间分析方法，使时空路径机制的研究更具有科学性。

参考文献

[1]史清华,卓建伟,郑龙真.农民外出就业及遭遇的实证分析[J].中国农村经济,2004,(10):56－63.

[2]黄乾.农村劳动力转移就业问题性质的根本转变与社会政策选择[J].人口研究,2007,31(4):70－76.

[3]史清华,程名望.我国农村劳动力外出就业活动圈的实证分析[J].农业现代化研究,2009,30(2):145－147.

[4]高颖.农村富余劳动力的供需变动及分析[J].人口研究,2008,32(5):83－90.

[5]刘乃金.劳动力流动对区域经济发展的影响分析[M].上海:上海财经大学出版社,2005.

[6]《人口研究》编辑部.从“民工荒”到“返乡潮”:中国的刘易斯拐点到来了吗?[J].人口研究,2009,33(2):32－47.

[7]刘俊杰,张露.我国是否进入“刘易斯转折点”——文献述评及思考[J].人口与经济,2011,(4):45－50.

[8]蔡昉.破解农村剩余劳动力之谜[J].中国人口科学,2007,(2):2－7.

[9]吴要武.“刘易斯转折点”来临:我国劳动力市场调整的机遇[J].开放导报,2007,(3):50－56.

[10]任志成.国际产业资本流入与中国“刘易斯拐点”出现的关系分析[J].国际贸易问题,2008,(9):82－87.

[11]蔡昉.城市化与农民工的贡献——后危机时期中国经济增长潜力的思考[J].中国人口科学,2010,(1):2－10.

[12]王检贵,丁守海.中国究竟还有多少农业剩余劳动力[J].中国社会科学,2005,(5):27－35.

[13]章铮.民工供给量的统计分析——兼论“民工荒”[J].中国农

村经济,2005,(1):17-25.

[14]李永杰,杨本建.中国特色的刘易斯转折点与城乡劳动力一体化的路径选择[J].华南师范大学学报:社会科学版,2008,(2):24-31.

[15]Shen Jianfa. Rural development and rural to urban migration in China 1978 - 1990[J]. Geoforum, 1995,26(4):395-409.

[16]Zhang K H, Song S. Rural - urban migration and urbanization in China: evidence from time - series and cross - section analyses[J]. China Economic Review, 2003,(14): 386-400.

[17]张永丽,王文娟.农村劳动力流动与缓解贫困——基于甘肃省贫困山区的实证分析[J].人口与经济,2008,(5):38-43.

[18]Meng Xin, Zhang Junsen. The Two - Tier Labor Market in Urban China occupational segregation and wage differentials between urban residents and rural migrants in Shanghai[J]. Journal of Comparative Economics,2001,(29):485-504.

[19]刘妍,李岳云.城市外来农村劳动力非正规就业的性别差异分析——以南京市为例[J].中国农村经济,2007,(12):20-27.

[20]徐波.农村劳动力就业空间行为研究——以黄巷村,凤凰村,刘院村为例[D].安徽师范大学硕士学位论文,2010:5.

[21]彭代彦,赖谦进.从生活满意度视角看农村劳动力转移的模式调整[J].中州学刊,2008,(3):119-121.

[22]高岩辉,刘科伟,张晓露.劳动力转移的理论流派与地理学的视角[J].人文地理,2008,23(5):112-118.

[23]王桂新,刘建波.1990年代后期我国省际人口迁移区域模式研究[J].市场与人口分析,2003,9(4):1-10.

[24]王桂新,董春.中国长三角地区人口迁移空间模式研究[J].人口与经济,2006,(3):55-60.

[25]丁金宏,刘振宇,程丹明,等.中国人口迁移的区域差异与流场特征[J].地理学报,2005,60(1):106-114.

[26]高更和,陈淑兰,李小建.中部农区农户打工簇研究——以河南省三个样本村为例[J].经济地理,2008,28(2):313-317.

[27]鲁奇,吴佩林,鲁礼新,等.北京流动人口特征与经济发展关系的区域差异[J].地理学报,2005,60(5):851-862.

[28]杨上广,丁金宏.流动人口的城市就业效应[J].华东师范大学学报:哲学社会科学版,2005,37(3):82-87.

[29]柴彦威.行为地理学研究的方法论问题[J].地域研究与开发,2005,24(2):1-5.

[30]周素红,闫小培.基于居民通勤行为分析的城市空间解读——以广州市典型街区为案例[J].地理学报,2006,61(2):179-189.

[31]柴彦威.时间地理学的起源、主要概念及其应用[J].地理科学,1998,18(1):65-72.

[32]程名望.中国农村劳动力转移:机理、动因与障碍——一个理论框架与实证分析[D].上海交通大学博士学位论文,2007:5-6.

[33]姚华松,许学强.西方人口迁移研究进展[J].世界地理研究,2008,17(1):154-166.

[34]Lawson V A. Hierarchical households and gendered migration in Latin America: feminist extensions to migration research[J]. Progress in Human Geography,1998,22(1):39-53.

[35]孙峰华.农村剩余劳动力转移的理论研究与实践探索[J].地理科学进展,1999,18(2):111-117.

[36]王春雷,郭其友.农村劳动力转移决策的微观分析[J].人口与经济,2010,(2):33-37.

[37]Fawcett J T. Migration psychology: New behavioral models[J]. Population and Environment,1985,8(1-2):5-14.

[38]宋郁玲.人文地理学人口迁移研究的跨界与转向:台湾与英美研究比较[J].地理学报,2006,(43):61-79.

[39]Lawson V A. Arguments within geographies of movement: the theoretical potential of migrants' stories[J]. The Progress in Human Geography,2000,24(2):173-189.

[40]崔功豪,魏清泉,陈宗兴.区域分析与规划[M].北京:高等教育出版社,1999:144.

[41]余恩海,徐浩然. 中国农业剩余劳动力内涵分析[J]. 经济师,2002,(8):20-21.

[42]鲁奇. 论地理科学对解决我国农村剩余劳动力问题的意义[J]. 经济地理,1991,11(4):12-15.

[43]王国霞,鲁奇. 中国近期农村人口迁移态势研究[J]. 地理科学,2007,27(5):630-635.

[44]侯风云. 中国农村劳动力剩余规模估计及外流规模影响因素的实证分析[J]. 中国农村经济,2004,(3):13-21.

[45]刘成玉,杨琦,胡方燕. 我国农业和农村劳动力转移的几个理论问题探讨[J]. 农业现代化研究,2009,30(6):646-649.

[46]周皓. 中国人口迁移研究综述[J]. 市场与人口分析,2000,6(5):31-40.

[47]王德,叶晖. 1990 年以后的中国人口迁移研究综述[J]. 人口学刊,2004,(1):40-46.

[48]Ravenstein E G. The laws of migration[J]. Journal of the statistical society of London, 1885,48(2):167-235.

[49]黄敏. 农村劳动力转移影响因素的研究综述[J]. 生产力研究,2009,(23):248-250.

[50]李竞能. 当代西方人口学说[M]. 太原:山西人民出版社,1992.

[51]Lee E S. A theory of migration[J]. Demography,1966,3(1):47-57.

[52]Lewis W A. Economic development with unlimited supplies of labour[J]. The Manchester School of Economic and Social Studies, 1954,(22):139-191.

[53]Stark O, Bloom D E. The new economics of labor migration[J]. The American Economic Review, 1985,75(2):173-178.

[54]Zhu Nong. The impacts of income gaps on migration decisions in China[J]. China Economic Review, 2002, 13 (2-3):213-230.

[55]Fang C, Dewen W. Migration as marketization: what can we learn from China's 2000 census data? [J]. The China Review,2003,3(2):73

-93.

[56]朱农.中国四元经济下的人口迁移——理论、现状和实证分析[J].人口与经济,2001,(1):44-52.

[57]赵成柏.影响农村剩余劳动力转移因素的实证分析——以江苏为例[J].人口与经济,2006,(2):45-50.

[58]徐维祥,唐根年.基于产业集群成长的浙江省农村劳动力转移实证研究[J].中国农村经济,2004,(6):70-76.

[59]谌新民,武立文.以产业集群推动农村剩余劳动力向中心镇转移——以广州市广州番禺区为例[J].广州大学学报:社会科学版,2006,5(12):39-44.

[60]朱传耿,顾朝林,马荣华,等.中国流动人口的影响要素与空间分布[J].地理学报,2001,56(5):549-560.

[61]王格玮.地区间收入差距对农村劳动力迁移的影响——基于第五次全国人口普查数据的研究[J].经济学,2004,3(增刊):77-98.

[62]严善平.中国省际人口流动的机制研究[J].中国人口科学,2007,(1):71-77.

[63]丁守海.农民工工资与农村劳动力转移:一项实证分析[J].中国农村经济,2006,(4):56-62.

[64]朱农.论收入差距对中国乡城迁移决策的影响[J].人口与经济,2002,(5):10-17.

[65]王国辉.基于农户净收益最大化的中国乡城迁移行为研究[J].人口与经济,2008,(2):9-14.

[66]吴兴陆,亓名杰.农民工迁移决策的社会文化影响因素探析[J].中国农村经济,2005,(1):26-32.

[67]陈欣欣,黄祖辉.经济发达地区就地转移劳动力向城市迁移的影响因素分析——基于浙江省农户意愿的调查分析[J].中国农村经济,2003,(5):33-39.

[68]王国霞.中国农村人口省际省内迁移机制研究[J].经济管理,2008,(8):85-90.

[69]高双,高景璐.我国农村劳动力外出务工的动力分析[J].人口

学刊,2012,(3):92-97.

[70]高更和,李小建,乔家君.论中部农区农户打工区位选择影响因素——以河南省三个样本村为例[J].地理研究,2009,28(6):1484-1493.

[71]张务伟,张福明,杨学成.农村劳动力就业状况的微观影响因素及其作用机理——基于入户调查数据的实证分析[J].中国农村经济,2011,(11):62-73.

[72]殷晓清.农民工就业模式对就业迁移的影响[J].人口研究,2001,25(3):20-25.

[73]王弘钰,崔宏静.农村女性相对剩余劳动力非农就业的影响因素及对策研究[J].人口学刊,2012,(1):78-83.

[74]刘家强,王春蕊,刘嘉汉.农民工就业地选择决策的影响因素分析[J].人口研究,2011,35(2):73-82.

[75]Seeborg M C, Jin Zhenhu, Zhu Yiping. The new rural-urban labour mobility in China Causes and implications[J]. Journal of Socio-Economics, 2000, 29 (1):39-56.

[76]赵耀辉.中国农村劳动力流动及教育在其中的作用——以四川省为基础的研究[J].经济研究,1997,(2):37-42.

[77]Li Peilin. Social Network of Rural Migrants in China[J]. Social Sciences in China,2003,(4): 138-148.

[78]高虹,陆铭.社会信任对劳动力流动的影响——中国农村整合型社会资本的作用及其地区差异[J].中国农村经济,2010,(3):12-24.

[79]唐茂华.成本收益双重约束下的劳动力转移[J].中国农村经济,2007,(10):30-39.

[80]孙鹃娟.劳动力迁移过程中的农村留守老人照料问题研究[J].人口学刊,2006,(4):14-18.

[81]Zipf G K. Human behavior and the principle of least effort[M]. New York: Hafner,1949.

[82]Stouffer S A. Intervening opportunities: a theory relating mobility

and distance[J]. American Sociology Reviews, 1940, 5(6): 845 -867.

[83]Ellis M, Wright R, Parks V. Geography and the Immigrant Division of Labor[J]. Economic Geography,2007,83(3): 255 -281.

[84]刘望保,汪丽娜,陈忠暖.中国省际人口迁移流场及其空间差异[J].经济地理,2012,32(2):8 -13.

[85]胡金林.我国农村劳动力转移的路径选择研究[J].商业时代,2009,(14):63 -66.

[86]梁鹏飞,林李月.2005 年中国流动人口的空间分布及其与区域经济发展的关系[J].云南地理环境研究,2008,20(6):64 -68.

[87]陈仲常,臧新运.农村劳动力转移的区域差异与跨区流动度的估量[J].经济问题,2006,(1):49 -51.

[88]彭连清,詹向阳.我国农村剩余劳动力的地域流向和产业分布特征[J].农村经济,2007,(9):75 -78.

[89]张建杰.农村劳动力转移就业的地域选择及其集聚效应研究——以河南 11 村的调查为例[J].华南农业大学学报:社会科学版,2009,(4):1 -7.

[90]尹中立,桑晓靖.现阶段农户就业的产业选择与地域选择——对江苏、山东、陕西三省农户的问卷调查[J].农村经济,1993,(8):6 -7.

[91]高更和,李小建.中部农区农户打工距离研究——以河南三个样本村为例[J].人文地理,2008,23(6):66 -70.

[92]段成荣,杨舸.我国流动人口的流入地分布变动趋势研究[J].人口研究,2009,33(6):1 -12.

[93]蔡昉.劳动力迁移的两个过程及其制度障碍[J].社会学研究,2001,(4):44 -51.

[94]许经勇.论我国富余农业劳动力转移的产业与地域选择[J].湖南工业大学学报:社会科学版,2008,13(4):4 -7.

[95]寇荣,李鹏,谭向勇.粮食主产区农村转移劳动力就业地域的选择分析[J].中国流通经济,2007,(5):49 -52.

[96]鲁奇,王国霞,杨春悦,等.流动人口分布与区域经济发展关系

若干解释(1990、2000)[J]. 地理研究,2006,25(5):765－774.

[97]葛深渭. 梯次移民:协调欠发达地区经济发展的现实途径[J]. 经济地理,2005,25(2):180－184.

[98]杜鹏,张文娟. 对中国流动人口"梯次流动"的理论思考[J]. 人口学刊,2010,(3):25－29.

[99]李明欢,庞翠明. 层级流动:当代农村人口迁移的理性选择——以浙江天台庞村为例的分析[J]. 吉首大学学报:社会科学版,2003,24(2):90－94.

[100]李晓娟. 浅析我国农村劳动力转移模式[J]. 人口与经济,2010(增刊):15－16.

[101]张勇,古明明. 文化背景与劳动力转移——基于发展模式与文化背景的国际比较分析[J]. 人口与经济,2008,(6):38－43.

[102]李仙娥,王春艳. 国外农村剩余劳动力转移模式的比较[J]. 中国农村经济,2004,(5):69－75.

[103]董文柱. 我国农村劳动力转移途径的再思考[J]. 中国农村经济,2003,(9):65－68.

[104]刘甲朋,尹兴宽,杨兵杰. 中国农村剩余劳动力转移问题讨论综述[J]. 人口与经济,2004,(1):32－36.

[105]陆文聪,吴连翠. 兼业农民的非农就业行为及其性别差异[J]. 中国农村经济,2011,(6):54－62.

[106]向国成,韩绍凤. 农户兼业化:基于分工视角的分析[J]. 中国农村经济,2005,(8):4－9.

[107]胡凤霞,姚先国. 农民工非正规就业选择研究[J]. 人口与经济,2011,(4):23－28.

[108]傅勇. 人力资本投资对农村剩余劳动力转移的意义——基于人口流动和劳动力市场的分析[J]. 人口与经济,2004,(3):55－59.

[109]赵立新,赵慧. 论农业剩余劳动力的浅层次转移[J]. 人口学刊,2000,(3):17－20.

[110]赵韩强. 小城镇发展与农村剩余劳动力转移[J]. 人口学刊,2001,(5):34－37.

[111]卢荣善.解决中国“三农”问题的大思路:工业化重心下移到县域[J].中国农村经济,2005,(4):45-48.

[112]董鉴泓.城市(镇)化与发展小城镇[J].城市规划汇刊,1999,(1):5-6.

[113]高红贵.发展小城镇是农村经济的大战略[J].统计与信息论坛,2001,16(4):81-83.

[114]廖桂蓉.弹性城市化:中国转型期农民工反贫困的现实路径[J].人口与经济,2009,(2):65-69.

[115]吕雪静,陈蕊.农民工就业与就业促进问题实证研究——以北京市为例[J].人口与经济,2007,(4):36-39.

[116]何志扬,熊莉萍.中国乡-城劳动力两阶段转移中的个人迁移决策模型[J].统计与决策,2008,(17):48-50.

[117]朱宇.国外对非永久性迁移的研究及其对我国流动人口问题的启示[J].人口研究,2004,28(3):52-59.

[118]周勇.中国城市化进程中的非农人口转化与产业转化的均衡调整[J].学术研究,2008,(9):49-54.

[119]张翼.农民工“进城落户”意愿与中国近期城镇化道路的选择[J].中国人口科学,2011,(2):14-26.

[120]李开宇,李九全,王锴.基于城市社会地理学视角的农民工城镇化研究[J].人文地理,2011,26(5):39-42.

[121]赵小谛,郭霖.农村人口转移的空间选择——以江苏南京为样本的研究报告[J].经济探讨,2004,(10):25-27.

[122]Pellegrini P A, Fotheringham A S. Modelling spatial choice: a review and synthesis in a migration context[J]. Progress in Human Geography, 2002,26(4):487-510.

[123]邸加萍,李玉江.农村劳动力转移模式与区域非均衡度比较研究——以山东、河南两省为例[J].西北人口,2008,29(1):7-12.

[124] Anderson W P, Papageorgiou Y Y. An analysis of migration streams for the Canadian regional system 1952-1983: Migration probabilities [J]. Geographical Analysis,1994, 26 (1):15-36.

[125] Anas A. Discrete choice theory, information theory and the multinomial logit and gravity models[J]. Transportation Research, 1983, 17(1): 13-23.

[126] Golledge R G, Timmermans H. Applications of behavioral research on spatial problems I: Cognition[J]. Progress in Human Geography, 1990, 14(1):57-99.

[127] Lucia Lo. Spatial structure and spatial interaction: a simulation approach[J]. Environment and Planning A, 1991, 23(9): 279-300.

[128] Golledge R G. Behavioral Geography and the Theoretical/Quantitative Revolution[J]. Geographical Analysis, 2008, 40(2):239-257.

[129] 鲁学军. 空间认知模式研究[J]. 地理信息世界, 2004, 2(6):9-13.

[130] 鲁学军, 承继成. 地理认知理论内涵分析[J]. 地理学报, 1998, 53(2):132-140.

[131] 马耀峰, 李君轶. 旅游者地理空间认知模式研究[J]. 遥感学报, 2008, 12(2):378-384.

[132] McDowell L, Batnitzky A, Dyer S. Division, Segmentation, and Interpellation: The Embodied Labors of Migrant Workers in a Greater London Hotel[J]. Economic Geography, 2007, 83(1):1-25.

[133] Lin hui, Huang Fengru, Lu xuejun, et al. Preliminary study on virtual geographic environment cognition and representation[J]. Journal of remote sensing, 2010, 14(4): 822-838.

[134] Miles M, Crush J. Personal Narratives as Interactive Texts: Collecting and Interpreting Migrant Life - Histories[J]. Professional Geographer. 1993, 45(1):84-94.

[135] Pickles A R, Davies R B. An analysis of housing careers in Cardiff [J]. Environment and Planning 1991, 23:629-650.

[136] Törnqvist G. Creativity in time and space[J]. Geografiska Annaler: Series B, Human Geography, 2004, 86 (4): 227-243.

[137] Frändberg L. Paths in transnational time - space: representing

mobility biographies of young Swedes[J]. Geografiska Annaler: Series B, Human Geography,2008, 90 (1): 17 -28.

[138]柴彦威,赵莹.时间地理学研究最新进展[J].地理科学,2009,29(4):593 -600.

[139]赵莹,柴彦威,陈洁,等.时空行为数据的 GIS 分析方法[J].地理与地理信息科学,2009,25(5):1 -5.

[140]柴彦威,沈洁.基于活动分析法的人类空间行为研究[J].地理科学,2008,28(5):594 -600.

[141]柴彦威.行为地理学研究的方法论问题[J].地域研究与开发,2005, 24(2):1 -5.

[142]约翰斯顿.人文地理学词典[M],柴彦威等,译.北京:商务印书馆, 2004:1 -823.

[143]郇起杰,李晓莉.论行为地理学研究的主要课题[J].佳木斯大学社会科学学报, 1999, (1):78 -80.

[144]柴彦威,颜亚宁,冈本耕平.西方行为地理学的研究历程及最新进展[J].人文地理,2008,23(6):1 -6.

[145]覃志豪.现代人文地理学新趋势之一——行为地理学的兴起[J].经济地理,1983,13(3):234 -236.

[146]柴彦威,塔娜.中国行为地理学研究近期进展[J].干旱区地理,2011,34(1):1 -11.

[147]张文佳,柴彦威.基于家庭的城市居民出行需求理论与验证模型[J].地理学报,2008,63(12):1246 -1256.

[148]朱杰,夏青.基于虚拟地理环境的空间认知分析[J].测绘科学,2008,33(增刊):25 -26.

[149]王晓明,刘瑜,张晶.地理空间认知综述[J].地理与地理信息科学,2005,21(6):1 -10.

[150]赫维人.行为地理学评述[J].云南师范大学学报:自然科学版,1987,(3):85 -92.

[151]顾朝林,宋国臣.北京城市意象空间及构成要素研究[J].地理学报,2001,56(1):64 -74.

[152]申思,薛露露,刘瑜.基于手绘草图的北京居民认知地图变形及因素分析[J].地理学报,2008,63(6):625-634.

[153]张新红,苏建宁,魏书威.兰州城市居民意象空间及其结构研究[J].人文地理,2010,25(2):54-60.

[154]冯健.北京城市居民的空间感知与意象空间结构[J].地理科学,2005,25(2):142-154.

[155]李郇,许学强.广州市城市意象空间分析[J].人文地理,1993,8(3):27-35.

[156]安敏,张国生,陶大欣.地图空间关系认知元素分析[J].测绘科学技术学报,2006,23(6):436-439.

[157]陈基纯,陈忠暖,王枫.城市居民距离认知研究——以校园大学生群体为对象的调查分析[J].热带地理,2004,24(1):60-64.

[158]薛露露,申思,刘瑜,等.城市居民认知距离透视认知变形——以北京市为例[J].地理科学进展,2008,27(2):96-103.

[159]霍婷婷,王茂军.基于地名认知率的北京城市认知空间结构[J].地理科学进展,2009,28(4):519-525.

[160]王茂军,张学霞,霍婷婷.北京城市认知的空间关联模式——城市地名认知率的空间分析[J].地理学报,2009,64(10):1243-1254.

[161]邱玉华.从空间认知分析南北方人方向感——以四川人为例[J].云南行政学院学报,2009,(5):175-176.

[162]杨瑾,马耀峰.旅游行为意象图相关问题探讨[J].人文地理,2008,(5):108-111.

[163]杨敏.基于认知地图的中国国际游客旅游空间认知研究[J].云南地理环境研究,2009,21(3):78-81.

[164]李琳,韩宝龙.地理与认知邻近对高技术产业集群创新影响——以我国软件产业集群为典型案例[J].地理研究,2011,30(9):1592-1605.

[165]翁桂兰,柴彦威,马玫,等.大都市区居民对新兴边缘城市的认知与迁居意向——以天津大都市区为例[J].人文地理,2003,18(4):5-9.

[166]李昌霞,柴彦威,刘璇.北京城市老年人购物决策过程中的评价性认知特征[J].人文地理,2004,19(6):89-92.

[167]李瑞.宁波城市形象与旅游吸引力公众认知分析与对策[J].经济地理,2009,29(11):1923-1926.

[168]蔡晓梅,朱竑.高星级酒店外籍管理者对广州地方景观的感知与跨文化认同[J].地理学报,2012,67(8):1057-1068.

[169]汪芳,黄晓辉,俞曦.旅游地地方感的游客认知研究[J].地理学报,2009,64(10):1267-1277.

[170]白凯,马耀峰,李天顺,等.西安入境旅游者认知和感知价值与行为意图[J].地理学报,2010,65(2):244-255.

[171]邹宏霞,罗芬,向晶.信息涉入差异对旅游目的地行前形象影响分析[J].经济地理,2010,30(8):1395-1399.

[172]田逢军.主城区居民评价性游憩空间认知研究——以南昌市为例[J].经济地理,2011,31(6):1036-1041.

[173]张捷,卢韶婧,蒋志杰,等.中国书法景观的公众地理知觉特征——书法景观知觉维度调查[J].地理学报,2012,67(2):230-238.

[174]张文奎.行为地理学研究的基本理论问题[J].地理科学,1990, 10(2):159-167.

[175]张文奎.人文地理学概论[M].长春:东北师范大学出版社.1989:6.

[176]柴彦威,胡智勇,仵宗卿.天津城市内部人口迁居特征及机制分析[J].地理研究,2000,19(4):391-399.

[177]仵宗卿,柴彦威,张志斌.天津市民购物行为特征研究[J].地理科学,2000,20(6):534-539.

[178]刘志林,柴彦威.深圳市民周末休闲活动的空间结构[J].经济地理,2001,21(4):504-508.

[179]蔡晓梅,赖正均.广州居民在外饮食消费行为的时空间特征研究[J].人文地理,2008,23(3):79-84.

[180]柴彦威,龚华.关注人们生活质量的时间地理学[J].中国科学院院刊,2000,(6):417-420.

[181]D·J·沃姆斯利,G·J·刘易斯.行为地理学导论[M].王兴中等,译.西安:陕西人民出版社,1988.

[182]Todaro M P. A model of labor migration and urban unemployment in less developed countries[J]. American Economic Review,1969,59(1):138-148.

[183]Shrestha N R. A structural perspective on labour migration in underdeveloped countries[J]. Progress in Human Geography,1988,12(2):179-207.

[184]张仕平.农村人口流迁动因研究评说[J].人口学刊,2009,(4):34-40.

[185]De Jong G F, Fawcett J T. Motivations for migration: an assessment and a value-expectancy research model[C]//De Jong G F, Gardner R W(eds). Migration decision making: multidisciplinary approaches to microlevel studies in developed and developing countries, New York: Pergamon,1981:13-58.

[186]De Jong G F, Brenda D R, Gardner R W, et al. Migration intentions and behavior: decision making in a rural philippine province[J]. Population and environment,1985,8(1-2):41-62.

[187]李富田.经济势差与农村劳动力流向——以四川省绵阳市调查为例[J].中国农村经济,2003,(1):60-66.

[188]高更和,梁亚红,李小建.中部农区农户打工地城镇规模类型——以河南省三个样本村为例[J].经济地理,2007,27(6):922-926.

[189]熊波,石人炳.理性选择与农民工永久性迁移意愿——基于武汉市的实证分析[J].人口与经济,2009,(4):13-19.

[190]夏怡然.农民工定居地选择意愿及其影响因素分析——基于温州的调查[J].中国农村经济,2010,(3):35-44.

[191]李强,龙文进.农民工留城与返乡意愿的影响因素分析[J].中国农村经济,2009,(2):46-54.

[192]合肥日报.合肥农村劳动力转移就业超百万[N/OL].http://

www. hefei. gov. cn/2011 - 08 - 28.

[193]风笑天. 现代社会调查方法[M]. 武汉:华中科技大学出版社,2004:12.

[194]张宏梅. 基于跨文化视角的旅游者心理特性研究——以桂林、阳朔为例[D]. 安徽师范大学博士学位论文,2010:6.

[195]吴明隆. 结构方程模型——AMOS 的操作与应用[M]. 重庆:重庆大学出版社,2009:7.

附　录

尊敬的老乡：我们是安徽师范大学国土资源与旅游学院的研究生，此次调研是为毕业论文搜集素材。我们的调查采用不记名方式，您无需有任何疑虑。恳请您的支持与关怀！

性别：□男□女　　　**年龄：**__________**家庭人口数：**__________人

教育程度：□小学及以下□初中□高中（中专）□专科及以上

婚姻状况：□已婚□未婚□离婚□丧偶

您的打工地：__________省__________市__________县（区）

所从事的工作：____。

1. 以下这些原因对您外出打工重要吗？请根据您的实际想法打“√”。

	非常重要	重要	说不清	不重要	非常不重要
1. 务农收入太低	5	4	3	2	1
2. 进城务工收入高	5	4	3	2	1
3. 农村太穷，生活太苦	5	4	3	2	1
4. 农村没有太多发展或致富机会	5	4	3	2	1
5. 学技术、长见识	5	4	3	2	1
6. 城市就业机会多	5	4	3	2	1
7. 为今后子女成长、发展打基础	5	4	3	2	1
8. 提高自身的社会地位	5	4	3	2	1
9. 想在城市生活	5	4	3	2	1
10. 家里劳力多，在家没事干	5	4	3	2	1
11. 农村精神生活太匮乏	5	4	3	2	1

2. 以下是打工地对您就业吸引力的描述，请根据您的看法打"√"。

	非常赞同	赞同	说不清	不赞同	非常不赞同
1. 倾向于工业发达的城市	5	4	3	2	1
2. 倾向于商业发达的城市	5	4	3	2	1
3. 倾向于文化底蕴厚重的城市	5	4	3	2	1
4. 倾向于自然环境好的城市	5	4	3	2	1
5. 倾向于科技教育发达的城市	5	4	3	2	1
6. 倾向于北京、上海等特大城市	5	4	3	2	1
7. 倾向于杭州、广州等全国性大城市	5	4	3	2	1
8. 倾向于省会城市	5	4	3	2	1
9. 倾向于省内其他地级城市	5	4	3	2	1
10. 倾向于家乡所在的县城、乡镇	5	4	3	2	1

请您写出您最希望打工的三个地方：__________、__________、__________。

以下内容，对您就业决策影响重要的依次为：____________________（请填写前三个）。

1. 就业机会、劳动收入、劳动强度、所需技能、劳动保险　2. 就业地形象、规模、职能　3. 就业地与原居地距离、社会联系　4. 在就业地的居住、教育、医疗、商业环境　5. 就业地风俗习惯、文化娱乐、人际关系　6. 就业地气候、植被、水文、生态环境

您获取现有工作的中介人：__________。

他（她）是否是您的亲戚：□是□否

他（她）的家乡与您的家乡的关系：______________________________。

1. 在一个自然村；2. 在一个乡；3. 在一个县；

4. 在一个市；5. 在一个省；6. 其他。

3. 以下关于打工地与您家乡距离的描述，您同意吗？请根据您的想法打“√”。

	完全同意	同意	说不清	不同意	完全不同意
1. 最好离家近一些，回家方便	5	4	3	2	1
2. 最好离家近一些，可以照顾家庭	5	4	3	2	1
3. 最好离家近一些，回家花费小	5	4	3	2	1
4. 最好离家近一些，环境熟悉	5	4	3	2	1
5. 打工地离家远一些，可以增长见识	5	4	3	2	1
6. 现在交通很发达，打工地远近无所谓	5	4	3	2	1
7. 离家越远，情况越不熟悉，打工选择会更慎重	5	4	3	2	1
8. 打工地最好与家乡有一定的社会经济联系	5	4	3	2	1
9. 打工地最好有很多乡亲、熟人	5	4	3	2	1

4. 以下关于打工地就业环境的描述，您同意吗？请根据您的想法打“√”。

	完全同意	同意	说不清	不同意	完全不同意
1. 外出打工是为了挣钱，工作时间长可以忍受	5	4	3	2	1
2. 外出打工是为了挣钱，对劳动强度大早有准备	5	4	3	2	1
3. 对在外打工产生的心理压力早有准备	5	4	3	2	1
4. 城市工作对技能要求高，所以曾参加职业培训	5	4	3	2	1
5. 希望到能学到最新技能的城市工作	5	4	3	2	1
6. 倾向需要一定工作技能的工作	5	4	3	2	1
7. 希望通过打工积累人缘关系，有利于将来创业	5	4	3	2	1
8. 打工收入能达到打工前的预期	5	4	3	2	1
9. 打工收入比较满意	5	4	3	2	1
10. 务工决策主要考虑工资收入	5	4	3	2	1
11. 务工决策会综合考虑劳动强度和工资收入	5	4	3	2	1

续表

	完全同意	同意	说不清	不同意	完全不同意
12. 出现劳务纠纷，一般能得到较好解决	5	4	3	2	1
13. 一般会签订劳务合同	5	4	3	2	1
14. 对劳动保险、劳动法比较了解	5	4	3	2	1
15. 对打工城市的就业机会比较了解	5	4	3	2	1

您认为以下哪些打工途径对您的就业产生重要影响？__________。（请填写前三个）

1. 城里打工的老家亲戚、朋友、邻居介绍　2. 城里亲戚、朋友、熟人介绍　3. 通过原来工作的同事、老板　4. 通过中介公司　5. 通过报纸、网络等新闻媒介　6. 企业招工　7. 政府部门组织招募　8. 自己直接找的

以下关于就业地和就业信息来源的描述，您认为重要的是。________（请填写前三个）

1. 通过电视、网络、报纸等媒体获得的　2. 通过老乡、亲戚、朋友的介绍　3. 通过自己的就业经历获得的　4. 就业地离家越近，对就业地信息的了解越清晰　5. 只了解自己熟悉的类型的工作机会状况　6. 文化水平影响自己对就业地信息的认识

打工过程中与您联系最密切的三个人：A __________；B __________；C __________。

他（她）的家乡与您的家乡的关系：A __________；B __________；C __________。

1. 在一个自然村；2. 在一个乡；3. 在一个县；4. 在一个市；5. 在一个省；6. 其他。

5. 以下是关于您打工地生活服务设施状况的描述，您对这些问题的看法如何？

	完全同意	同意	说不清	不同意	完全不同意
1. 找工作时除了工资外，首先要考虑住宿	5	4	3	2	1
2. 比较关心打工地房价	5	4	3	2	1
3. 希望在房价较低的地方打工，将来可以买房	5	4	3	2	1

续表

	完全同意	同意	说不清	不同意	完全不同意
4. 对打工地居住条件比较满意	5	4	3	2	1
5. 能够接受当地商品房房价	5	4	3	2	1
6. 打工地医疗条件较好	5	4	3	2	1
7. 打工地社区服务较好	5	4	3	2	1
8. 打工地教育设施与水平较好	5	4	3	2	1
9. 打工地有良好的公共交通设施	5	4	3	2	1
10. 打工地有良好的商业设施	5	4	3	2	1

6. 以下是关于打工地社会文化环境和自然环境的描述，您对这些问题的看法如何？

	完全同意	同意	说不清	不同意	完全不同意
1. 打工前您对打工地的风俗习惯很了解	5	4	3	2	1
2. 您能够接受打工地的风俗习惯	5	4	3	2	1
3. 您了解打工地居民主要的文化娱乐活动	5	4	3	2	1
4. 您经常和当地居民一起聊天、唱歌、吃饭等	5	4	3	2	1
5. 打工前您考虑过和打工地当地人的交往	5	4	3	2	1
6. 打工前您对打工地气候状况很了解	5	4	3	2	1
7. 完全适应当地的气候状况	5	4	3	2	1
8. 对当地饮食情况很了解	5	4	3	2	1
9. 接受当地的饮食习惯	5	4	3	2	1
10. 对当地生态环境状态很了解	5	4	3	2	1
11. 考虑过当地生态环境对自己身体的影响	5	4	3	2	1

7. 下面是就业决策时的行为特征描述，请根据您的实际情况打"√"。

	完全同意	同意	说不清	不同意	完全不同意
1. 和老乡亲戚一起出来，没有考虑太多	5	4	3	2	1
2. 反正在家没有什么收入，出来找找试试	5	4	3	2	1
3. 对外界就业环境不是很清楚，但总比呆在家里强	5	4	3	2	1
4. 家里收入太低，必须出来	5	4	3	2	1
5. 失业的时候就呆在家里，一边务农一边找工作	5	4	3	2	1
6. 通过多次外出就业经历，形成较为固定的就业模式	5	4	3	2	1
7. 对外界就业环境比较熟悉后，决定外出打工的	5	4	3	2	1
8. 外出就业时深入考虑了在外生活成本及收益	5	4	3	2	1
9. 失业了也还呆在原就业地，便于寻找新的工作	5	4	3	2	1

以下是关于就业目标的描述，请在您同意的项目上打"√"。

1. 干一天算一天，老了回家务农
2. 找机会寻找稳定的的工作或自己当老板
3. 有一定技术和资金积累后，回乡创业
4. 打算回到家乡附近城市，找个稳定工作，定居
5. 争取买房，留在打工城市
6. 学门手艺回去找个好工作

请尽量回忆您自打工以来，所经历的打工过程：
（只填写工作超过半个月以上的）

工作类型：
A建筑
B室内装潢
C加工制造业
D驾驶维修类
E商店零售业
F 餐饮服务
G 其他

平均月收入：
A200—500元
B500—1000元
C1000—1500元
D1500—2000元
E2000元以上

获得该工作的主要途径：
A老家亲戚、朋友
B城里亲戚、朋友
C原来同事、老板
D中介公司
E报纸、网络等新闻媒介
F企业招工
G政府部门组织
H自己直接找的

放弃该工作的原因：
A工资不理想
B劳动强度大
C受歧视
D不习惯当地生活
E希望到别处发展
F人际关系不好处
G不喜欢该工作
H家里有事
I其他

外出打工时间		外出打工地点	工作类型	平均月收入	获得该工作的主要途径	放弃该工作的原因	每年回家次数
出发	返回						
___年___月	___年___月	___省___市___县（区）					
___年___月	___年___月	___省___市___县（区）					
___年___月	___年___月	___省___市___县（区）					
___年___月	___年___月	___省___市___县（区）					
___年___月	___年___月	___省___市___县（区）					
___年___月	___年___月	___省___市___县（区）					
___年___月	___年___月	___省___市___县（区）					
___年___月	___年___月	___省___市___县（区）					
___年___月	___年___月	___省___市___县（区）					

后　记

农村劳动力转移就业是当前中国最重要的社会经济现象之一，它对中国的城乡发展、社会经济发展产生着深远的影响。每当我回到老家，听父老乡亲诉说外出打工活动的点点滴滴，体会到他们的欣喜与无奈的时候，我总在想，是什么力量让这种打工活动逐步固化？他们的路在何方？中国的城乡发展何去何从？这些问题都激发了我对农村劳动力转移就业这一课题的浓厚兴趣。

2010 年，我的第一届硕士研究生徐波同学的毕业论文《农村劳动力就业空间行为研究》，得到了学院苏勤教授和陆林教授的赞赏，使当时正准备攻读博士学位的我受到很大的启发。博士学习的初期，我开始阅读大量外文文献，其中关于移民心理学、时间地理学、民族志的思想与方法给了我很大的启发。我渐渐放弃从宏观结构性因素入手分析农村劳动力转移就业的研究思路，开始设计微观个体层面的行为分析框架。此时，正值国家自然科学基金申请的时期，学院组织了国内许多著名大学、科研院所的专家来院讲学，通过多次学习与交流，我不断明确了研究的思路和方法。

2011 年，该课题获得了国家自然科学基金的资助，给我的研究工作以巨大的推动。我开始在合肥、巢湖、黄山等地进行调研。2011 年暑期，我带领李飞、王汝幸、田地、罗健、孙厚启等五名硕士研究生，在合肥市对农村劳动力转移就业环境认知和居住行为进行了调研，走访了建筑工地、餐饮企业、制造业企业、城中村、市场（不太明确）等农村劳动力密集的地方，获得了大量问卷资料和访谈资料。农民朋友工作和生活的情景也给了我们深深的触动。调研工作得到了安徽大学的孙中锋副教授、安徽师范大学的王朝晖教授等众多同事、同学和校友的大力帮助，使我深受感动。

此时，关于这一课题，无论从研究内容、调研方法、分析方法都已较为成熟。2012年春节期间，我组织了四个调研组，分别在太和双钟村、肥西周楼村、含山汤徐村、徽州仙和村进行了实地调研活动，完成了博士论文原始资料的收集。在此期间，我的多位研究生冒着严寒、在条件艰苦的农村辛勤工作，调研工作也得到了当地村党支部、老乡的大力配合与支持，让我们感受到了新时期农村的新思想、新面貌。这些都大大增强了我工作的信心。

经过后期大量的资料分析和不断的总结提炼，2013年初基本完成了本书的初稿。如今，书稿即将面世，我却感到还有很多工作未做。虽然对农村劳动力转移就业的空间行为过程进行了较为细致的分析，但其观点仍旧过于晦涩，研究结论是否能够给读者提供一些实际的帮助，也似乎还有待商榷。

路漫漫其修远兮，吾将上下而求索！

真诚感谢那些曾经给我帮助和力量的人！

赵春雨

2015年4月于文津花园